BÖTTGER
ENGLISCH LERNEN IN DER GRUNDSCHULE

STUDIENTEXTE ZUR GRUNDSCHULPÄDAGOGIK UND -DIDAKTIK

Herausgegeben von Günther Schorch
Begründet von Rainer Rabenstein

In dieser Reihe (vormals Studientexte zur Grundschuldidaktik) sind lieferbar:

Maria-Anna Bäuml-Roßnagl: Sachunterricht. Bildungsprinzipien in Geschichte und Gegenwart. Bad Heilbrunn, 3., überarbeitete und mit didaktischen Cartoons angereicherte Auflage 1995.
Herbert F. Bauer / Walter Köhnlein (Hrsg.): Problemfeld Natur und Technik. Bad Heilbrunn 1984.
Wolf Engelhardt / Hans Glöckel (Hrsg.): Wege zur Karte. Bad Heilbrunn, 2. Auflage 1977.
Hans-Joachim Fischer: Grundschule – Vermittlungsschule zwischen Kind und Welt. Bad Heilbrunn 2002.
Edith Glumpler: Interkulturelles Lernen im Sachunterricht. Bad Heilbrunn 1996.
Günter Graumann: Mathematikunterricht in der Grundschule. Bad Heilbrunn 2002.
Hartmut Hacker: Vom Kindergarten zur Grundschule. Theorie und Praxis eines kindgerechten Übergangs. Bad Heilbrunn. 2., erweiterte und aktualisierte Auflage 1998.
Joachim Kahlert: Der Sachunterricht und seine Didaktik. Bad Heilbrunn 2002.
Kurt Meiers: Lesen lernen und Schriftspracherwerb im ersten Schuljahr. Ein Studienbuch. Bad Heilbrunn 1998.
Günther Opp / Paul Helbig / Angelika Speck-Hamdan u.a.: Problemkinder in der Grundschule. Bad Heilbrunn 1999.
Detlef H. Rost (Hrsg.): Psychologie für die Grundschule.
Band 1: Entwicklungspsychologie für die Grundschule. Bad Heilbrunn 1980.
Band 2: Unterrichtspsychologie für die Grundschule. Bad Heilbrunn 1980.
Werner Sacher u.a.: Medienerziehung konkret. Konzepte und Praxisbeispiele für die Grundschule. Bad Heilbrunn 2003.
Otto Schober (Hrsg.): Deutschunterricht für die Grundschule. Bad Heilbrunn 1998.
Günther Schorch (Hrsg.): Schreibenlernen und Schriftspracherwerb. Bad Heilbrunn, 3., aktualisierte Auflage 1995.
Günther Schorch: Grundschulpädagogik – eine Einführung. Selbstverständnis und Kernaufgaben. Bad Heilbrunn 1998.
Annemarie Seybold (Hrsg.): Sportunterricht in der Grundschule. Bad Heilbrunn 1981.
Achill Wenzel: Freiarbeit in der Grundschule. Bad Heilbrunn 1983.

Inhalt

Vorwort   **8**
Einleitung   **10**
1. Früher Englischunterricht   **14**
1.1 Konzeptionen und Versuche in den Ländern   14
1.2 Englisch als erste Fremdsprache   17
1.3 Aus- und Fortbildung von Grundschul-Englischlehrern   19
1.4 Der Übergang in die 5. Klassen weiterführender Schulen   21
2. Wie Kinder Sprachen lernen   **26**
2.1 Lernpsychologische Voraussetzungen   26
     2.1.1 Lerngruppe und Lernklima
     2.1.2 Alter
     2.1.3 Gedächtnis
     2.1.4 Motivation – das emotionale Element
     2.1.5 Persönlichkeitsmerkmale
     2.1.6 Lernertypen
     2.1.7 Sprachlernneigung
     2.1.8 Sprachbewusstsein – *language awareness*
     2.1.9 Mehrsprachigkeit
2.2 Der Erwerb der Erstsprache   35
     2.2.1 Vorstadien und Anfänge des Sprechenlernens
     2.2.2 Entwicklung sprachlicher Strukturen
     2.2.3 Theorien zum muttersprachlichen Lernprozess
2.3 Der Erwerb einer Zweitsprache   41
     2.3.1 Zweitspracherwerb im frühen Kindesalter
     2.3.2 Spracherwerb unter natürlichen Bedingungen
     2.3.3 Zweitspracherwerb unter schulischen Bedingungen
2.4 Folgerungen für den Grundschul-Englischunterricht   45
3. Ziele des Englischunterrichts an Grundschulen   **47**
3.1 Ziele im Lernkontext Unterricht   48
     3.1.1 Entwicklung des heutigen Lernzielbegriffs
     3.1.2 Orientierung an Lernzielen als Ausgangspunkt für Unterricht
     3.1.3 Ansätze zur Systematisierung von Lernzielen
3.2 Ziele des Englischunterrichts an Grundschulen   52
     3.2.1 Sprachliche Fertigkeiten
     3.2.2 Interkulturelle Aspekte
     3.2.3 Affektive und motivationale Ziele
     3.2.4 Eine Zusammenfassung in Lernzieldimensionen
3.3 Kompetenzstufen des Europäischen Referenzrahmens   62

4. Grundlegende didaktische Prinzipien des Englischunterrichts mit Grundschülern **65**
4.1 Kindgemäßer Themen- und Situationsbezug 65
    4.1.1 Erfahrungsfelder und Interessensbereiche von Grundschulkindern
    4.1.2 Kindgemäße Inhalte im Englischunterricht
4.2 Authentizität 69
    4.2.1 Authentizität von Unterrichtsmaterialien
    4.2.2 Authentizität der Sprache
    4.2.3 Authentizität der Lebenswirklichkeit
    4.2.4 Didaktisierung und Semi-Authentizität
4.3 Visualisierung 75
4.4 Multisensorisches Lernen 78
4.5 Einsprachigkeit
5. Methodische Vielfalt **80**
5.1 Wortschatzeinführung und -aufbau 80
    5.1.1 Voraussetzungen des Erlernens englischer Wörter
    5.1.2 Techniken der Wortschatzvermittlung
5.2 Hören und Verstehen authentischer Kinderliteratur – *storytelling* 85
    5.2.1 Auswahlkriterien
    5.2.2 Unterstützende Medien
    5.2.3 Techniken des *storytelling*
5.3 Handelndes, kreatives, gestaltendes, entdeckendes, experimentierendes und spielerisches Englischlernen 89
    5.3.1 Lernspiele
    5.3.2 Dialogisierung und *plays*
    5.3.3 Einsatz von Handpuppen
    5.3.4 Einsatz von *rhymes*, *poems* und *songs*
5.4 Fächerübergreifendes Englischlernen 95
6. Medien **97**
6.1 Unterrichtsmedien und –materialien 97
6.2 Auswahlkriterien für Lehr- und Lernmittel 99
    6.2.1 Prüffragen zum Prinzip des Themen- und Situationsbezugs
    6.2.2 Prüffragen zum Prinzip der Authentizität
    6.2.3 Prüffragen zum Prinzip der Visualisierung
    6.2.4 Prüffragen zum Prinzip des multisensorischen, spielerischen, darstellenden, gestaltenden, entdeckenden und experimentierenden Lernens
6.3 Interaktive Medien 101
    6.3.1 Rahmenbedingungen für den Einsatz von Computern
    6.3.2 Möglichkeiten des Computereinsatzes im Unterricht
    6.3.3 Grenzen
7. Förderkonzepte **106**
7.1 Aussprachschulung 106
    7.1.1 Aspekte und Bedeutung der Aussprache
    7.1.2 Bausteine der Aussprache
    7.1.3 Ausspracheprobleme und gezielte methodische Schulung

7.1.4 Medien und Ausspracheschulung
7.2 Hörverstehensschulung 120
    7.2.1 Der Prozess des Hörverstehens
    7.2.2 Systematik der Anbahnung von Hörverstehen
    7.2.3 Auswahlkriterien für Übungen zum Hörverstehen
7.3 Vorsichtige Integration des Schriftbildes 131
7.4 Binnendifferenzierung 136
    7.4.1 Ebenen
    7.4.2 Umsetzungsmöglichkeiten differenzierender Maßnahmen
    7.4.3 Grenzen
7.5 Kognitivierende Aspekte 144
    7.5.1 Kognition und Grundschul-Englischunterricht
    7.5.2 Prozessorientierte Englischdidaktik – das Lernen lernen
    7.5.3 Lernstrategien

8. Lernstandsüberprüfung und Leistungsevaluation **151**
8.1 Lernzielkontrollen und Ergebnissicherung 151
    8.1.1 Formen der Lernzielkontrolle
    8.1.2 Kriterien zur Erstellung von Lernzielkontrollen
    8.1.3 Beispiele grundschulrelevanter Aufgabentypen
8.2 Die Rolle des Fehlers 156
8.3 Fehleranalyse 158
    8.3.1 Formbezogene Fehleranalyse
    8.3.2 Strategiebezogene Fehleranalyse
8.4 Fehlerprophylaxe 161
8.5 Fehlertherapie 162
    8.5.1 Fehlertoleranz
    8.5.2 Fehlerverbesserung
8.6 Portfolio 166

9. Planung von Englischstunden **170**
9.1 *Classroom management* 170
9.2 *Classroom discourse* 170
9.3 Planung einer Unterrichtseinheit 173
    9.3.1 Bestimmung der Stundenziele
    9.3.2 Schwierigkeitsanalyse des englischsprachlichen Materials
        im Hinblick auf die Klasse und ihren Leistungsstand
    9.3.3 Die Begründung methodischer Entscheidungen
    9.3.4 Die Skizzierung des geplanten Stundenverlaufs
9.4 Unterrichtsphasen 176

10. Praktische Beispiele **179**
10.1 Unterrichtseinheit: *Rudolph, the red-nosed reindeer*
    – eine amerikanische Weihnachtsgeschichte (4. Klasse) 179
10.2 Unterrichtseinheit: *Barty's Ketchup Catastrophe* (3. Klasse) 186
Stichwortverzeichnis **191**
Literatur **194**

Vorwort

Meinen beiden Söhnen Eike und Nils ist dieser Band in erster Linie gewidmet.
Er entstand hauptsächlich, während sie die dritte bzw. vierte Klasse der Grundschule besuchten und dort Englisch lernten. Den englischsprachlichen Lernprozess meiner Kinder vor dem Hintergrund der eigenen beruflichen Tätigkeit bewusst zu begleiten, zu beobachten, wie engagiert und motiviert sie der doch nicht mehr so ganz fremden, weil omnipräsenten Sprache begegneten, bildete die Haupttriebfeder der intensiven Auseinandersetzung mit der Thematik.
Besonders eindrucksvoll waren die scheinbare Leichtigkeit und Freude, mit der sowohl Eike und Nils, als auch ihre Klassenkameraden Wortschatz aufbauten, teils perfekt imitierten, sangen, spielten und erste einfache *small talk*-Dialoge bewältigten.
Aber es gab auch schon Momente des fast unmerklichen Überdrusses, wenn z.B. die elterliche Frage, was denn dieses Mal in Englisch gemacht wurde, mit: „Schon wieder ein Lied ..." beantwortet wurde.
Der Eindruck, dass der Lernkontext Englischunterricht an Grundschulen zwar bemüht kindgerecht, jedoch nicht immer auch angemessen im Sinne einer wirklichen englischsprachigen Kommunikation und den diesbezüglichen Bedürfnissen ist, muss sich bei Beliebigkeit der Inhalte zwangsläufig verstärken – auch bei den Kindern.

Der Englischunterricht an Grundschulen darf unter keinen Umständen Spielplatz für englischdidaktischen Dogmatismus und methodischer Rezeptologie sein - weder aus Gründen der Überzeugung, noch wegen mangelhafter oder unzureichender Ausbildung.
Das Ziel der Englischdidaktik muss die unterrichtliche Handlungssicherheit der Lehrkräfte sein, die unseren Kindern Englisch vermitteln – in sehr kurzer Zeit und oft unter wenig authentischen Bedingungen.

Dazu mit dem vorliegenden Band einen kleinen Beitrag leisten zu können, ist mein Ziel und mein großer Wunsch.

Ich danke Frau Professor Dr. Gertrud Walter vom Lehrstuhl für die Didaktik der englischen Sprache und Literatur an der Universität Erlangen-Nürnberg sehr herzlich sowohl für die vielen effizienten Jahre der Ausbildung als auch für die wunderbare Zusammenarbeit. Ihre großartige und selbstlose Unterstützung, ihre unnachahmliche Art, Wissen und Erfahrung großzügig weiterzugeben, haben meine Arbeit in der Schule, an der Universität und dem vorliegenden Band maßgeblich und nachhaltig beeinflusst.

Herrn Professor Dr. Günther Schorch vom Lehrstuhl für Schulpädagogik an der Universität Bayreuth danke ich besonders für die geduldige, vertrauensvolle und motivierende Begleitung der Entstehung des Bandes in konzeptioneller als auch in schulpädagogischer Hinsicht. Seinem fachlichen Rat in wertvollen gemeinsamen Gesprächen verdanke ich die enge Verknüpfung von englischdidaktischen Inhalten mit schulpädagogischer Sicht auf die jungen Lerner der englischen Sprache in der Grundschule.

Nürnberg, im Januar 2005

Einleitung

Der Englischunterricht an Grundschulen ist seit seiner Geburt, genauer seiner Einführung in die Lehrpläne der Bundesländer, ein geliebtes Kind. Öffentlichkeit, Wirtschaft, Verwaltungen, Schulen, Lehrer, Eltern und nicht zuletzt die Grundschulkinder selbst begrüßen den frühen Einstieg in eine Fremdsprache, die tagtäglich besonders in den Medien präsent ist und so schon früh auf das Alltagsleben und den Sprachgebrauch Einfluss nimmt.

Allgemeiner Konsens herrscht darin, dass eine schulische Erstbegegnung mit der englischen Sprache erst zu Beginn der Sekundarstufe I, somit im Alter von etwa 10 Jahren, wertvolle Sprachlernkapazitäten des Schulkindalters vergeudet.

Sich schon früh in der englischen Sprache ausdrücken zu lernen und somit sehr bald neue Kommunikationsmöglichkeiten schaffen zu können ist von Vorteil. Dieser wirkt sich im privaten Bereich durch neue, Grenzen überschreitende Kontaktmöglichkeiten und Freundschaften aus, während sich später berufliche Arbeitsfelder durch den Austausch über Sprachgrenzen hinweg sowie die zusätzlichen Zugänge zu Informationen durch Englisch erheblich leichter erweitern. Frühes Fremdsprachen- und insbesondere Englischlernen ist somit auch eine sinnvolle zeitige Anbahnung von Berufsorientierung.

Einigkeit besteht auch insofern, als Fremdsprachenlernen im Allgemeinen und somit Englischlernen an Grundschulen im Speziellen nicht nur vor diesem Hintergrund als Lernen mit sozialem Kontext gestaltet werden sollte (Schorch 1998, S. 171).

Bildung und Erziehung in der Grundschule heutiger Prägung können nicht mehr monolingual und monokulturell sein, denn der Einfluss verschiedenster europäischer und außereuropäischer Muttersprachen prägt das Schulleben in den Grundschulklassen nachhaltig.

Eine frühe aktive, positive und progressive Auseinandersetzung mit dieser Sprachen- und Kulturvielfalt ist unabdingbarer Bestandteil der Aufgaben der Grundschule hinsichtlich eines effizienten interkulturellen Lernens. Die Entwicklung von Neugier, Akzeptanz, Toleranz und Verständnis für Sitten und Kulturen anderer Länder, ermöglicht überhaupt erst gemeinsam wirkend ein multikulturelles Zusammenleben.

Der englischen Sprache als *lingua franca* einerseits und vergleichbaren sprachlichen Ausgangsbedingungen besonders in Klassen mit Kindern unterschiedlicher Herkunftssprachen andererseits kommt diesbezüglich eine Schlüsselrolle und -funktion zu.

Ferner birgt die Weiterentwicklung von kommunikativen Strategien Potenziale für die Anbahnung und Erweiterung von Sozial- und Handlungskompetenzen, also Schlüsselqualifikationen wie insbesondere Kommunikations- und Ausdrucksfähigkeit, Kontakt- und Konfliktfähigkeit, Sprach- und Medienkompetenz.

Vor dem Hintergrund eines sich schnell entwickelnden europäischen Zusammenwachsens und der Globalisierung scheint es zudem nützlich, vielen Kindern und Jugendlichen den Zugang zu einer weiteren Fremdsprache im - wenn auch nicht unbedingt direkten - Anschluss an die Grundschulzeit und die ersten englischsprachigen „Gehversuchen" zu ermöglichen.

Der englischen Fachdidaktik als Wissenschaft vom Englischunterricht stellt sich somit auf schulischer, außerschulischer und hochschuldidaktischer Ebene die Aufgabe, für die Lernerzielgruppe Grundschulkinder angemessene und geeignete altersentsprechende Ziele, schulkindgemäße Inhalte und entwicklungsgerechte methodische Verfahrensweisen des Lernkontextes Englischunterricht an Grundschulen zu eruieren und zu selektieren, zu begründen und zu evaluieren und letztlich weiterzuentwickeln.

Der Erwerb englischsprachiger Fertigkeiten sowie ein ausgewogenes Englischlehren und -lernen im Spannungsfeld von affektiv-emotionaler Begegnung mit der neuen Sprache auf der einen und geeigneten kognitiven Anregungen auf der anderen Seite bildet die Basis und den Ausgangspunkt entsprechender Untersuchungen und Überlegungen.

Die Gestaltung des harmonischen und nahtlosen Übergangs in die verschiedenen weiterführenden Schulen ist parallel dazu ein Problem, dessen Lösungsfindung für die anglistische Fachdidaktik eine besondere Schwierigkeit und hohe Anforderung darstellt.

Um den besonderen Bedingungen, unter denen Grundschulkinder Englisch lernen können und sollen, in adäquatem, wissenschaftlich fundiertem sowie praktisch erprobtem Maße Rechnung zu tragen, müssen darüber hinaus in kooperativer Form gesicherte Erkenntnisse der Bezugswissenschaften Pädagogik und Schulpädagogik, der Soziolinguistik und von Teildisziplinen der Psychologie berücksichtigt werden (Walter 1981, S. 20).

Die Englischdidaktik versucht gezielt, aus dem Englischunterricht erwachsende Fragen zu beantworten und so eine theoretisch fundierte und abgesicherte Handlungssicherheit sowie praktische Hilfen für Lehrer und Lerner gleichermaßen zu geben.

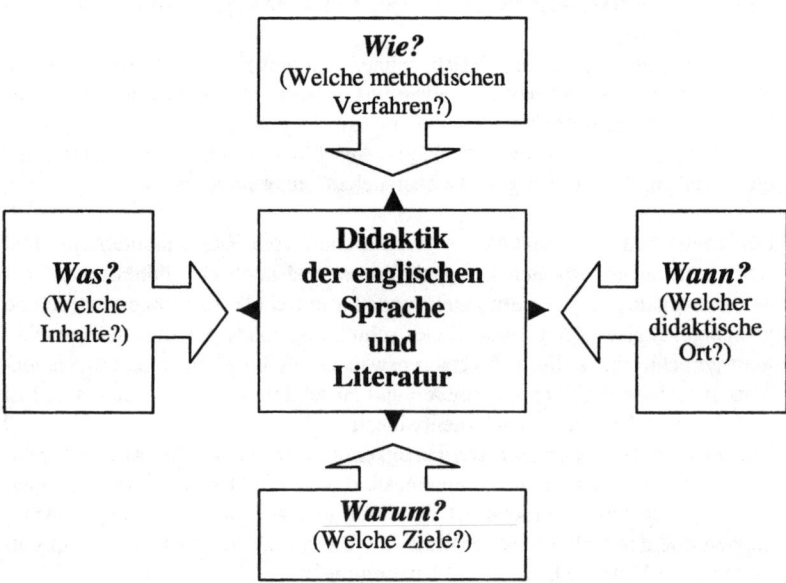

Abb. 1: Fragenbereiche der Englischdidaktik

Die vielfältigen Themenbereiche dieser englischdidaktischen Aufgaben auf- und weitgehend zu erschließen ist Hauptanspruch und Anliegen des vorliegenden Bandes.

Er wendet sich an die Studierenden für das Lehramt an Grundschulen, um sowohl eine Einführung in die didaktischen Aspekte des Englischunterrichts an Grundschulen zu geben, als auch auf die Anforderungen in der Unterrichtspraxis vorzubereiten. Sie soll auf dieser Ebene der Ausbildung eine Hilfe sein, eigene Erfahrung aus Schule und Studium, aus Hospitationen und Praktika reflektieren, einordnen und bewerten zu können.

Für Grundschullehrerinnen und -lehrer möchte der Band eine Möglichkeit der Fort- und Weiterbildung bieten und versteht sich in dieser Hinsicht auch als Zusammenschau der Diskussion um die fachdidaktischen Aspekte des Englischunterrichts an Grundschulen sowie als Anregung für einen grundschulgemäßen, lebendigen, aber auch sinnvollen und effizienten Englischunterricht.

Den Lehrkräften an den aufnehmenden Schulen nach dem Abschluss der 4. Klasse Grundschule soll der Band einen Einblick in die Besonderheiten der Englischdidaktik und –methodik der Primarstufe geben. Auf einer solchen Wissensgrundlage lassen sich durch kontrastive Überlegungen und Betrachtungen wertvolle Rückschlüsse auf die Planung und Durchführung des eigenen, weiterführenden Englischunterrichts ziehen. Zudem wird so ein ineffizientes, lineares Englischlernen ersetzt durch ein sinnvolles, fachlich kompetentes spiralcurriculares Vorgehen mit wichtigen Elementen der Wiederholung, Übung, Vertiefung und Anwendung von in der Grundschulzeit schon einmal Gelerntem.

1. Früher Englischunterricht

Früher Unterricht im Fach Englisch hat Geschichte. Die aus ihr gewonnenen Erfahrungen beeinflussen heutige schulpolitische, schulpsychologische und fachdidaktische Bemühungen um einen kindgerechten Englischunterricht an Grundschulen nachhaltig.

1.1 Konzeptionen und Versuche in den Ländern

Schon seit den Jahren der Weimarer Republik, genauer seit 1919 wird an Waldorfschulen Unterricht in zwei Fremdsprachen, Englisch und Französisch, erteilt. Der Unterricht, an dem auch schwachbegabte Schüler teilnehmen können, findet bis heute ohne Lehrplan, Lehrwerk und Notendruck statt. Das Ziel ist „Fremdsprachen für alle Kinder" (vgl. Jaffke/Maier 1997). Das Prinzip des ganzheitlichen Unterrichts wird realisiert durch Sprachenlernen mit Schwerpunkt auf Bewegung und Handlungsorientierung, unterstützt durch sprachliche Imitation, bei der das Chorsprechen eine besondere Bedeutung erfährt. Gestische und mimische Akzentuierungen ergänzen das Steinersche Konzept des Fremdsprachenlernens, wobei der Gründer Steiner Vokabellernen und Grammatikunterricht für gesundheitsschädlich hielt.

Im englischsprachigen Anfangsunterricht finden authentische Kinderreime und -bücher Verwendung, abgelehnt wird durch die Walddorfpädagogik dagegen allzu übertriebenes mediengesteuertes Lernen. Fremdsprachenlehrer an Waldorfschulen werden vor allem als Künstler mit gesicherten Kompetenzen bei der Sprachbeherrschung, im künstlerisch-musischen Bereich sowie beim pädagogischen Einfühlungsvermögen (vgl. Kiersch 1992, S. 112ff) gesehen. Die englischsprachige Lehrerausbildung fokussiert Techniken wie Entspannungsübungen, Inszenierungstechniken und schauspielerisches Können, Techniken der Chorleitung, Bewegungsspiele, Erzähl- und Vortragstechniken sowie das Puppenspiel.

Ähnliche Versuche bezüglich eines fantasiereichen, spielfreudigen und musisch-künstlerischen Englischunterrichts unternahmen fast parallel zu den Waldorf-Schulen einige staatliche Grundschulen, ab 1933 wurden diese jedoch eingestellt.

Das staatliche Schulwesen in Deutschland führte erst seit den Sechziger Jahren wieder Versuche zum fremdsprachlichen Frühbeginn durch. Der bildungspolitische Anstoß resultierte zunächst aus der Entwicklung der englischen Sprache zur Funktion als internationale Verkehrssprache, als *lingua franca*. Von damals aktuellen Forschungen beispielsweise der Neurologen Penfield (1965) und Lenneberg (1967) zum *optimal age* auch des Fremdsprachenlernens ermutigt, wurde somit im dritten Grundschuljahr begonnen. Das klassische Frühbeginn-Modell der damaligen Zeit entstand auch aus einem dritten Grund:

„... ein vorverlegter Beginn des fremdsprachlichen Lehrgangs soll die Möglichkeiten des Grundschülers nutzen und durch den zusätzlichen Zeitgewinn die fremdsprachlichen Leistungen steigern und die Chancen für eine Diversifikation der Schulsprachen im Sekundarbereich durch eine früher einsetzenden zweite Fremdsprache erhöhen ... "(Sauer 1993, S. 89)

Ziel des Englischunterrichts war es, eine elementare Kommunikationsfähigkeit durch die hauptsächliche Betonung von Hörverstehen und Sprechen in der englischen Sprache aufzubauen. Benotungen und Lehrpläne wurden dazu durchweg nicht erstellt, Länder wie Bremen oder Hessen jedoch gaben einen Grundwortschatz sowie elementare Strukturen vor. Diese Zurückhaltung zeigte sich beispielsweise bei der Einführung der Zeiten, da ausschließlich das Präsens gebraucht wurde.

Die Versuche zum Frühbeginn scheiterten aus zwei marginalen Gründen: Zum einen standen für den frühen Fremdsprachenunterricht nicht genügend ausgebildete Lehrer bereit, zum anderen blieb das Problem ungelöst, die in der Grundschule erworbenen Kenntnisse an den Unterricht in den 5. Klassen der weiterführenden Schulen anzuknüpfen.

Die Folgezeit war geprägt durch Fremdsprachen-Frühbeginnversuche mit föderalistischer Streubreite und Laborversuchscharakter, während in europäischen Nachbarländern entsprechende Versuche zentraler, in bedeutenderer Größenordnung und wissenschaftlich intensiver begleitet durchgeführt wurden. Die Vielfalt der bundesrepublikanischen Versuche hingegen ergab in den Folgejahren auch eine ebenso gestreute Erfahrungspalette hinsichtlich der Sprachenwahl und des Einführungszeitpunktes (vgl. Gompf 1989, S. 364).

Zu Beginn der Siebziger Jahre empfiehlt die Kultusministerkonferenz (KMK) der Länder in ihren „Empfehlungen zur Arbeit in der Grundschule" (1970) die Aufnahme des Fremdsprachenunterrichts in den Fächerkanon der Grundschule, orientiert sich dabei stark am Fremdsprachenunterricht der weiter führenden Schulen. Bundesländer wie Hessen, Baden-Württemberg, Niedersachsen und Nordrhein-Westfalen greifen den Impuls auf und schreiben Englisch in den Grundschullehrplänen ab der 3. Jahrgangsstufe fest. Negative Forschungsresultate (vgl. Sauer 2000[2], S. 3) und die gewaltige Aufgabe der Integration von ausländischen Kindern lässt die Bemühungen enden, einzig Hessen erhält seinen Grundschul-Englischunterricht und entwickelt den Lehrplan bis in das folgende Jahrzehnt stetig weiter (vgl. Gompf 1989, S. 365).

In den Achtziger Jahren, ganz im Zeichen des langsam zusammen wachsenden Europas, erhielt der Frühbeginn einen neuen Impuls.
Frankreich, Österreich und Italien führen in ihren Grundschulen eine Fremdsprache verbindlich ein, in Deutschland wird im Saarland Französisch obligatorisch. Das Bemühen weiterer Bundesländer, der europäischen Sprachenvielfalt zu begegnen, die Mehrsprachigkeit der zukünftigen Europäer zu initiieren, eine interkulturelle Sensibilität für die Lebensweisen von Menschen mit anderen Sprachen anzubahnen und den zunehmend multikulturellen Klassengemeinschaften gerecht zu werden, führt zunächst zum Konzept der Sprachbegegnung, in dem sprachliche Ziele ohne Definition bleiben, der Umgang mit fremden Sprachen eher situativ erfolgt und das viele Sprachen betreffen kann.

Die Bandbreite der Institutionalisierungsformen des Fremdsprachenunterrichts, wächst nach 1990 an:
„Neben dem begegnungssprachlichen Konzept (...) gibt es in einigen Ländern Projekte, die eine eher systematische Beschäftigung mit der Fremdsprache von der 3. Jahrgangsstufe an vorsehen, um erste Schritte zum Erlernen einer Fremdsprache zu ermöglichen." (KMK 1994)
Die derzeitige Entwicklung nach der Jahrtausendwende zeigt, dass in allen Ländern der Fremdsprachenunterricht in der Primarstufe, besonders in der 3. und 4. Jahrgangsstufe, aber auch in den ersten beiden Schuljahren, erheblich ausgeweitet wird.
Bis heute gibt es Grundschulversuche mit verschiedenen Sprachen wie beispielsweise Italienisch in Bayern, Französisch in Baden-Württemberg und Rheinland-Pfalz, Englisch und Russisch in Brandenburg.

Neben zweistündigen Arbeitsgemeinschaften und dem Pflichtunterricht mit Rahmenlehrplan finden sich fachintegrierte Angebote ohne lineare Progression, Projektformen, Angebote auf Antrag, bilingualer Unterricht und das Konzept „Lerne die Sprache deines Nachbarn". Harmonisiert wird die Vielfalt der Unterrichtsangebote durch die fast durchgängige Einigung der Länder auf eine grundschulspezifische, kindgerechte und handlungsorientierte Umsetzung der fremdsprachlichen Inhalte.

Die Kultusministerkonferenz der Länder begründet Anfang 2002 den Ausbau des Fremdsprachenlernens in der Grundschule in dreifacher Hinsicht:
Die veränderte Lebenswirklichkeit und die günstigen Spracherwerbsvoraussetzungen von Kindern im Grundschulalter sowie die Unterstützung der Umsetzung des Konzepts „Verlässliche Grundschule" z.B. in Baden-Württemberg, Niedersachsen und Hamburg durch die Ausweitung der Stundentafel.
Interkulturelles Lernen und der Aufbau von *cultural awareness*, eines Bewusstseins, Interesses und Verständnisses für kulturelles Anderssein (vgl. Risager 2000, S. 159), bilden einen Schwerpunkt der fremdsprachlichen Zielsetzung:

„Das Zusammenleben mit Zuwanderern, die zunehmende Mobilität der Bevölkerung (Berufstätigkeit, Reisen), die wachsenden internationalen Kontakte, insbesondere im grenznahen Bereich (Partnerschaften etc.), der europäische Einigungsprozess, die Internationalisierung der Medien, der Warenproduktion und der Alltagskultur - all dies hat dazu geführt, dass in Deutschland immer mehr Kinder in eine mehrsprachige Wirklichkeit hineinwachsen und dass alle Kinder in ihrem Lebensumfeld eine Vielzahl fremdsprachlicher Elemente vorfinden.
Diese Entwicklung erhöht die Bedeutung der Fremdsprachenkenntnisse in Beruf und Privatleben beträchtlich. Sie verstärkt darüber hinaus die Notwendigkeit, Kinder vom Beginn der Schulzeit an zu Toleranz und gegenseitigem Verständnis zu erziehen." (KMK 2002)

Unabhängig von zunehmend gesicherten früh-fremdsprachlicher Erkenntnissen bleiben aber noch lange nach den Achtziger Jahren und der Jahrtausendwende die Probleme der Sechziger Jahre relevant: Der Mangel an gut ausgebildeten Lehrern sowie die harmonisierte Übergangssituation vom Fremdsprachenlernen in der Grundschule mit dem der weiter führenden Schulen ab Klasse 5 ist immer noch nicht befriedigend gelöst.

1.2 Englisch als erste Fremdsprache

Die Frage nach dem Wert und Gewinn der Beschäftigung von Grundschüler mit der englischen Sprache lässt sich hauptsächlich mit den Funktionen des

Englischunterrichts beantworten, die zu verschiedenen Zeiten unterschiedlich gewichtet wurden.

1. Die allgemein- und persönlichkeitsbildende Funktion:
Zunächst besteht eine Sprache wie die englische aus wertvollen Inhalten, die gedacht oder formuliert werden können. Die Muttersprache wird dadurch nicht in naiver Weise absolut gesetzt, der geistige Horizont erweitert sich, es entsteht Toleranz der Sprache und seinen Sprechern gegenüber.

2. Die formalbildende Funktion:
Logisches Denken, Gedächtnis, Sprachbewusstsein und Fantasie werden durch die Beschäftigung mit der Sprache geschult.

3. Die praktische Funktion:
Anders als bei den beiden vorherigen Funktionen, die auch auf andere Sprachen übertragen werden können, bezieht sich diese insbesondere auf die englische Sprache als *lingua franca* und Weltsprache, die als etwas praktisch Brauchbares erworben werden kann.

Quirk bezeichnet Englisch als *„the language on which the sun does not set, whose users never sleep"* (1985, S. 8). Das *British Council* schätzt die Zahl der Englisch sprechenden und verwendenden Menschen auf über 1,5 Milliarden Menschen und zukünftig weiter steigend, da sich in mittel- und osteuropäischen Ländern eine Substitution des Russischen als erster Fremdsprache durch das Englische abzeichnet.

Geschätzte 80 Prozent aller Interaktionen in der englischen Sprache laufen ohne die Anwesenheit von Muttersprachlern ab – ein klares Indiz und Kriterium für eine *lingua franca*. Die daraus resultierende Gefahr der Aufspaltung des Englischen in untereinander nicht mehr verstehbare Idiome ist nicht gegeben, denn durch die Medien erfolgt in vielerlei Hinsicht eine ständige Rückkopplung an die von Muttersprachlern verwendete Sprachform.

Der praktische Nutzen, den die englische Sprache mit sich bringt, berührt kindliche Bereiche und die Jugendkultur ebenso wie die Freizeit und Berufswelt Erwachsener:

Sportliche Großereignisse, die Musik- und Filmbranche, die Bekleidungsindustrie, die Lebensmittelbranche, die Werbung, Luft- und Schifffahrt, Touristik, internationale Kongresse und Gremien sowie wissenschaftliche Zeitschriften bedienen sich beispielsweise größtenteils der englischen Sprache. Englisch ist zudem die ökonomische Sprache des Weltrats der Kirchen und der Weltmärkte.

Trotz der parallel zur Globalisierung der englischen Sprache verlaufenden Stärkung der Lokalisierung von Landes- oder Regionalsprachen, wie z.B. der Werbung multinationaler Konzerne in der jeweiligen Absatzmarktsprache, wird Englisch aller Voraussicht nach noch vor Spanisch hinter Chinesisch und Hindi zur dritten Weltsprache werden können.

Für Grundschulkinder der heutigen Zeit in Deutschland ist Englisch bewusst oder unbewusst, schriftlich oder als mündliche Äußerung allgegenwärtig. Die Vorkenntnisse sind somit erheblich größer als in jeder anderen Sprache. Dies gilt in zunehmendem Maße auch für Grundschulkinder nichtdeutscher Muttersprache, die auf gleichem Niveau beginnen können Englisch zu erlernen. Englisch zu lernen bedeutet für alle Grundschüler einen Einstieg in das Fremdsprachenlernen generell und schafft somit Sprachlernerfahrungen, auf die sie in weiterführenden Schulen zurückgreifen können.

1.3 Aus- und Fortbildung von Grundschul-Englischlehrern

Einen ähnlichen Ausgangspunkt bezüglich der englischsprachigen Vorerfahrungen nimmt die Aus- und Weiterbildung der Englischlehrer ein. Kenntnisse in der englischen Sprache sind in der Lehrerschaft weit verbreitet, der Aufbau und die Erweiterung von Lehrkompetenzen im Fach gestaltet sich so effizienter als in anderen, für den Fremdsprachenfrühbeginn in Frage kommenden Sprachen (vgl. Klippel 2003, S. 245).

Diese Tatsache sollte nicht den Blick dafür verstellen, dass sowohl Studenten und Studentinnen des Faches Englisch für das Lehramt an Grundschulen als auch im Dienst befindliche Grundschul-Englischlehrkräfte weitreichende Fachkompetenzen in hauptsächlich zweifacher Richtung benötigen, genauer
1. die persönliche Fremdsprachenkompetenz
2. sowie die didaktisch- methodischen Fähigkeiten und Fertigkeiten.

Besonderes Augenmerk muss dazu auf die Aus- und permanente Fortbildung von Kenntnissen im Bereich des grundschulspezifischen Fremdsprachenerwerbs gelegt werden.

Die beiden Kompetenzbereiche können mit einer, wenn auch mehrwöchiger Fortbildung interessierter, universitär aber unausgebildeter Lehrkräfte nur rudimentär erschlossen werden. Die Gefahr für die Qualität des Grundschul-Englischunterrichts ist groß:

Das noch ungenügend ausgeprägte sprachliche Vorbild ist für die Imitation der Grundschüler keine geeignete Grundlage zum Aufbau eines elementaren Sprachkönnens. Falsche Aussprache wird perfekt imitiert, fossilisiert und ist später nur mit großer Mühe zu korrigieren (vgl. Kapitel 7.1). Unabdingbar ist eine fundierte sprachpraktische Ausbildung, wünschenswert ein mindestens einjähriger Aufenthalt in einem englischsprachigen Land. *Near-nativeness*, die Nähe der eigenen englischsprachigen Kompetenz zu der eines gebildeten englischen Muttersprachlers, bildet die Grundlage authentischer, idiomatischer und (sprach-)vorbildlicher *classroom language* und *classroom interaction*. *Classroom phrases* und *classroom management* (vgl. Kap. 9.1/9.2) sichern die Unterrichtsorganisation und den Unterrichtsfortgang. Wenn auch mit ihrer Hilfe persönliche Rückmeldungen an die Schüler möglich sind, so reichen sie allein nicht aus, um sprachlich flexibel agieren und reagieren zu können.

Die Vielfalt der Unterrichtsaktivitäten erfolgt zum größten Teil mündlich, da die Fertigkeit des Hörverstehens die Basis für den Aufbau des englischen Spracherwerbs bildet. Zudem ist es sinnvoll, die in der Regel geringen zur Verfügung stehenden Unterrichtszeiteinheiten auch englischsprachig zu nützen (vgl. Schmid-Schönbein 2001, S. 46ff). Der Primat des Mündlichen schließt das Schriftliche nicht aus dem Grundschule-Englischunterricht aus, weist ihm jedoch eine dienende und unterstützende Funktion zu.

Allein bei entsprechender Sprachkompetenz des Grundschullehrers sind nicht nur mündliche Phasen englischsprachig angemessen kindgemäß, handlungsorientiert, situationsbezogen, ganzheitlich, multisensorisch, kommunikationsgerichtet, restriktionsfrei und bewertungsfrei zu bewältigen, wie es sowohl die englischdidaktische Forschung und Lehre als auch der länderübergreifende grundschulpolitische Konsens bezüglich der Ausgestaltung des Englischunterrichts in der Grundschule vorsehen. Ein Zurückziehen auf lange Stillarbeitsphasen ist nicht grundschulgerecht (Klippel 2003, S. 245).

Im didaktisch-methodischen Bereich kann es zur Bildung und Verbreitung eines „inneren Lehrplans" kommen, in dem die immer gleichen Inhalte, Methoden und Materialien verwendet werden, die in den kurzen Fort- und Weiterbildungen angeboten, kopiert und weiterverbreitet wurden. Alternativen in dieser Hinsicht sowie kreative Spielräume und neuere Spracherwerbskenntnisse können so nicht aufgenommen und reflektiert werden.

Schnellkurse decken nur unvollständig das notwendige Methodenrepertoire ab: Werden methodischen Vorgehensweisen unreflektiert und ohne theoretische Fundierung übernommen, entstehen schnell „Stundenrezepte", die ebenso zügig zur starren Unterrichtsroutine führen. Der scheinbare Vorteil einer Rezeptologie liegt dabei in der unmittelbaren Umsetzung im Unterricht.

Die notwendigen Kompetenzbereiche sind jedoch nicht in wenigen Wochen zu erlernen. Zu einem fundierten didaktisch-methodischen und sprachlichen Handlungsspielraum zählen beispielsweise noch ganz besondere grundschulspezifische Anforderungen, die erlernt, ausprobiert und reflektierte werden müssen: So verstärken außer- und parasprachliche Elemente wie Mimik und Gestik die (schau-)spielerische Fähigkeiten (z.b. *storytelling*), Musik und Tanz erweitern ganzheitliche Umsetzungsmöglichkeiten (z.B. *square dance*). Der nicht lehrwerkgestützte Unterrichtsfortgang erfordert zudem das Vermögen, vornehmlich authentisches Textmaterial zu recherchieren, zu analysieren und für den eigenen Unterricht didaktisch aufzubereiten (vgl. Kapitel 6.2).

Die universitäre Englischdidaktik als Wissenschaft vom Lehrern und Lernen der englischen Sprache gewährleistet durch ihre Ansiedung zwischen Anglistik/Amerikanistik und dem Englischunterricht an Grundschulen am ehesten die effiziente Grundschul-Englischlehrer-Ausbildung.
Sie selektiert anglistische Inhalte und entwickelt Vermittlungsverfahren im Hinblick auf die Grundschüler und ihre Lernziele. Sie analysiert die Unterrichtspraxis, indem sie sich sowohl mit sprachlichen Lernprozessen beschäftigt als auch in ihrer Handlungsforschung die Ergebnisse der Bezugswissenschaften Psycholinguistik, Spracherwerbsforschung, Lernpsychologie und Schulpädagogik berücksichtigt (Walter 1981, S. 20). Hinzubezogen werden Literaturdidaktik, die Didaktik der Landeskunde und die Kulturdidaktik. Erst dieses Zusammenspiel vieler Teilbereiche ermöglicht die Innovation der Praxis des Englischunterrichts an Grundschulen.
Einzelne Aspekte der Englischdidaktik zu isolieren und separat überzubetonen bzw. ganz wegzulassen ist einer umfassenden Ausbildung mit dem Ziel der englischdidaktischen Kompetenzentwicklung nicht dienlich.
Für den Bereich der Lehrerfort- und -weiterbildung spielt die enge Verzahnung von universitärer Englischdidaktik und Grundschule eine große Bedeutung. Sie kann beispielsweise in Form von Kontaktstudiengängen für Englischlehrer an Grundschulen an den Universitäten oder schulhausinternen Fortbildungen unter Einbeziehung von Englisch-Fachdidaktikern gewährleistet werden.

1.4 Der Übergang in die 5. Klassen weiterführender Schulen

Die neuen Anforderungen an die Fünftklässer im Englischunterricht an weiter führenden Schulen stellen einen nicht zu unterschätzenden, psychisch und physisch äußerst schwierigen Umbruch dar:

Der Englischunterricht, in der Grundschule organisch in ein grundschulpädagogisches Gesamtkonzept eingebettet, wird zum isolierten Hauptfach mit eigener Wertung und Wertigkeit (Börner/ Brusch 1999, S. 5f).
Inhaltlich ist vor allem die Hinwendung zu kognitiveren Formen, wie beispielsweise im Grammatikunterricht, sowie die zunehmend abstraktere Themenwahl auch außerhalb der engen Lebenswirklichkeit der Schüler zu nennen.
In diesen Kontext gehört auch der Aufbau von Lern- und Arbeitstechniken, die bewusst vermittelt werden und den Englisch-Lernprozess zu einem Teil in die Eigenverantwortung des Schülers überführen.
Das Repertoire der Fähigkeiten wird um die nun zum Hören und Sprechen gleichberechtigten *skills* des produktiven Lesens und Schreibens erweitert.
Der Bereich der Leistungsevaluation tritt in seiner gesamten Bandbreite anstelle der unbenoteten, rein positiv verstärkenden Rückmeldung über den individuellen Lernfortschritt beim Englischlernen.
Der Umgang mit dem Lehrwerk ist anfangs ungewohnt. Wenn der lehrwerkgestützte Unterricht von Lehrkräften statt als impulsgebende Orientierungsmöglichkeit als Arbeitspensum gesehen wird, das Unit für Unit abgearbeitet werden muss, geht durch das jeweils große Materialangebot auch in den ergänzenden Medien Spielraum verloren für kreative, sprachexperimentelle und völlig unbefangene, intuitive Möglichkeiten der Sprachproduktion.

Die nötigen Schritte zur Überwindung der Kluft zwischen abgebender Primar- und aufnehmender Sekundarstufe scheinen gangbar. Beiden schulischen Institutionen verfolgen gleiche Bildungsziele, womit die Grundlage für Kooperation und Kontinuität gelegt ist.
Die flächendeckende Einführung des Grundschul-Englischunterrichts in den 3. und 4. Klassen ist ein erster Schritt zum Brückenschlag zwischen dem nicht-linearen Englischlernen in der Primarstufe und der verbindlichen Progression in weiterführenden Schulen.

Von Seiten des Grundschul-Englischunterrichts sind grundlegende Voraussetzungen erfüllt, auf denen ein weiterführender Englischunterricht aufbauen kann.
Das rezeptive Leistungsvermögen hinsichtlich wichtiger Hörverstehenskompetenzen ist im Regelfall gesichert, aktive Fähigkeiten bezüglich des elementaren Sprechens sind angebahnt. Die Erschließung unbekannter Wörter nur aus dem Hörkontext ist in dieser Hinsicht eine Strategie, die bewusst zusätz-

lich zur Verdeutlichung durch Visualisierungstechniken hinzu treten kann (vgl. Wunsch 2002, S. 127).
In beiden Bereichen können jedoch das Lesen und Verstehen ebenso wie das Schreiben vorsichtig im Sinne der Parameter für einen grundschulspezifischen Englischunterrichts vor allem schon deshalb intensiviert werden, da die Schüler dies auch nachfragen. Das Lautlesen bekannter und von der Ausspracheseite her gesicherter Wörter bis hin zu überschaubaren Texten im Sinne einer Binnendifferenzierung ist ein abseits jeder Dogmatik bewährtes Vorgehen in der Praxis und eine willkommene Abwechslung im methodischen Vorgehen.
Für den stärkeren Einbezug des Schriftbildes spricht die alltägliche Omnipräsenz geschriebener englischer Wörter und Sätze sowie die sich im Unterrichtsalltag durchsetzende sinnvolle Stützung des eingeführten Wortschatzes und einfacher Strukturen.
Börner (1997, S. 81f) verweist in diesem Sinne darauf, dass Grundschulkinder herausgefordert werden wollen und ihnen mehr zugemutet werden kann, als es aufgrund ihrer Sprachproduktionsleistungen erscheint.
Dies kann auch gelten für „sprachreflektive Fähigkeiten" (Gogolin 1995, S. 106), die das intuitive Aufspüren und Verarbeiten von Sprachzusammenhängen ermöglichen. Das bedeutet nicht etwa die Einbettung metasprachlicher Erklärungen von grammatikalischen Phänomenen als Bestandteil des Grundschul-Englischunterrichts, sondern die flexible, kurze und prägnante Klärung von Nachfragen der Schüler beispielsweise zur Verwendung des -s in der 3. Person Singular, der unregelmäßigen Bildung des *simple past* etc. Intuitives Erfassen grammatikalischer Regelhaftigkeiten und Besonderheiten beim Hören und Verstehen authentischer Texte wird dazu bedarfsweise ergänzt durch sinnvolle, vernünftige und angemessene Vertiefungen des Wissens über die englische Sprache.

Die 5. Klassen der weiterführenden Schulen sind gefordert, „sich mit dem Verständnis der Grundschule von Lehren und Lernen auseinanderzusetzen und Perspektiven für den weiteren Lernprozess der Kinder durch Fortführung des Bekannten und Verknüpfen mit dem Neuen und dessen Ausdifferenzierung zu entwickeln." (Bliesener/Edelenbos 1998, S. 55).
Spiralcurriculares oder zyklisches Vorgehen mit vertrauten Wiederholungs- und Übungsmöglichkeiten kann dabei sinnvoll aus dem Englischunterricht der Grundschule Bekanntes mit neuen englischsprachigen Inhalten und zunehmend kognitiveren Englisch-Lernerfahrungen fest verknüpfen. In sprachentwicklungsspezifischer Hinsicht ist ein solches Vorgehen innerhalb der

Sekundarstufe keine Neuigkeit (Börner 2002, S. 119). Dies jedoch bedeutet auch ein bewusstes Zeitraumschaffen dafür innerhalb des üblichen lehrwerkgestützten Englischunterrichts, dessen Anspruch es fast ausnahmslos ist, am Ende eines Schuljahres die klassenstufenspezifische angebotene Stofffülle auch bewältigt zu haben. Ein bewusstes, selektives Umgehen mit dem Lehrwerk und seinen *units* als Impulse befreit den weiterführenden Englischunterricht von großen Lasten und der möglichen Anpassung an differenziertere Lerntempi. Jede Lehrkraft für sich ist diesbezüglich individueller Entscheidungsträger, kann aber zudem durch Fachkonferenzen, in denen Lehrwerke analysiert und interne Klassenlehrpläne erstellt werden, Handlungssicherheit einfordern.

Der Europäische Referenzrahmen (*Common European Framework of Reference* (Goethe-Institut 2001) gibt dazu ein Kerncurriculum mit Kompetenzbeschreibungen und Niveaustufen vor (vgl. Kapitel 3.3). Die Ausgestaltung des Englischunterricht obliegt jedoch den Vorgaben der Lehrpläne der Länder sowie der eigenen professionellen Verantwortung jeder Lehrkraft. Die Chance für eine bessere Harmonisierung der Schulstufen liegt schwerpunktmäßig in den einzulösenden obligatorischen Zielvereinbarungen hinsichtlich der Stufenprofile des Referenzrahmens (vgl. dazu auch Edelhoff 2001).

Im methodischen Bereich sind die grundschulspezifischen musischen und kreativen Verfahren ohne weiteres in die ersten zwei Jahre der Sekundarstufe integrierbar. Individualisierende, offene Unterrichtsverfahren unterstützen die differenzierte und individuelle Entwicklung der englischsprachigen Kompetenzen von Fünft- und Sechstklässern im Sinne des Referenzrahmens. Grundlegende, vorsichtig angebahnte fachbezogene und fächerübergreifende Lern- und Arbeitstechniken aus dem Grundschulunterricht (u.a. Selbstorganisation der Lernarbeit, Zeitökonomie, Führen der schriftlichen Unterlagen, Umgang mit Arbeitsmaterialien und Medien) tragen ebenfalls zur Verbreiterung der Ausgangsbasis für die neuen Fünftklässer bei (vgl. Kapitel 7.5.3).

Beide Seiten, Grundschule auf der einen bzw. Hauptschule, Realschule und Gymnasium auf der anderen, müssen sich aufeinander zu bewegen und sich näher kennen lernen, um einen zunehmend harmonischen Übergang zu gewährleisten. Nicht notwendig ist somit eine spezielle, eigene Übergangsdidaktik oder -methodik.

Der einseitige Anspruch an die Grundschule, sich den Lehrplänen der weiterführenden Schulen anzupassen und den Übergang in Eigenregie zu harmonisieren, bedeutet eine Abkehr von jedem Konsens über grundschulgerechte Formen des Englischunterrichts ohne lineare Progression und Leistungsbewertung. Gar so zu tun, als hätte es den Grundschul-Englischunterricht nie gegeben und erworbene Kenntnisse zu ignorieren, lässt sich auf Seiten der aufnehmenden Schulen auch mit einem Abtun der Grundschularbeit als „Spielerei" nicht rechtfertigen (Börner 2000, S. 24).

Im Gegenzug ist es vonseiten der Grundschullehrkräfte nötig, sich über die Anforderungen im Gymnasialbereich ausreichend zu informieren. Die gemeinsame Lektüre und Diskussion der Lehrpläne beider Schularten zur Harmonisierung und Verknüpfung der Ansätze eines reibungslosen Übergangs bildet dabei eine Grundvoraussetzung für kooperatives Vorgehen.

Schulartübergreifende (Fach-)Konferenzen und Informationsnachmittage, gemeinsame Projekte, gegenseitige Besuche und Hospitationen mit Absprachen und verbindlichen Vereinbarungen sowie die gemeinsame Einbindung der Eltern in den Prozess des Übergangs sind weitere mögliche Maßnahmen auf der Schulebene, die kurzfristig und effizient geplant, vorbereitet und durchgeführt werden können.

Besondere gemeinsame Erfahrungswerte können darüber hinaus wechselseitiges Unterrichten oder *team teaching*-Stunden mit Beobachtungsauswertung, Analysen vorhandener und erstellter Inhaltsverzeichnisse individueller Portfolios, Tausch- und Ideenbörsen sowie das Besprechen der individuellen Sprachlernbesonderheiten der zukünftigen Fünftklässer haben.

Die Synergieeffekte der am Übergang beteiligten Institutionen zu aktivieren muss also das erklärte Ziel aller Beteiligten sein – zu Gunsten des Englisch lernenden Grundschulkindes, das durch ein geplantes, harmonisiertes Vorgehen in seinem Vertrauen in die gerade erst begonnene eigene englische Sprachlernkarriere bestärkt wird. Es besitzt auf diese Weise wesentliche verbesserte Chancen, die kommunikative Bedeutung des Englischlernens für sein Leben zu erkennen, anstatt durch nicht nachvollziehbare Hürden schon früh dafür den Blick zu verlieren.

2. Wie Kinder Sprachen lernen

Kinder sind in der Regel imitationsfreudig, unbefangen, gut motiviert, haben wenig Angst vor Fehlern und besitzen große Spontaneität in ihren sprachlichen Reaktionen.

2.1 Lernpsychologische Voraussetzungen

Faktoren, die den Spracherwerb in verschiedenen Lernkontexten beeinflussen, wurden v.a. in den USA vielfach untersucht (vgl. Ellis 1994). Die Ergebnisse jedoch widersprechen sich oft und lassen sich deshalb nicht verallgemeinern. Meist handelt es sich um umstrittene Hypothesen, um Beobachtungen, die an kleinen Probandengruppen durchgeführt wurden. Dennoch kam man zu interessanten Denkanstößen bezogen auf die Faktoren, die den Spracherwerb beeinflussen und deshalb auch wichtig sind für den Englischunterricht an Grundschulen sind:
Lerngruppe und Lernklima, Alter, Gedächtnis, Motivation, Persönlichkeitsmerkmale, Lerntyp, Sprachlernneigung, Sprachbewusstsein und Mehrsprachigkeit.

2.1.1 Lerngruppe und Lernklima

Ein wesentlicher, grundlegender Lernfaktor ist die emotionale Einstellung des Lernenden zur direkten Lernumgebung, die maßgeblich durch die Lerngruppe, im Regelfall die Klassengemeinschaft, sowie das in ihr herrschende Lernklima bestimmt wird. Nur in einer restriktionsfreien Lernatmosphäre werden erfolgreich englischsprachige Grundlagen gelegt, indem unter freundlicher, kompetenter Anleitung imitiert und erste produktive, auch experimentelle Fremdsprachversuche gemacht werden können.
Positives, offenes Umgehen der Grundschüler miteinander sowie eine durch gegenseitige Wertschätzung geprägte Schüler-Lehrer-Beziehung erleichtern das Englischlernen, negative Emotionen wie Angst, Ablehnung und Ärger

führen zu Lernblockaden und oft sogar unbewusster Lernverweigerung. Grundschulkinder, die in dem Fremdsprachenlehrer nicht den Richter, sondern den Helfer sehen, nähern sich der englischen Sprache mit Neugier und Wissensdrang, nicht aber mit Lustlosigkeit.

2.1.2 Alter

Aufgrund neuerer Untersuchungen ist die weitverbreitete Ansicht: „Je jünger, desto besser" für den Erfolg des Spracherwerbs nicht haltbar. Die Theorien der Neurologen Penfield (1959) und Lenneberg (1967), die besagten, dass es nach der Pubertät zu keiner vollständigen Sprachbeherrschung mehr kommen kann (*critical period*), sind überholt. Die These vom *optimal age* ist nicht mehr haltbar. Mit dieser These lässt sich auch der Frühbeginn des Fremdsprachenunterrichts in der Grundschule nicht mehr begründen.

Inzwischen ist man dazu übergegangen, Einzelaspekte der Sprachbeherrschung und die Vor- bzw. Nachteile, die jeweils jüngere und ältere Lerner bei ihrem Erwerb haben, zu untersuchen. Dabei ergab sich, dass junge Lerner Vorteile beim Erlernen der Aussprache besitzen, Jugendliche und Erwachsene hingegen bei Morphologie und Syntax. Grundsätzlich haben Kinder, die die Zweitsprache im betreffenden Land erwerben, bessere Lernbedingungen und mehr Zeit, sie erhalten mehr Aufmerksamkeit und häufiger Gelegenheit zur kommunikativen Verwendung der Zweitsprache. Nicht bewiesen ist aber, dass selbst in bester Lernsituation im frühen Lernalter automatisch auch die Sprachkompetenz eines *native speaker* erreicht werden kann.

Generell konnte festgestellt werden, dass das Lerntempo in der Adoleszenz und im Erwachsenenalter rascher ist als im Kindesalter. Dies gilt vor allem für den Lernkontext Schule. Ältere Lerner haben mehr Lernerfahrung, eine größere Differenzierung im Bereich des Wortschatzes, kognitive Kontrolle bei der Sprachrezeption und -produktion und damit die Möglichkeit zur Fehlerselbstkorrektur, sie besitzen eine erhöhte Kapazität des Kurzzeitgedächtnisses (unmittelbares Behalten), größeres Durchhaltevermögen und längerfristige Motivation. Für sie gilt, dass sie mehr vom Lernkontext (systematischer) Unterricht profitieren können.

Sie hat Vogel wohl in erster Linie im Blick, wenn er schreibt (1990, S. 132):

„...dabei gewinnen solche Inputangebote, Lehr- und Lernverfahren an Bedeutung, die die kognitive Entwicklung positiv beeinflussen können und den Lernenden dazu verhelfen, sich auf die nächste kognitive Entwicklungsstufe zu begeben . (...) guter Fremdsprachenunterricht zeichnet sich gerade dadurch aus, dass bei der Planung des Lernfortschritts die Input- und Methodenauswahl in systematischer Beziehung zum Vorwissen und kognitiven Funktionsniveau der Lernenden stehen. Dies ist der Grund, warum der Fremdsprachenunterricht im Vergleich zum Fremdsprachenlernen in natürlichen Situationen mit ungeordneten Sequenzen und zufälligem Inputangebot als ein Weg gesehen werden muss, der den sprachlichen Lernprozess erheblich abkürzen kann."

Zu den altersbedingten Vorteilen junger Lerner im Grundschulalter gehören ihre Sprechbereitschaft, ihre Freude am Imitieren, ihre akustisch-motorisch bestimmte Art der Einprägung sowie ihre Fähigkeit zu ganzheitlicher Auffassung und kaum vorhandene Angst vor Fehlern.

Benachteiligt sind sie dagegen durch die geringere Kapazität ihres Kurzzeit-Gedächtnisses (unmittelbares Behalten) und ihr noch wenig entwickeltes Abstraktionsvermögen. Generell kommt der Lernkontext Schule ihrem Alter wenig entgegen.

2.1.3 Gedächtnis

Ein wichtiger Faktor, der das Fremdsprachenlernen beeinflusst, ist das Gedächtnis. Die Gedächtnisforschung betrachtet es als Speicher, der sich in Kurz- und Langzeitspeicher gliedert. Alle eingehenden Informationen von Bedeutung werden kurzzeitig gespeichert und nach verschiedenen Sachgebieten geordnet.

„Hier dürfte sich entscheiden, auf welche Weise die Informationen im Langzeitgedächtnis gespeichert werden. Informationen, die für den Abruf bereit gestellt werden sollen, werden im aktiven Langzeitspeicher gespeichert;; Informationen, die lediglich zur Identifizierung, zum Wiedererkennen, bereitgehalten werden sollen, werden im inaktiven Langzeitspeicher gespeichert. (...) Informationen, die in den Langzeitspeicher gelangen, gehen nicht verloren. Sie können sich jedoch verändern, zum Beispiel dadurch, dass sie Bestandteil neuer Informationen, neuer Sinnzusammenhänge werden. Sie können auch vom aktiven in den inaktiven Langzeitspeicher übergehen, und zwar dann, wenn sie nicht häufig genug abgerufen werden" (Rohrer 1978, S. 74).

Man unterscheidet zwischen einem Wiedererkennens- und einem Abrufgedächtnis. Ersteres ist leistungsfähiger, da man nur einige wichtige Aspekte der Information gespeichert haben muss, um die ganze Information wiederzuerkennen, während dies zum korrekten Abrufen nicht ausreicht. Beim Hören und Lesen genügt das Wiedererkennen. Diese rezeptiven Fähigkeiten sind deshalb leichter und rascher zu erlernen als die produktiven des Sprechens und Schreibens, bei denen das Abrufgedächtnis tätig werden muss. Grundlage für die produktiven Fähigkeiten ist ein breiter Ausbau der rezeptiven. Rezeptiv beherrschter Wortschatz und Strukturen können durch wiederholtes Aktivieren in den produktiven Bereich übergehen.

Verbal empfangene Informationen werden nicht sprachlich gespeichert, sondern nur ihre Bedeutung. Beim Abrufen in einer Kommunikationssituation müssen sie reverbalisiert werden; die lautlichen oder graphischen, lexikalischen und grammatischen Elemente eines gehörten bzw. gelesenen Textes müssen dabei rekonstruiert werden. Falls diese verbal empfangenen Informationen nicht zuvor auswendig gelernt wurden, geschieht das Rekonstruieren nicht in der ursprünglichen Form, sondern im Idiolekt, der typischen Ausdrucksweise des Sprechers bzw. Schreibers. Um korrekt abrufbar zu sein, müssen bestimmte sprachliche Elemente, wie z.b. Laute, Lautkombinationen, Morpheme, Wörter, unregelmäßige Verben, Präpositionen, Kollokationen und idiomatische Wendungen zunächst auswendig gelernt und damit automatisiert werden. Der Unterricht bemüht sich um die Abrufbarkeit von Lerninhalten aus dem Langzeitgedächtnis, ein Ziel, das leichter erreichbar ist, wenn die Lernstoffe durch Herstellung begrifflicher Zusammenhänge, durch die Erleichterung von Assoziationen abrufbar gespeichert wurden (z.B. Wort- und Kollokationsfelder).

Eine wesentliche Funktion beim langfristigen Speichern kommt dem Üben zu. Die Lernpsychologen haben erkannt, dass verteilte Übungsperioden wirksamer sind als massiert aufeinanderfolgende, da durch längere Intervalle Lernausfälle und Unklarheiten in kognitiven Strukturen offenbar werden und korrigiert werden können. Die Intervalle dürfen allerdings nicht zu groß sein, da sonst zu viel vergessen wird. Sinnvoll für das langfristige Behalten scheinen steigende Intervalle zu sein (vgl. Vogel/Vogel 1975, S. 83).

2.1.4 Motivation – das emotionale Element

Ein besonders wichtiger Faktor, der den Spracherwerb in verschiedenen Lernkontexten beeinflusst, ist die Motivation. Sie bestimmt die Anstrengungen, die ein Lerner beim Spracherwerb unternimmt, und ist entscheidend für sein Durchhaltevermögen und seinen Lernerfolg.

Beim Erstspracherwerb treten keine Motivationsschwierigkeiten auf, denn er ist für das Kleinkind lebenswichtig, mit ihm wächst es in die jeweilige Sprachgemeinschaft hinein und nimmt an ihrem Leben teil. Wilkins (1972, S. 181) beschreibt die Motivationslage des Kleinkindes wie folgt:
„Of the child learning his mother-tongue it could be said (...) that he has the best of all possible motives for learning the language. It enables him to get what he wants".

Eine ähnliche Situation wie die des Kleinkindes ergibt sich für Kinder, die eine Zweitsprache unter natürlichen Bedingungen lernen, wenn diese Sprache in dem Land, in dem sie leben, gesprochen wird. Wenn die Beherrschung dieser Sprache lebenswichtig ist, steuert große Motiviertheit den Lernprozess, der deshalb rasch und erfolgreich verläuft.

Integrativ motivierte Lerner lernen die Sprache um ihrer selbst willen, weil sie eine positive Einstellung zur Sprachgemeinschaft und ihrer Kultur besitzen, von ihr akzeptiert und möglichst integriert werden möchten.
Die Identifikation mit den Sprechern der Zielsprache fördert den Lernerfolg. Das Leben im Land der Zweitsprache erfordert auch eine soziale und psychologische Integration der Lerner. Nur wenn ihre Motivation stark genug ist, können sie den *language shock* und den *cultural shock* überwinden und eine Bereitschaft zur Akkulturation entwickeln, was allerdings von bestimmten Persönlichkeitsvariablen abhängt.
Bei instrumenteller Motivation lernt man die Sprache nicht um ihrer selbst willen, sondern als Mittel zum Zweck, zum Erreichen eines anderen Ziels. Diese Art der Motivation kann ebenso zum Lernerfolg beitragen wie die integrative.

Die Domäne von Motivationsschwierigkeiten ist vor allem der schulische Fremdsprachenunterricht, was hauptsächlich mit den dort herrschenden, für den Spracherwerb ungünstigen Bedingungen zusammenhängt. Lerner, die außerschulischen Kontakt mit Muttersprachlern haben, mögen integrativ motiviert sein, vorherrschen dürfte jedoch die instrumentelle Motivation. (Fremdsprache ist Voraussetzung für den angestrebten Beruf, gute Noten führen zu Belohnungen durch die Eltern, v.a. aber zu Berechtigungen). Motiviert werden Schüler natürlich auch durch Erfolg (*nothing succeeds like success*) während bei Misserfolgsorientierten die Motivation schwindet.

2.1.5 Persönlichkeitsmerkmale

Bei dem Versuch, Persönlichkeitsmerkmale des erfolgreichen Sprachenlerners festzustellen - dies geschah durch Interviews, Lernerbiographien und Lernertagebücher von Erwachsenen, die die Fremdsprache unter natürlichen Bedingungen im jeweiligen Land lernten - entdeckte man, dass Empathiefähigkeit, Extrovertiertheit und Selbstvertrauen sich positiv auswirken. Eine autoritäre Einstellung, Introvertiertheit, Ängstlichkeit und Gehemmtheit sind hingegen ungünstige Voraussetzungen.

Unter Empathiefähigkeit versteht man die Fähigkeit, sich affektiv auf die Situation und die Gefühle einer anderen Person einzustellen. Dieses Persönlichkeitsmerkmal erleichtert die Akkulturation, der Angleichung einer Kultur an eine andere, und ist außerdem mit der integrativen Motivation eng verbunden. Bei der Ausspracheschulung sind empathiefähige Menschen im Vorteil, da sie sich nicht scheuen zu imitieren und einen kindähnlichen Lernprozess auf sich zu nehmen.
Eine autoritäre Einstellung sowie Gehemmtheit wirken sich gerade in diesem Bereich ungünstig aus. Ein autoritärer Mensch befürchtet Identitätsverlust und tendiert dazu, seinen muttersprachlichen Akzent bewusst beizubehalten. Bei gehemmten Menschen hat man unter dem Einfluss von Alkohol oder Hypnose eine Aussprachverbesserung erzielt.
Extrovertierte und selbstbewusste Personen suchen soziale Kontakte mit Muttersprachlern, verwenden *risk-taking strategies*, d.h. sie haben keine Angst, Fehler zu machen und haben vor allem bei der Förderung ihrer mündlichen Kommunikationsfähigkeit Vorteile. Krashen (1985) nennt sie *under-user* des Monitors. Sie sprechen flüssig, ohne sich auf die Korrektheit ihrer Äußerungen zu konzentrieren.
Introvertierte und gehemmte Menschen hingegen haben größere Schwierigkeiten im mündlichen Bereich. Sie bevorzugen *risk-avoiding strategies*, scheuen sich, Fehler zu machen und erweisen sich als *over-users* des Monitors, weshalb sie nicht flüssig sprechen. Bei der schriftlichen Kommunikationsfähigkeit müssen sich die genannten Merkmale nicht negativ auswirken.

Naiman (1978) nennt folgende Eigenschaften für einen guten Englischlerner:
"1. The good language learner is a willing and accurate guesser.
2. The good language learner has a strong drive to communicate. He is willing to do many things to get his message across.
3. The good language learner is often not inhibited. He accepts being a linguistic toddler and is willing to appear foolish if reasonable communication results. He is willing to live with a certain amount of vagueness (= Ambiguitätstoleranz – Anm. d. Verf.).
4. He is constantly looking for patterns in the language.
5. He practises.
6. He monitors his own and the speech of others (= optimal user of the monitor)."

2.1.6 Lernertypen

Man unterscheidet optisch-visuelle, auditive, kinästetische (motorische, haptische, *hands-on*) und verbal-abstrakte Lernertypen.

Sie bevorzugen bestimmte Lernstile und Lernstrategien, weshalb sie von bestimmten Unterweisungstechniken (vgl. Kapitel 7.5.3) jeweils besonders gut gefördert werden können. Ellis (1994) spricht von „*learner-instruction matching*" und Littlewood entwirft die folgende Zukunftsvision:
"There may well come a time when we can assess a student's personality or cognitive style and assign him to a suitable teacher or method on the basis of this assessment" (1984, S. 97).
Die vorgeschlagene Unterscheidung fokussiert die Schwerpunkte des Lernverhaltens eines Schülers. Im individuellen Fall tritt in der Regel eine Mischform von zwei Lerntypen auf.

Der visuelle Lerntyp benötigt verstärkt Bilder, Skizzen, Plakate oder Schemata zum Lernen. Er kann sich ausgezeichnet innere Bilder vorstellen und Notizen anfertigen. Ihm zugeordnet werden können der mediumorientierte Lerntyp, der, ebenfalls mit Bedarf nach visueller Stützung, gerne audio-visuelle oder interaktive Medien benutzt, sowie der lesende Lerntyp, der mit Vorliebe ganze Texte zur Verfügung hat in Büchern, Heften, Zeitungen, Zeitschriften und Arbeitsblättern.

Dem auditiven, akustischen Lerntyp genügt zum größten Teil das Hören, um einen Lernstoff aufzunehmen und zu verstehen. Er ist empfänglich für Erzähltes, Vorgelesenes, Vorgespieltes, Berichtetes sowie Vorgetragenes und beteiligt sich gerne an entwickelnden Unterrichtsgesprächen. Unterstützend wirkt dazu die ausgeprägte Vorstellungskraft.

Der kinästhetische, auch haptische Lerntyp fasst Lerngegenstände gerne an, um sie regelrecht zu „begreifen". Über den Tastsinn erschließen sich ihm Zusammenhänge und Muster.

Verbal-abstrakte Lernern, auch „gymnasiale" Lerntypen genannt, helfen Begriffe und Begriffsdefinitionen beim Englischlernen, sie sprechen auf kognitive Vorgehensweisen an. Grammatische Strukturen können sie schon schnell nach dem Erklären einer Regel anwenden, für das Verstehen eines Textes sind ihnen Hauptargumente sowie die Definitionen zentraler Begriffe genug. Wird der sachlogische Sinn des gegliederten Lernstoffes analysiert und eingesehen, dann wird er auch akzeptiert und dauerhaft gespeichert. Verstärkt wird dies vor allem, wenn vergleichbare Beispiele zum Lernstoff gesammelt werden können.

Für den Grundschul-Englischunterricht relevant sind zwei weitere Misch-Lerntypen, die den genannten nicht oder nur in einzelnen Ausprägungen zugeordnet werden können:

Der Gespräche führende, kontakt- und personenorientierte Lerntyp, der ihm sympathische Lehrkräfte benötigt, die gleichzeitig streng sein und konsequent handeln können.
Der Sprechende, Schreibende, Zeichnende, individuell-reproduzierende Lerntyp muss den Lehrstoff für sich „übersetzen" und dann aktiv ausdrücken, um ihn zu verinnerlichen. Im Englischunterricht bezieht sich dies auf das Lernen von Vokabeln und Dialogen durch Nachsprechen, durch das Herausschreiben von Stichworten aus Texten (*note-taking*) sowie durch das Entwickeln sprachlicher Schemata.

Von unterschiedlichen Lernertypen, unterschiedlichen Vorerfahrungen der Lernenden und unterschiedlichen Lerndispositionen ausgehend, können allenfalls Vermutungen darüber angestellt werden, wie Grundschüler englische Sprache aufnehmen, verarbeiten und speichern.
Der Englischunterricht in der Grundschule wendet sich in der Regel an einen durchschnittlichen Lernertypen, den es eigentlich nicht gibt. Das Prinzip, dass alle Schüler zur gleichen Zeit den selben Lernstoff auf die selbe Art und Weise vermittelt bekommen, steht ihren individuellen und differenzierten Lernbedürfnissen und -typologien entgegen.

2.1.7 Sprachlernneigung

Carroll (1985) entwickelte einen *Language Aptitude Test*, der einer der meist genutzten Tests zur Sprachlerneignung geblieben ist. Sprachlerneignung wird demnach durch vier Faktoren charakterisiert:
a) Fähigkeit, Laute zu identifizieren und im Gedächtnis zu behalten;
b) Fähigkeit, Regeln aus dem sprachlichen Input zu erschließen;
c) Fähigkeit, Strukturen, Wörter und Regeln mit Hilfe von Sprachbeispielen zu abstrahieren und auf neue, vorher nicht bekannte Äußerungen zu übertragen;
d) Fähigkeit, fremdsprachliches Material auswendig zu lernen.
Dieser letzte Punkt d) lässt sich besonders an Erscheinungen wie *past tense*, unregelmäßige Verben, Präpositionen, *false friends* sowie Kollokationen verdeutlichen, die man auswendig lernen muss, um sie zu beherrschen.
Faktor b) kann anhand eines Tests (nach Pimsleur 1968, S. 98ff) überprüft werden:
Folgende Aussagen sind gegeben:
shi gacier le = the horse sees father
shi gader la = the horse saw father

be = carries
Frage: Welche der folgenden Aussagen entspricht dann dem Satz *the horse carried father?*
1. *shi gader be*
2. *shi gader ba*
3. *gade shir be*
4. *gade shir ba*

Allgemein scheint eine Verknüpfung der Sprachlerneignung mit der kognitiven Leistungsfähigkeit eines Schülers zu bestehen. Nicht auszuschließen ist, dass die genannten Fähigkeiten durch frühe Lernaktivitäten beeinflusst und (auch teilweise) erworben werden können (vgl. Walter 1981, S. 31).

2.1.8 Sprachbewusstsein – *language awareness*

Unter *language awareness* versteht man im weiteren Sinne ein allgemeines Bewusstsein für Sprache, im engeren die Sensibilität für Sprache(n) und ihre Formen, Strukturen, Funktionen sowie ihren Gebrauch. *Language awareness* bezieht sich direkt auf den bewussten Einsatz von Sprache im menschlichen Umgang miteinander sowie auf das Bewusstsein über die Rolle einer Sprache im menschlichen Leben (vgl. Donmall 1985, in: Schmid-Schönbein 2001, S. 56).

Language awareness als didaktisches Konzept, das der Erziehung zur Mehrsprachigkeit auf der Basis der Muttersprache und damit auch der Europäischen Dimension zuarbeitet, hatte ihren Ursprung Ende der sechziger und Anfang der Siebziger Jahre im Bereich des Muttersprachenunterrichts in Großbritannien (vgl. Gnutzmann 1997, S. 227f.).

Das bildungspolitische Ziel der Förderung individueller Mehrsprachigkeit aller Schüler entstand vor dem Hintergrund zunehmender sprachlicher und kultureller Pluralität innerhalb und außerhalb Deutschlands (vgl. Finkenstaedt & Schröder 1992; Schröder 1994; Behler 1999).

Die Schaffung von Sprachbewusstsein bei Grundschülern ist im Kern auf sprachenübergreifendes Lernen angelegt, weil neben dem Beschreiben und Vergleichen von sprachlichen Strukturen auch die Akzeptanz für sprachliche Vielfalt geweckt werden soll. *Language awareness* ist ein Konzept ganzheitlichen Lernens. Es umfasst drei Ebenen (vgl. Luchtenberg 1994, S. 5):

1. Auf der kognitiven Ebene stehen Wahrnehmung und Beschreibung sprachlicher Strukturen im Zentrum. Dadurch wird sprachliches Regelwissen verstärkt.

2. Auf der affektiven Ebene werden Einstellungen und Haltungen zu Sprache ausgebildet, wie z.B. Freude im Umgang mit Sprache.
3. Auf der sozialen Ebene werden Einsichten darüber gefördert, welche Rolle die Sprache in der Gesellschaft spielt. Dabei soll zu sprachkritischem Denken und Reflexion über Vielsprachigkeit angeleitet werden.

Im Bereich des Grundschul-Englischunterrichts wird die Entwicklung von Sprachbewusstsein besonders bei der Kontrastierung von mutter- und englischsprachigen sprachlichen Phänomenen, wie z.b. Schriftbild, grammatische Strukturen und idiomatische Wendungen, gefördert.

2.1.9 Mehrsprachigkeit (6/50)

Andere lernpsychologische Voraussetzungen herrschen in einer deutschen Grundschulklasse für die Kinder nicht-deutscher Muttersprache, die somit im Englischunterricht schon mit der zweiten Fremdsprache konfrontiert werden.
Allen Schwierigkeiten dieses zusätzlichen Fremdsprachenerwerbs tritt ein Umstand entgegen, der erfahrungsgemäß diese Kinder besonders motiviert an die neue Sprache heranführt: Sie haben – anders als beim Erlernen der deutschen Sprache – einen vergleichbaren Ausgangspunkt, da deutsche Kinder ebenfalls ohne nennenswerte Vorerfahrungen mit dem Englischunterricht beginnen. Zudem wird der elementare Sprachaufbau über das Hörverstehen in einem fast durchweg einsprachigen, meist besonders visuell gestützten Unterricht betrieben. Die deutsche Sprache spielt in dieser Hinsicht eine untergeordnete Rolle für die Grundschulkinder nicht-deutscher Muttersprache.

2.2 Der Erwerb der Erstsprache

Die Psycholinguistik ist maßgeblich beteiligt an der Forschung um die Vorgänge beim Erstsprachenerwerb.
Früheren Vorstellung einer Vererbbarkeit der Muttersprache stehen heutige gesicherte Erkenntnisse entgegen, dass jedes gesunde Kind, unabhängig von der Nationalität seiner Eltern, die Sprache erlernt, die in seiner direkten Umgebung gesprochen wird. Die Psycholinguistik verwendet deshalb den Begriff „Erstsprache", nicht „Muttersprache".
Für den Englischunterricht an Grundschulen sind die Erkenntnisse der Psycholinguistik von erheblicher Relevanz, da nur vor dem Hintergrund von Kenntnissen über den nahezu mühelosen Erstsprachenerwerb Missverständ-

nisse und falsche Ableitungen bezüglich der Unterschiede zum Erlernen einer Zweitsprache ausgeschlossen werden können. Im Vergleich lassen zudem die Gemeinsamkeiten beider Prozesse Verbindungen und Verknüpfungspunkte leichter ermitteln.

2.2.1 Vorstadien und Anfänge des Sprechenlernens

Die Vorstadien und Anfänge des Sprechenlernens umfassen etwa die ersten zehn Monate. Diese Periode kann von der Lautproduktion her in zwei Phasen, die Schrei- und die Lallphase, eingeteilt werden.

In der Schreiphase werden zwei Arten von Vokalisation angenommen. Der Geburtsschrei und alle anderen mit dem Schreien zusammenhängenden Laute werden der ersten Art zugerechnet. Die zweite Art der Vokalisation, die aus schwachen, kurzen Gurrlauten besteht, tritt etwa nach der sechsten bis achten Woche auf (Oksaar 1987, S. 157).
Schrei- und Kreischlaute werden durch weitere Laute ergänzt. Dazu zählen das Quietschen, mit dem Fröhlichkeit ausgedrückt wird, und die sogenannten r-Ketten. Dies sind diejenigen Lautproduktionen, die Wiederholungen und Variationen des Reibelauts sind.
Der Übergang zur Lallphase, gekennzeichnet durch rasch wechselnde Lautgebilde, erfolgt bei den Kindern zu unterschiedlichen Zeitpunkten.
Die Lautproduktion der Lallphase unterscheidet sich von der Schreiphase dadurch, dass es sich um spontane, rhythmische Lautketten mit unterschiedlicher Länge handelt. Sie weisen schon den Charakter von Silben auf, die sich aus Vokalen und Konsonanten zusammensetzen. Eine sprachliche Verständigung zwischen Kind und Umwelt ist hiermit noch nicht möglich.
Im Laufe der Lallphase werden individuelle Vorlieben für bestimmte Lallkomplexe entwickelt. Indem das Kind beginnt sich zu wiederholen bzw. sich selbst nachahmt, bewegt sich die Entwicklung weg von den spontanen Lautproduktionen hin zu einer gezielten Artikulation. Diese werden von der Umwelt des Kindes wahrgenommen und als Signal verstanden. Oft werden solche Laute von der Bezugsperson des Kindes aufgenommen und dem Kind wieder vorgesprochen, so dass sich einzelne Lautgebilde verfestigen können.
Als gesichert gilt heute die Annahme. dass dem Menschen die Fähigkeit angeboren ist, Laute hervorzubringen, die Laute einer bestimmten Sprache jedoch nicht.
Beim Übergang sowohl von der Schrei- zur Lallphase als auch später bei den ersten Sprachlauten verliert das Kind seine vielfältige Fähigkeit der Lauter-

zeugung und es beginnt mit dem Aufbau eines vergleichsweise reduzierten Lautmaterials der Phoneme seiner Erstsprache.

Ab dem 6. bzw. 7. Monat artikuliert das Kind silbische Gebilde mit Phonemen seiner Sprache. Indem die Bezugspersonen diese Lallgebilde aufgreifen und sie dem Kind in Form von Doppelsilben vorsagen, beginnen die Kinder bestimmte Lautgruppen zu wiederholen. Ausschlaggebend ist meist die Situation, in der diese Wiederholung stattgefunden hat. Oft ist die Situation, in der diese Wiederholungen erfolgt sind, dafür verantwortlich, dass ein Lallgebilde nicht nur stabil wird, sondern gleichzeitig einen Sinn bzw. Zeichengehalt erhält. Das Erfassen und Benutzen von stabilen Lautungen als Zeichen und deren Zuordnung zu Personen, Objekten oder Situationen sind wichtige Fortschritte für die Entwicklung der Sprache während der Lallphase.

Diese erste Imitationsphase ruft oft Reaktionen auf Seiten der Bezugspersonen hervor. Das Nachahmen von Wörtern der Erwachsenensprache, meistens ohne deren Sinn zu verstehen, erfolgt nur deshalb, um sprachliche und/oder motorische Reaktionen beim Gegenüber auszulösen. Aufgrund solcher Erfahrung verfestigen sich einige Lautgebilde weiter, die dem Kind seine erste sprachliche Kommunikation ermöglicht.
Imitation ist ein wesentlicher Faktor für die Sprachentwicklung, da wie auch in der Psychologie durch Nachahmen von Verhalten anhand eines Modells Verhalten erworben wird.

„Entscheidend ist dabei, das diese Imitation der Kleinkinder immer nur und eben aufgrund vorausgegangener gleichbleibender Situationen und Erfahrungen in einigen wenigen, für das Kind lebenswichtigen Bereichen erfolgt." (Boving 1985, S. 91f)

2.2.2 Entwicklung sprachlicher Strukturen

Das Kind lernt zunächst bei allen Teilaspekten der Erstsprache ein grobes Muster, das allmählich verfeinert wird. Ein entscheidendes Stadium bei der Entwicklung des Hörverstehens ist erreicht, wenn es in den Äußerungen der Personen seiner Umwelt Wörter und Intonationsmuster unterscheiden kann.
Zwischen dem ersten Hören eines Wortes und dem ersten Gebrauch können Monate liegen (*incubation period/silent period*). Die Bedeutung von Wörtern erschließt das Kind aus der Situation, in der sie verwendet werden; es assoziiert Gegenstände und Tätigkeiten mit Wörtern. Dabei wird zunächst immer nur eine Bedeutung eines Wortes erlernt (Beispiel: Der Bankräuber raubt die Bank). Der korrekte, sinnhafte Wortgebrauch entwickelt sich erst allmählich.

Noch bevor das Kind sprechen kann, kommuniziert es mit seinen Bezugspersonen, deren Äußerungen es verstehen kann, bevor es sie selbst aktiv gebraucht. So antworten beispielsweise die meisten etwa einjährigen Kinder mit richtigen Zeigebewegungen auf Fragen wie: „Wo ist Teddys Ohr (Auge, Nase, Mund etc.)?"
Im Alter von 10 bis 20 Monaten gebrauchen Kinder Einwortsätze, deren Bedeutung Erwachsene nur aus der Situation heraus erschließen können.

„Das Kind schreitet von groben, großenteils unannehmbaren Bedeutungsballungen durch ständige Bedeutungserweiterung und -verengung Schritt für Schritt bis zur Aneignung der Kategorien der Erwachsenen." (Oksaar 1987, S. 179)

Dabei kommt es häufig vor, dass Kinder Bedeutungskomplexe bilden, die bei Erwachsenen auf Ablehnung stoßen. Gelegentlich werden sie auch als komisch empfunden. So zeigen sich viele Erwachsene entrüstet wenn ein Kind alle Männer als „Papa" bezeichnet. Dagegen finden sie es ganz in Ordnung, wenn ein Kind fremde Männer „Onkel" nennt. Die Reaktionen seiner Umwelt, sei es durch Lachen oder Missbilligung, bewirken beim Kind eine unterbewusste Überprüfung und Umgestaltung seiner Kategorien. Beim Vorgang der Entwicklung semantischer Strukturen wirken also zwei entgegengesetzte Kräfte: Bedeutungserweiterung und Bedeutungsverengung.

Oft findet sich das Kind in seinem Prozess der Bedeutungsfindung und Sinngebung mit der kategoriellen Willkür der Erwachsenensprache konfrontiert. Trotz aller Verschiedenheit zwischen Zahnbürste, Schuhbürste und Haarbürste lernt das Kind, dass eine Bürste ein Gegenstand ist, mit dem die Erwachsenen ähnliche Bewegungen ausführen. Daher scheint es dann auch nicht verwunderlich, wenn das Kind den Gegenstand, den ein Maler mit ähnlicher Bewegung verwendet, ebenfalls als Bürste bezeichnet.

Während Englisch lernende Kinder in dieser Weise kategorisieren können, da *brush* sowohl die Bedeutung „Bürste" als auch „Pinsel" umfasst, müssen deutsche Kinder ein zusätzliches Wort erwerben.

Im Alter von 18 bis 24 Monaten dominieren Zweiwortsätze („Maus haben" – „Mama Hand!"). Erwähnenswert ist – auch speziell im Hinblick auf den Grundschul-Englischunterricht – die Tatsache, dass Kinder meist nur dann längere Äußerungen von sich geben, wenn sie etwas von sich aus sagen. Dagegen antworten sie auf Fragen von Erwachsenen oder beim Beschreiben eines Bildes oft nur mit einem Wort. Grund hierfür dürfte sein, dass durch die Frage bzw. das Bild das jeweilige Subjekt schon genannt oder vorhanden ist.

Die funktionale Vergleich von Zweiwortsätzen zwischen Englisch und Deutsch weist interessanten gemeinsame Kategorien auf (Oksaar 1987, S. 191):
1. Lokalisierung: *there book* – Buch da
2. Verlangen, Wunsch: *more milk* – bitte Apfel
3. Negierung: *no wet* – nicht pusten
4. Handlungsbeschreibung: *hit ball* – Puppe kommt
5. Besitzangabe: *my shoe* – mein Ball
6. Modifiziert: *big boat* – Milch heiß
7. Frage: *where ball* – wo Ball

Die Bildung komplexerer Satztypen und morphologischer Strukturen wie Fragesätze, Negationssätze, Satzketten sowie Konjunktion, Deklination und Komparation erfolgt erst nach dem zweiten Lebensjahr.

Mit zwei bis drei Jahren sprechen Kinder im Telegrammstil; sie gebrauchen kurze Äußerungen ohne Strukturwörter, Flexionsendungen, Hilfsverben und Bindewörter. Wenn sie jedoch die Wortteilung beachten und der situative Kontext eindeutig ist, werden sie verstanden.

Zwischen dem 3. und 5. Lebensjahr entwickelt sich die Syntax der Kindersprache zunehmend in Richtung der Sprache der Erwachsenen. Ab etwa dem vierten Lebensjahr haben die Kinder die grundlegenden Regeln der Grammatik erworben, deren Weiterentwicklung über das siebte Lebensjahr hinaus weitergeht.

4- bis 5-jährige Kinder besitzen die Fähigkeit zur Semantisierung. Da der semantische Identifikationsprozess mit dem Prinzip der Sinngebung verbunden ist, kommt es bei Kindern oft zu solchen Äußerungen und Fragen wie: „Meerrettich – ist der aus dem Meer gerettet?" – „Restaurant – gibt es da Reste?" Dieses Phänomen liegt auch der Volksetymologie der Erwachsenensprache zugrunde. Sowohl die Interpretation als auch die Ausdrucksfähigkeit von Kindern hängt mit der Segmentierungsfähigkeit zusammen. Selbst heute weiß man nur wenig darüber, was Kinder – auch im Schulalter - wirklich verstehen.

Kinder in diesem Alter haben durchaus auch noch Schwierigkeiten mit den vielgestaltigen Erscheinungen der Flexion So sind Äußerungen wie: „Papa hat gesitzt und gelest" keine Seltenheit. Diese Übergeneralisierung (vgl. Kapitel 8.3) lässt sich mit dem Streben nach der Ökonomisierung von Sprachgebrauch erklären. Dabei werden schwach flektierte und regelmäßigere Formen leichter erlernt als die stark flektierten und unregelmäßigen.

Im Alter von 6 Jahren beherrscht ein Kind im allgemeinen Lautsystem und Grammatik seiner Erstsprache in den Grundzügen, der Wortschatz vergrößert sich sprunghaft, wenn es mit 8 bis 9 Jahren eine entsprechende Lesefertigkeit entwickelt und erweitert sich in jedem Lebensalter. Mit dem Erlernen der Erstsprache erfolgt der Vorgang der Begriffsbildung, der später nie mehr wiederholbar ist; alle weiteren Sprachen werden auf diesem Hintergrund gelernt.

Umfangreiche amerikanische Studien zur Sprache, die Erwachsene Kleinkindern gegenüber gebrauchen, liefern wichtige Erkenntnisse aus dem Erstsprachenerwerb für den Englischunterricht an Grundschulen.

Dabei ergab sich, dass die sogenannte *caretaker speech* oder das *motherese* kürzere Sätze, ein begrenztes Vokabular sowie einen engen Bereich von Themen enthält, die sich auf das *here* and *now*, das in der jeweiligen Alltagssituation Relevante also, bezieht.

Besonders wichtig ist außerdem, dass der Erwachsene die Sprache nicht in erster Linie gebraucht, um dem Kleinkind Sprachunterricht zu erteilen, sondern um sich mit ihm zu verständigen (inhaltsbezogene vs. sprachbezogene Kommunikation).

Corpus-Untersuchungen zur Verwendung grammatikalischer Strukturen (vgl. Mindt 2000 und 2003) ergaben jedoch auch, dass Kinder mit der Muttersprache Englisch statt der idiomatischen sprachlichen Kurzformen zunächst die Langformen lernen (beispielsweise *I am hungry* statt *I'm hungry*), da diese ihnen wohl von ihren Eltern anfangs überdeutlich vorgesprochen werden.

Ebenfalls interessant erscheint, dass sich das Hörverstehen des Kindes durch die Konfrontation mit gesprochener Sprache, die es nicht völlig versteht, weiterentwickelt. Wird es allerdings mit völlig unverständlichen Äußerungen konfrontiert, so schaltet das Kind die Kommunikation ab, indem es nicht weiter zuhört.

2.2.3 Theorien zum muttersprachlichen Lernprozess

Zwei im Grunde gegensätzliche Theorien versuchen, den muttersprachlichen Lernprozess zu erklären: Behaviorismus und Mentalismus.

Die Lerntheorie des Behaviorismus besagt, dass das Kind zunächst eine *tabula rasa* ist. Sprachliche Reaktionen werden dann wie alle anderen auch durch einen Konditionierungsprozess, d.h. die Herstellung eines Zusammenhangs zwischen einem äußeren Reiz (*stimulus*) und einer Reaktion (*response*) erlernt (*verbal behavior*). Die Imitation der sprachlichen Äußerungen in seiner Umgebung und eine Analogiebildung bestimmen den muttersprachlichen Lernprozess.

„Was dem Standard entspricht, wird von der Umwelt bestärkt (*reinforcement*) und damit zur Gewohnheit, was ihm nicht entspricht, verschwindet allmählich infolge mangelnder Bestärkung. Sprachbeherrschung wird durch Automatisierung von Sprachgewohnheiten (*speech habits*) erreicht." (Walter 1981, S. 24)

Nach der Lerntheorie des Mentalismus ist es unmöglich, die Erstsprache nur durch Imitation zu erlernen. Jeder Muttersprachler kann ständig neue Sätze bilden und verstehen, die er nie zuvor gesprochen oder gehört hat. Der Mentalismus besagt, dass der Mensch eine angeborene Spracherwerbsdisposition (*language acquisition device*) besitzt, die es ihm ermöglicht, sprachliche Regeln zunächst zu erschließen und dann anzuwenden (vgl. Walter 1981, S. 25). Dies geschieht beim Kleinkind natürlich unbewusst. Die sprachliche Umwelt aktiviert die angeborene Fähigkeit und liefert sprachliches Material. Für diese Theorie sprechen die Tatsachen, dass Kleinkinder mit ihrer Erstsprache experimentieren und dass ihnen dabei viele Fehler unterlaufen:
Hast du da gesesst? - Es hat geweckert! - *Daddy had better go to work now, bettern't he?* - Denkmal - was soll man da denken?
Diese Äußerungen sind nicht das Ergebnis von Imitation, sondern der versuch, aus sprachlichem Material Regeln abzuleiten. Das Kind kann sie in dieser Form noch nicht gehört haben.
Fehler sind wesentlicher Bestandteil des Lernprozesses (vgl. Kapitel 8). Für die Annahme einer Spracherwerbsdisposition spricht, dass das Erlernen der Erstsprache auf der Basis der Imitation und Analogiebildung die Dauer eines Menschenlebens weit überschreiten würde (papageienhaftes Lernen).

Beide Sprachlerntheorien sind nicht empirisch untermauert. Der Behaviorismus gründet sich auf Tierversuche, der Mentalismus stützt sich hier auf Fallstudien bei Kleinkindern. Elemente beider Theorien könnten sowohl zur Erforschung des Erstsprachenerwerbs dienlich sein als auch zum Englischlernen an Grundschulen beitragen.

2.3 Der Erwerb einer Zweitsprache

Zur Spracherwerbsforschung erschienen in den USA viele Studien, die sich vor allem mit den Bedingungen des natürlichen im Gegensatz zum schulisch gesteuerten Erwerb einer Zweitsprache beschäftigen (*language acquisition research*).

Man unterschied zunächst zwischen Zweitsprache (*second language*, L2) und Fremdsprache (*foreign language*). Als Zweitsprache wird eine Sprache erworben, wenn sie im betreffenden Land zugleich Amtssprache ist, als Fremdsprache in Ländern, wo sie außerhalb der schulischen Situation nur gelegentlich gesprochen wird. Neuerdings hat man diese Unterscheidung weitgehend aufgegeben, da man glaubt, Zweit- und Fremdsprache würden erworben und dieser Erwerb beruhe auf denselben neuropsychologischen Fundamenten wie der Erstspracherwerb, bei der systematischen Unterweisung in schulischen Institutionen unterscheide sich lediglich der Lernkontext.

Man nimmt an,

„dass der Sprachlerner unablässig davon, ob er eine L1 oder eine L2 und diese gesteuert oder ungesteuert erlernt, immer auf dieselben neuropsychologischen Sprachlern- und Sprachverarbeitungsmechanismen zurückgreift, dass aber die jeweils vorliegenden konkreten Faktorenkonstellationen, die die Erwerbstypen bestimmen, verschieden sein können, genauso wie Verlaufsstruktur, Erwerbstempo und erreichtes Sprachvermögen." (Vogel 1990, S. 98f)

2.3.1 Zweitspracherwerb im frühen Kindesalter

Starke Ähnlichkeiten mit dem Erstspracherwerb weist der Zweitspracherwerb im frühen Kindesalter (unter sechs Jahren) auf; er führt zum partiellen Bilingualismus. Wenn Kinder mehreren Sprachen ausgesetzt werden, so lange ihr Gehirn seine Plastizität noch nicht verloren hat, d.h. so lange seine Entwicklung noch nicht abgeschlossen ist, werden sie so mühelos bilingual wie andere monolingual aufwachsen.

Lernvoraussetzungen sind, dass die betreffenden Sprachen in der Umgebung des Kindes regelmäßig gesprochen werden, dass das Kind sie selbst regelmäßig spricht und für jede Sprache mindestens ein Bezugsperson hat. Eine systematische Unterweisung erfolgt in solchen Fällen - genau wie beim Erstspracherwerb - nicht. Es gibt viele Berichte von Diplomatenkindern, die zwei Sprachen gleichzeitig lernten, jedoch die Sprache, die nicht mehr gebraucht wurde rasch vergaßen. Sie konnten sie jedoch bei Bedarf rasch wiedererlernen. Aus dieser Tatsache folgerte Carroll (in: Scarcella/Krashen 1980, S. 84f):

"Early exposure appears to activate innate neurofunctional systems in such a way that learning at a much later period is facilitated."

Aufgrund von Fehleranalyse beim Erst- und Zweitspracherwerb im frühen Kindesalter glaubt man, dass es sich nicht um zwei grundsätzlich unterschiedliche Lernprozesse handelt. Bei Hirnverletzungen bilingualer Menschen hat man festgestellt, dass beide Sprachen in gleicher Weise betroffen waren. Nach der Pubertät verlagert sich das Sprachzentrum des Gehirns in die linke Hemisphäre, bei Verletzungen können die Sprachfunktionen nicht mehr von der rechten Hemisphäre übernommen werden (Aphasie), bei Kindern ist dies jedoch möglich. Man nimmt deshalb an, dass beide Hemisphären beim sprachlichen Lernprozess im frühen Kindesalter beteiligt sind.

2.3.2 Spracherwerb unter natürlichen Bedingungen

Nach dem frühen Kindesalter, etwa ab dem 6. Lebensjahr, kann man eine Sprache, selbst wenn man sie unter natürlichen Bedingungen, also in dem Land, in dem sie gesprochen wird, erwirbt, nicht so mühelos und ohne jegliche systematische Unterweisung erlernen wie einst die Erstsprache.

Grund dafür sind die fortgeschrittene kognitive Entwicklung und die ständige Präsenz der Erstsprache, vor deren Hintergrund jede weitere Sprache erworben wird.

Bei Ausländern spielt der Kontakt mit Muttersprachlern des betreffenden Landes eine wichtige Rolle für den Spracherwerb. Wer sich isoliert, lernt die Sprache nur bruchstückhaft, wer viele sprachliche Kontakte mit muttersprachlichen Sprechern hat, lernt sie rascher und besser - eine Tatsache, die sich gut bei Ausländern und ihren Kindern beobachten lässt.

Um eine Sprache unter natürlichen Bedingungen zu erwerben, sind die beiden günstigen Voraussetzungen, die auch Kleinkinder bei Erwerb der Erstsprache haben, notwendig, nämlich: *long exposure* und *regular use*, also das Leben in und mit der Sprache, die inhaltsbezogene Kommunikation und vor allem der authentische sprachliche Input durch viele Sprecher.

Krashen (1985, S. 54) weist darauf hin, dass Lerner beim Erwerb einer Zweitsprache, ähnlich wie das Kind beim Erwerb der Erstsprache dem *caretaker talk*, drei verschiedenen Arten von vereinfachter Sprache begegnet: dem *teacher talk*, dem *interlanguage talk* (= *that of the foreign language peer group, limited by the competence of the speakers*) und schließlich dem *foreigner talk* („Du Kinder?").

"The less proficient the foreign listener, the more like baby talk foreigner talk is - syntactically".

Er streicht außerdem heraus, dass diese sprachlichen Vereinfachungen zwar den Spracherwerbsprozess zunächst fördern, dass sie jedoch - genauso wie der *baby talk* - zu *fossilizations* führen, wenn sie nicht der wachsenden Kompetenz des Lernenden angepasst werden.

2.3.3 Zweitspracherwerb unter schulischen Bedingungen

Hier herrscht - als gravierendster Unterschied - ein völlig anderer Lernkontext. Mit der Aufnahme einer Fremdsprache in den Fächerkanon einer Schulart wird sie zum Unterrichtsfach und unterliegt dabei ähnlichen Zwängen wie die übrigen Fächer. Dies sind vor allem organisatorische Zwänge (Stundenplan, Doppelstunden, Randstunden, Leistungserhebungen anderer Fächer vor oder nach der Stunde, Unterrichtsausfall) und die knapp bemessene Unterrichtszeit (Höchststundenzahl pro Woche 5, Mindeststundenzahl 2). Für das Erlernen einer Fremdsprache besonders problematisch ist der in der Regel nicht-authentische sprachliche Input (Lehrer- und Schülersprache) sowie die im Frontalunterricht vorherrschende institutionelle Aufgaben-Lösungs-Muster. Die Kommunikation ist weitgehend sprach-, nicht inhaltsbezogen, es herrscht systematische Unterweisung.

Englischunterricht - wie auch jeder andere Fremdsprachenunterricht - ist systematisch gesteuerter Fremdsprachenerwerb. Dies gilt auch für einen Englischunterricht der Grundschule, der lehrwerkunabhängig durchgeführt wird. Die schulischen Umstände verkürzen das Fremdsprachenlernen im Wesentlichen auf einen rein sprachlichen Vorgang. Selbst wenn er erfolgreich ist, neigt der Sprachenlerner im Unterschied zum Zweitspracherwerb unter natürlichen Bedingungen dazu, Sprachkenntnisse im Gedächtnis zu speichern. Regelmäßige Anwendungsmöglichkeiten fehlen aber, obwohl sich dies in letzter Zeit verbessert hat (Medien, Auslandsaufenthalte, Begegnung mit Ausländern im eigenen Land). Aus dem nicht authentischen Input (deutsches Lehrer- und Schülerenglisch) entwickelt sich bisweilen ein *classroom dialect*, der leichter verständlich ist als authentisches Englisch, weil er durch Interferenzen der Erstsprache mitgeprägt wird. Auch entsteht aufgrund der fremdsprachlichen Interaktion zwischen Lehrern und Schülern bisweilen eine Form der nonverbale Verständigung, die für den Ablauf der unterrichtlichen Kommunikation nützlich ist (z.B. leidender Gesichtsausdruck des Lehrers bei Fehlern), in Realsituationen jedoch keine Hilfe bietet.

Im schulischen Englischunterricht erhalten die Schüler nach fremdsprachendidaktischen Aspekten selektiertes, auch authentisches Sprachmaterial auf einer wesentlich schmaleren Basis, als dies beim natürlichen Zweitspracherwerb im fremden Land möglich ist. Bis einschließlich Klasse 10 ist der Unterricht an ein Lehrwerk gebunden, von dem jedes Schuljahr ein Band bewältigt werden muss. Jedes Lehrwerk übt methodische Zwänge aus, die gemeinsam mit der Länge des Lehrgangs leicht zu Monotonie und Motivationsschwierigkeiten führen. Diese werden auch durch manipulatives Üben und schlechte Noten verstärkt. Besonders die Mittelstufe ist die Domäne dieser Motivationsschwierigkeiten, was auch mit dem steigenden Schwierigkeitsgrad, v.a. des Englischen, zusammenhängt.

Die modernen Konzepte der Fremdsprachenmethodik versuchen, das Künstliche der Klassenzimmersituation zu mildern durch interessante Inhalte (Landeskunde, Literatur), Gruppenunterricht, Einbeziehen von Medien, den Einsatz von Rollenspielen und Phasen des freien Sprechens, um die Schüler auf Realsituationen, die den Gebrauch der Fremdsprache verlangen, vorzubereiten.

Es lassen sich auch gewisse Vorteile des systematisch gesteuerten Lernens feststellen: das Sprachmaterial wird durch Selektion und Anordnung strukturiert und im Hinblick auf bestimmte Lernziele vermittelt, wodurch die Einordnung in bereits vorhandene Wissensstrukturen erleichtert wird. Metasprachliche Bewusstmachung sprachlicher Gesetzmäßigkeiten dient im Lernkontext Unterricht der Lernökonomie. Fehlerkorrekturen können dazu beitragen, falsche Hypothesen zumindest kurzfristig wieder aufzugeben. Erfolgreiches Lernen erfordert jedoch in jedem Fall eine Ergänzung des Lernkontexts Schule durch zahlreiche außerschulische Kontakte mit der Fremdsprache – in jeder Klassenstufe.

2.4 Folgerungen für den Grundschul-Englischunterricht

Tab. 1: Charakteristika des Zweitspracherwerbs

Natürliche Bedingungen beim Erwerb einer Erst- oder Zweitsprache:	*Schulische Bedingungen* beim Erlernen einer Fremdsprache als Unterrichtsfach:
Leben in und mit der Sprache	Zeitfaktor, organisatorische Zwänge
Authentischer sprachlicher Input	In der Regel nicht-authentischer sprachlicher Input (Lehrer- und Schülersprache)
Weitgehend bewusstes, ganzheitliches Lernen	Systematische Unterweisung; bewusstes, sprachbezogenes Lernen verbunden mit imitativem Üben
Fehler als Indikatoren des Lernprozesses (Ergebnis falscher Hypothesenbildung)	Fehler als Indikatoren des Lernprozesses und Aufforderung zur Korrektur
Inhaltsbezogene Kommunikation ohne systematische Unterweisung	Institutionelle Zwangskommunikation nach dem Aufgaben-Lösungs-Muster; grammatische Progression
Keine Motivationsschwierigkeiten beim Erstsprachenerwerb; meist günstige Motivationslage beim Zweitsprachenerwerb	Motivationsschwierigkeiten

In der tabellarischen Gegenüberstellung der Charakteristika des Zweitspracherwerbs unter natürlichen sowie unter schulischen Bedingungen wird zusammengefasst deutlich, dass erhebliche Unterschiede zwischen beiden Erwerbsformen herrschen.
Somit ist ausgeschlossen, dass die natürlichen Verhältnisse des Erstsprachenerwerbs auf den Englischunterricht übertragen werden können. Sie können nur im Ausnahmefall simuliert werden:
"It is precisely because we cannot reproduce the situation of mother-tongue learning in all or even most of its aspects when teaching second languages to older children or adults that we have a second language problem at all" (Corder 1981, S. 24).

Zusammengefasst ist eine Zweitsprache unter rein schulischen Bedingungen nicht mehr wie die Erstsprache zu erwerben. Dagegen sprechen hauptsächlich drei Gründe (Walter 1981, S. 26):
„a) infolge der fortgeschrittenen Entwicklung können 8- bis 10-Jährige eine Sprache nicht mehr wie ein Kleinkind lernen.
b) infolge der ständigen Präsenz der Muttersprache wird jede weitere Sprache auf diesem Hintergrund gelernt,
c) infolge des Zeitfaktors; unter schulischen Bedingungen sind die Schüler der fremden Sprache nur wenige Stunden in der Woche ausgesetzt; sie leben nicht mit ihr.
Diese Unterschiede machen auch bei einfallsreichster Gestaltung von Methoden und Vermittlungstechniken eine Wiederholung des erstsprachlichen Lernprozesses unmöglich."

3. Ziele des Englischunterrichts an Grundschulen

Die Relevanz und Aufgabenstellung von Lernzielen für den Englischunterricht an Grundschulen ergibt sich aus dem Lernkontext Unterricht selbst. Schule und damit Unterricht soll gesellschaftlich gewünschte Zielvorstellungen hinsichtlich der Qualifikation (Bildung und Ausbildung) und Sozialisation (Erziehung) nachkommender Generation realisieren. Nicht zuletzt wegen der dafür bereitgestellten erheblichen finanziellen Mittel erwartet die Gesellschaft deshalb auch ein Höchstmaß an Effizienz bei der Erfüllung dieser Aufgaben. Dies bedingt, dass Unterricht zielgerichtet aufgebaut werden muss, um die Realisation möglichst objektiv evaluieren zu können.

Die gesellschaftspolitischen Zielvorstellungen konkretisieren sich in schulischen Lehrplänen. Sie enthalten im Wesentlichen Angaben zu den Lerninhalten und Lernzielen.

Der Unterschied zwischen Lerninhalt und Lernziel besteht dabei darin, dass bei den Lernzielen den Lerninhalten (a) eine Beschreibung des Verhaltens (b) hinzugefügt wird, die nach Ende des Unterrichts bei den Schülern vorhanden sein soll, also zum Beispiel:

„… mit Hilfe von Kassetten oder Handpuppen in gespielten Situationen Grußformen (a) kennen lernen (b);" (Lehrplan für die Grundschule in Bayern, 2001 S. 181)

Die Lernziele sind in den Lehrplänen so formuliert, dass sie Lehrern die Möglichkeit bieten, diese noch weiter in Feinlernziele bezogen auf bestimmte Zeiteinheiten im Unterrichtsablauf auszuformulieren.

Lernziele sind für den Lernkontext Unterricht konstituierend: Nach ihnen richtet sich
- die Auswahl der methodischen Unterrichtsverfahren,
- die Auswahl der Unterrichtsmedien,
- die Auswahl der Inhalte
- und auch die Form der Lernzielkontrolle.

Je klarer sich Unterrichtende darüber sind, was im Unterricht bei ihren Schülern Schritt für Schritt erreicht werden soll, desto gezielter kann diese Auswahl erfolgen. Die Lernzielanalyse und die Lernzielexplikation, die genaue Ausformulierung also, stellen deshalb wichtige Schritte im Rahmen der Unterrichtsplanung dar (vgl. Kapitel 9).

Insbesondere für den Grundschul-Englischunterricht muss gelten, dass Lernziele möglichst so formuliert werden, dass sie die Lernsituationen mit Lebenssituationen verbinden und damit auf einen englischsprachige Praxis bezogene Dispositionen bzw. Qualifikationen vermitteln.

3.1 Ziele im Lernkontext Unterricht

3.1.1 Entwicklung des heutigen Lernzielbegriffs

Die Lernziel-Diskussion setzte in der Bundesrepublik Deutschland etwa um 1965 ein. Sie wurde ausgelöst durch die Wahrnehmung, dass wichtige Indikatoren des Bildungsniveaus, wie etwa Zahl der Abiturienten und Studienabschlüsse, jeweils im hinteren Teil des internationalen Vergleichs rangierten.

Einen sinnvollen Ansatz, dieses Defizit zu beseitigen, sah man darin, Schule und Unterricht stärker an gesellschaftliche Prozesse anzukoppeln und vom Bildungswesen ein größeres Maß an Effizienz zu verlangen. Unterricht wurde nun als ein rationaler Planungs- und Realisierungszusammenhang gesehen, in dessen Zentrum die lernzielorientierte Optimierung aller Aktivitäten zu stehen hatte. Dabei sollten auch neue Methoden und Medien genutzt werden, wie beispielsweise kybernetische Lernmaschinen und der Programmierte Unterricht (PU). Unterricht wurde als technologische Aufgabe begriffen, in deren Rahmen man über operationalisierte Lernziele und die Bereitstellung sogenannter objektivierter Lernbedingungen, zu denen in erster Linie verschiedene Unterrichtsmedien gehörten, die Effizienz von Schule beträchtlich zu steigern können glaubte. Die Rezeption einschlägiger amerikanischer Autoren durch deutsche Vertreter des lernzielorientierten Unterrichts (v.a. Möller 1969) beeinflusste die Lernzieldiskussion in der Bundesrepublik maßgeblich. Seit etwa 1970 sind in allen Bundesländern fast flächendeckend in allen Fächern und allen Schulformen sogenannte lernzielorientierte Richtlinien und Lehrpläne ausgearbeitet worden - trotz einer deutlichen Kritik, die auf wissenschaftlicher Ebene der zweckrationaler Unterrichtstechnologie gegenüber geäußert wurde und wird.

Die in den USA entwickelten wichtigsten Instrumente effizienten lernzielorientierten Unterrichts waren

- die Unterscheidung von Richt-, Grob- und Feinlernzielen und deren Beschreibung mit Verhaltenskategorien,
- die Dimensionierung der Lernziele in drei Verhaltensbereiche (kognitiv, affektiv, pragmatisch) und
- die Hierarchisierung der Lernziele, d.h. eine Stufenfolge oder Taxonomie nach dem Komplexitäts- und Schwierigkeitsgrad.

Die Instrumente der Lernzielorientierung haben im Wesentlichen ihre Gültigkeit auch für den Unterricht heutiger Prägung in der Bundesrepublik behalten.
Der Begriff der Taxonomierung von Lernzielen beschreibt ein formales Instrument, mit dem beliebige Lernziele auf einer Skala von Schwierigkeitsgraden abgebildet werden. Die Ausgangshypothese lautet: Das Erreichen komplexer Lernziele setzt jeweils die Beherrschung von Lernzielen aller vorausliegenden Hierarchiestufen voraus.
Trotz einer gewissen Plausibilität wurde diese Ausgangsthese und der Zusammenhang bzw. die Abgrenzung der einzelnen Stufen der drei Taxonomien jedoch lernpsychologisch bislang nie exakt untersucht und ist deshalb bis heute noch nicht gültig nachgewiesen.
Dies war allerdings auch nicht der ursprüngliche Sinn der amerikanischen *TEO (Taxonomy of Educational Ojectives)*. Sie wurde lediglich als Begriffssystem entwickelt, um die Prüfungsverfahren verschiedener *Colleges* und Universitäten in den USA vergleichbar zu machen und zu vereinheitlichen.

3.1.2 Orientierung an Lernzielen als Ausgangspunkt für Unterricht

In einem lernzielorientierten Unterricht werden Lernplanung, Lernorganisation und Lernkontrolle an eindeutig definierten Lernzielen ausgerichtet. Durch die genaue Festlegung der Lernziele einer Stunde und ihrer Abfolge soll das Lernergebnis beobachtbar, vorhersagbar und im Blick auf Zeitbedarf, Hilfsmittel und Grad der Zielerreichung kalkulierbar werden. (Meyer 1999, S. 151)
Durch Lernzielorientierung wird also versucht, den Unterricht dadurch rational zu organisieren, dass die nach dem Stand der Forschung effektivsten Mittel (Inhalte, Methoden, Medien) für die Erreichung der Lernziele ausgewählt werden.

Lernzielorientierung ist aber keineswegs identisch mit Lernzieloperationalisierung und Taxonomierung von Lernzielen.

Bei einer Operationalisierung von Lernzielen geht es darum, sehr ungenaue, oft abstrakte Zielvorgaben so lange zu verfeinern, bis sprachlich eindeutige Angaben über ein vom Lehrer beobachtbares Schülerverhalten vorliegen.
Bei der Taxonomierung oder Hierarchisierung ist es dagegen wesentlich, bereits verfeinerte Lernzielformulierungen nach einem individuell vermuteten oder objektivierbaren Schwierigkeitsgrad der Zielerreichung durch Schüler zu ordnen. Sie ist nicht für die Unterrichtsplanung im Sinne aufbauender Lernsequenzen geeignet, sondern allenfalls als begriffliches Raster für die Lernzielanalyse und den Leistungsvergleich auf wissenschaftlicher Ebene.
In der unterrichtlichen Praxis haben sich deshalb relativ einfachere und deshalb praktikablere Lernzielsysteme bewährt, so beispielsweise die Beschreibung von vier unterschiedlichen Anforderungsniveaus im kognitiven Bereich:
1. Reproduktion von Wissen (etwas kennen und wiedergeben, nennen, aufsagen, aufzählen, angeben usw. können)
2. Reorganisation von Wissen (etwas verstehen und ordnen, erklären, vergleichen, berechnen, mit eigenen Worten darstellen, zusammenfassen, unterscheiden usw. können)
3. Transfer von Wissen (etwas Gelerntes anwenden und auf ähnliche Probleme oder Situationen übertragen können, ausführen, Aufgaben lösen usw.)
4. Problemlösen und Kreativität (etwas Gelerntes beurteilen und zur Lösung von unbekannten Problemen anwenden; neue Aufgaben, für die es bisher keine Lösung gibt, bewältigen; bewerten; Folgerungen ziehen; entdecken usw.) (vgl. Deutschen Bildungsrat 1970, S. 78 ff)
Einig ist man sich auch darüber, dass Lehrer und Schüler die gesamte Breite des Lernspektrum im Unterricht berücksichtigen und die wichtigen affektiven Lernziele (Motivation, Werte, Gefühle) nicht vergessen dürfen. Unterricht kann nicht durch kognitive Lernziele allein dominiert werden.

3.1.3 Ansätze zur Systematisierung von Lernzielen

Lernziele sind ein mehrdimensionales Phänomen. Die Dimensionierung von Lernzielen in Lernhierarchien, Lernbereiche und Lernebenen ist jedoch immer noch zu undifferenziert, um den gesamten Bereich menschlichen Verhaltens und Lernens und insbesondere den Lernprozess selbst ausreichend beschreiben zu können.
Wie aber lässt sich dann phänomenologisch ein sinnvoller systematischer Überblick über das Aufgabenfeld gewinnen?

Ein erster Systematisierungsansatz kann nach Verhaltensbereichen vorgenommen werden.
Menschliches Verhalten und damit menschliches Lernen umfasst ein breites Spektrum von Verhaltenselementen. Das Lernen mit „Kopf, Herz und Hand" (Johann Heinrich Pestalozzi 1746-1827 im Erziehungsroman: Lienhard und Gertrud) umschreibt zunächst populär die drei wichtigsten Lernzielbereiche kognitiv, affektiv und pragmatisch. Letzterer Bereich beinhaltet dabei den psycho-motorischen bzw. –sensorischen Bereich.

Ein zweiter Ansatz unterteilt daran anschließend nach dem Konkretisierungsgrad.
Lernziele lassen sich dabei in den drei oben genannten Verhaltensbereichen zusätzlich noch in dieser zweiten Dimension hierarchisch untergliedern. Dazu unterscheidet man bis zu vier Ebenen: Leit-, Richt-, Grob- und Feinlernziele. Die vier Ebenen lassen sich nicht immer trennscharf voneinander abgrenzen, die Übergänge sind in der (Unterrichts-)Realität eher fließend. Üblicherweise wird nur in drei Kategorien unterteilt, die Leitziele, im Allgemeinen die Beschreibung von Bildungs- und Erziehungsaufgaben, werden so meist in Präambeln zu den entsprechenden Lehrplänen ausgewiesen.
Leitziele beziehen sich generell auf die Angabe der im Lehrplan anzustrebenden Normen und Werte (z.B. Toleranz).
Richtziele sind sehr allgemein formuliert, haben ein hohes Abstraktionsniveau sowie eine meist fächerübergreifende Zielsetzung. Sie können aber auch in einzelnen Fachprofilen die generelle Zielsetzung eines Unterrichtsfaches verdeutlichen.
Grobziele sind mittelfristig erreichbar (z.B. sprachpraktische Fertigkeiten oder Kenntnisse), stellen permanente Lernziele dar und unterstützen die mittel- bis langfristige Planung von Unterrichtseinheiten. Sie beschreiben das zu erreichende Wissen, Können, Erkennen oder Verhalten. Ihnen gegenüber gestellt werden im Normalfall mögliche zugehörige Lerninhalte, die beispielhaft Vorschläge zur unterrichtlichen Konkretisierung geben, ohne obligatorisch zu sein.
Feinziele (auch: Teillernziele) besitzen den höchsten Grad an Präzision der Formulierung und bestimmen eindeutig das angestrebte Endverhalten des Lernenden. Feinzeile dienen der kurzfristigen Stundenplanung und operationalisieren die abstrakteren Richt- und Grobziele.

Der dritte strukturelle Ansatz ist die Integration beider vorher genannter Systematisierungsvorschläge zu einer Lernzielmatrix, in der die Konkretisierungsgrade jeweils in Verhaltensbereiche aufgeteilt werden (so z.B. in kognitive Grobziele).

Ein vierter und letzter Vorschlag zur Systematisierung besteht in der Beschreibung von Kompetenzen.
Sie gliedern sich in fachliche, prozessuale und soziale Kompetenzen, wobei jeder dieser Bereiche integrativ weiter in den Dimensionen kognitiv, affektiv und pragmatisch zu differenzieren ist. Kognitiv-prozessual ist so beispielsweise ein Wissen um die Anwendung von Sprache zu nennen, das *Knowhow*.

Ein – nicht ganz ernst gemeinter – pragmatischer Vorschlag zur Systematisierung und Veranschaulichung von Lernzielen könnte so aussehen:

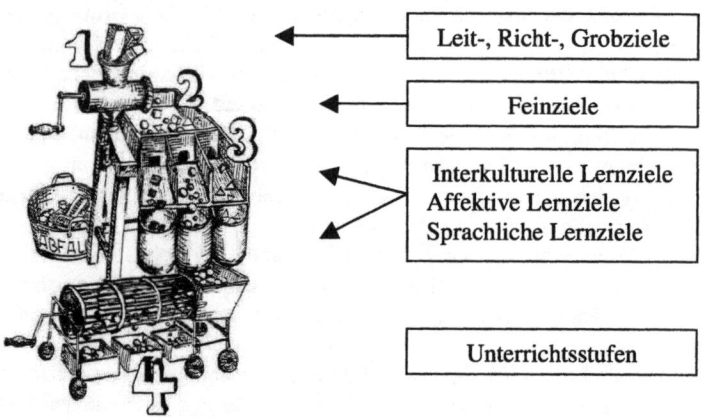

Abb. 2: Systematisierung von Lernzielen

3.2 Ziele des Englischunterrichts an Grundschulen

Die Diskussion um den Englischunterricht an Grundschulen innerhalb der Länder, was die Definition der Ziele anbelangte, die für diese Art von Unterricht festgelegt werden sollte, wurde kontrovers geführt:
- Sollten Grundschüler einige Grundkenntnisse des englischen Sprachsystems erwerben oder sollten sie ein allgemeines Sprachbe-

wusstsein entwickeln mit eher allgemeinen sprachlichen Kenntnissen?
- Sollten sie muttersprachliches Selbstvertrauen entwickeln oder positive Erfahrungen beim Erlernen der englischen Sprache machen?
- Sollten sie Lern- und Arbeitstechniken erwerben? Sollten sie sich mit der englischen Sprache spielerisch-musisch vertraut machen dürfen oder sind kognitive Elemente notwendig, um große Lernfortschritte zu machen? Und will man diese überhaupt?
- Sollte in den weiterführenden Schulen neu begonnen werden Englisch zu lernen oder sollten diese auf den didaktisch-methodischen Erfahrungen der Grundschule aufbauen?

Viele Ziele wurden bis heute sinnvoll miteinander verbunden und untereinander vergleichbar in die Lehrpläne der Länder aufgenommen. Verstärkend wirken dabei die Vorgaben des Europäischen Referenzrahmens, der gesamteuropäische Kompetenzstufen für den Fremdsprachenunterricht definiert (vgl. Kapitel 3.3) und eine maßgebliche Relevanz für die Zielsetzungen des Englischunterrichts an Grundschulen besitzt. Alle KMK-Rahmenvereinbarungen bezüglich Fremdsprachen orientieren sich mittlerweile unmittelbar an ihm.

Für den grundschulspezifischen Englischunterricht haben sich als allgemeiner englischdidaktischer Konsens drei grundlegende Zielsetzungen ergeben, die sich inhaltlich in allen Rahmen- und Lehrplänen der Bundesländer wiederfinden:
Ein elementares Maß an englischsprachigen Fertigkeiten, um Englisch verstehen und handelnd verwenden zu können, eine Sensibilisierung für interkulturelle Aspekte sowie der Aufbau einer positiven Einstellungen und Sprachlernmotivation gegenüber dem institutionalisierten Englischlernen.

3.2.1 Sprachliche Fertigkeiten

a) Sprachgefühl und Sprachbewusstsein

Sprachgefühl beschreibt das instinktive Bevorzugen bestimmter Wörter und idiomatischer Wendung, die bezüglich der kommunikativen Situation linguistisch angemessen und effizient sind. Das Gefühl für eine bestimmte Sprache liegt demnach unterhalb der Bewusstseinsschwelle und scheint eine mit dem Spracherwerb permanent gewachsene Sicherheit zu sein, zwischen einem

falschen und einem richtigen Wort, zwischen einem passenden und einem unpassendem Ausdruck unterscheiden zu können.
In wieweit Prädispositionen von Sprachgefühl erblich sind, ist noch nicht ausreichend erforscht. Als Persönlichkeitsvariable (vgl. Kapitel 2) ist sie graduell entwickel- und ausbaubar. Dazu trägt ein stures Regelpauken nur in beschränktem Maße bei, vielmehr scheint ein intensiver, regelmäßiger und authentischer englischsprachiger Input zuträglich zu sein. Regelhaftes prägt sich nur in konkreten Beispielsituationen nachhaltig ein.
Für die Zielsetzungen des Englischunterrichts an Grundschulen bedeutet dies, in möglichst hohem Maße sprachlichen Input in Form von Hörtexten, *classroom phrases*, Lieder, Reimen etc. zu vermitteln und Möglichkeiten des fächerübergreifenden Unterrichts (Verknüpfungen mit Deutsch, Mathematik, Sport und Musik) für einen höheren Anteil der schulischen Englischlernzeit zu nützen. Inhaltlich und methodisch sind auch kreative Formen wie beispielsweise Hör-Hausaufgaben mit Texten auf Kassetten und dazu passenden Aufgabenstellungen denkbar.
Selbst wenn der Inhalt des englischen Inputs nicht immer vollständig (das heißt: Wort für Wort) verstanden wird, prägt sich doch die Sprachmelodie im Gehirn ein und verbessern unbewusst das kindliche Sprachvermögen und somit auch das Sprachgefühl.

Sprachbewusstsein ist dagegen eine metasprachliche Fähigkeit, die sich auf ein erworbenes Wissen über Sprache sowie auf die Bewertung über sprachliche Ausdrücke bezieht.
Im Englischunterricht der Grundschule kann Sprachbewusstsein nur in altersgemäßer Ausprägung auf einem sehr niedrigen kognitiven Niveau ausgebildet werden, das sich allerdings sowohl auf formale als auch auf inhaltliche Kriterien erstrecken kann. Die vorsichtige Entwicklung dieser Kompetenz als ein zentrales Ziel des Englischunterrichts in der Primarstufe besitzt eine Brückenfunktion zwischen den Schulstufen. Die Reflexion über die Form und Funktion der englischen Sprache kann hilfreich beim Erlernen anderer Fremdsprachen in der Schule und darüber hinaus sein.
Das Sprachbewusstsein umfasst die Reflexion von Merkmalen, Gemeinsamkeiten und Unterschieden der eigenen wie der englischen Sprache. Diese Befähigung zum Vergleich ist eine wesentliche Strategie des Englischlernens und soll helfen Transferleistungen zu erbringen. Die wiederholte Beschäftigung mit dem jeweiligen Phänomen in der Muttersprache und in der englischen Sprache unterstützt insgesamt das Verständnis von Sprache.

Für die englische Sprache sind hier die beiden folgenden grundschulspezifischen und englischdidaktischen Ziele relevant:
Das immer bewusstere elementare Sprachhandeln in soziokulturellen Kontexten (z.B. sprachlich adäquate Begrüßung, Vorstellung) sowie die Anregung einer einfache Sprachanalyse auch von Sprachgebrauch.
Viel später – in der Sekundarstufe I – kommen Ziele des Durchschauens von Sprachmanipulation und –missbrauch und die Initiation metasprachlicher Kommunikation hinzu.

Sprachbewusstsein und Sprachgefühl entwickeln sich schon früh – etwa im Grundschulalter – gemeinsam. Sprachliche Sensibilität und ein differenziertes Ausdrucksvermögen werden angebahnt, indem beispielsweise eine elementare Sprachreflexion im interkulturellen Kontext Kindern bewusst macht, dass sprachliche Inhalte wie z.B. Aufforderungen, Bitten, Nachfragen etc. im Englischen anders versprachlicht werden als im Deutschen. Über das sich so entwickelnde Sprachbewusstsein entsteht in diesem Beispiel ein Sprachgefühl für die speziellen Höflichkeitsformen von Briten.

b) Die englischsprachigen Fertigkeiten

Die Vermittlung elementarer kommunikativer Fähigkeiten im Englischunterricht der Grundschule fokussiert in erster Linie den Bereich des Hörverstehens sowie des elementaren, hauptsächlich reproduktiven Sprechens. Eine untergeordnete, dem Erwerb der englischen Sprache dienende und stützende Funktion wird den Fertigkeiten Schreiben und Lesen zugeschrieben (vgl. Klippel 2000, S. 22).

Hörverstehen
Hörverstehen ist die Voraussetzung für Verstehensprozesse, die in englischer Sprache initiiert werden müssen. Dazu gehören beispielsweise die aktive Gesprächsteilnahme sowie das eher passive Zuhören bzw. –sehen (Nachrichten, Musik, passive Gesprächsteilnahme).
Das Hören, genauer das Einhören in die neue fremden Sprache, steht am Beginn des Englischlernens. Die zur Muttersprache so unterschiedlichen Laute und Lautkombinationen sowie der Klang englischer Sätze erfordert zunächst eine große Konzentration vom Grundschüler.
Um auch den ungewohnten Klängen der Lehrerstimme oder geeigneter Medien wie Kassette oder CD Informationen entnehmen und sie verstehen zu können, bedarf es der Unterstützung durch Mimik, Gestik, Pantomime, Visu-

alisierung, Wiederholung, Verlangsamung, Umformulierung und gegebenenfalls auch Übersetzung durch die primäre Sprachquelle, die Lehrkraft (Klippel 2000, S. 22).
Es geht dennoch nicht darum, jedes einzelne Wort zu verstehen, sondern vor allem um das Verstehen der Bedeutung des Gesagten, so dass eine Reaktion darauf angebahnt werden kann. Texte mit unbekannten Wörtern und Wendungen wie in *storybooks* und *songs* überfordern nicht, wenn sie visuell gestützt werden (vgl. Kapitel 4.3).

„The children should be told that they cannot always be expected to understand every word. The teacher needs to be clear in her own mind if the children are being asked to understand the general content of a spoken text; this is known as understanding the 'gist' of the message. ... The use of support materials will help children feel confident about what is important to concentrate on." (Brewster 1991, S. 56f)

Beim Verstehen eines fremdsprachlichen Texts werden zwei Niveaus gefordert (Bryne 1980, S. 105), das Erkennungs- und das Auswahlniveau.
Beim Erkennungsniveau geht es um Lautunterscheidung, Identifikation von Wörtern und Satzteilen in ihren strukturellen Beziehungen und von Zeitfolgen. Die Schüler sollen Sprachaspekte wie Laute, Betonung, Rhythmus, Intonation erkennen und neue Wörter und Strukturen kennen lernen. Beim Auswahlniveau werden die Elemente, die zum Verstehen des Sinns notwendig sind, herausgezogen. Wichtig ist hierbei, sich auf einzelne Lautgruppen zu konzentrieren. Es werden zwar alle Teile eines Satzes gehört, aber nicht jedes Detail, nicht jedes Wort muss verstanden und verarbeitet werden.
Vernachlässigt werden können im Primarbereich das Sprachniveau und sowie Dialekte.

Sprechen
Die Fertigkeit des Sprechens ist der zweite wichtige englischsprachige Zielbereich neben dem Hörverstehen. Sie unterteilt sich in drei Entwicklungsstufen – die imitative Phase, die reproduktive Phase und das freie Sprechen. Letztere ist für die ersten beiden Lernjahre nicht von Relevanz.
Die ersten beiden Sprechphasen sind rein manipulatorisch, also von der Lehrkraft gesteuert, und für das Sprechenlernen unbedingt nötig. Der Prozess der Automatisierung und Internalisierung von englischsprachlichem Basismaterial sichert die Grundlagen der späteren Kommunikationsfähigkeit. Wird während dieser Zeit der gesteuerten mündlichen Sprachproduktion bei Fehlern nicht korrigierend eingegriffen und unnötig Fehlertoleranz geübt, besteht die Gefahr der *fossilization*, der Verhärtung von Aussprachefehlern.
Der Aufbau einer produktiven kommunikativen Kompetenz führt nur über die intensive Ausspracheschulung mit Imitations- und Drillübungen, Frage-

und Antwortketten sowie Auswendiglernen. Sie bilden die Grundlage für das spätere, im Lernkontext des schulischen Englischunterrichts nur schwerlich zu erreichende freie Sprechen. Sinnvolle kognitive Elemente bereichern solche Übungen und vermeiden Monotonie. (Walter 1981, S. 79)
Während Imitationen Englisch lernenden Grundschulkindern außerordentlich leicht fallen und sie Vorgesprochenes sofort nahezu perfekt wiedergeben können, gilt besonders für die teilweise zeitverzögerte Reproduktion von gelerntem Sprachmaterial gegebenenfalls die Gewährung einer stillen Phase (*silent period*), eines zeitlichen Spielraumes zum Nachdenken. Die mündliche Äußerung soll ohne Sprechhemmungen völlig freiwillig gemacht werden können, um Misserfolgserlebnisse zu vermeiden.
Am Ende des meist zweijährigen Englischlernens sollen Grundschulkinder ganz generell in der Lage sein, einfache Aussagen auf Englisch zu machen auf einfache Fragen in angemessener Form reagieren zu können und einige Alltagssituationen in Englisch bewältigen zu können (vgl. Klippel 2000, S. 88).

Leseverstehen

Leseverstehen ist die wesentliche Form, eine fremde Sprache außerhalb des Kulturkreises, in der sie gesprochen wird, wahrzunehmen. Lesen und Verstehen dient vor allem dazu, den passiven Wortschatz auch außerhalb des Unterrichts aufbauen und erweitern zu können.
Für den Grundschul-Englischunterricht ist die systematische Übung des Lesens nicht relevant. Das Hören und elementare Sprechen festigt die richtige Aussprache von Wörtern und kurzen Sätzen zunächst, bevor sie gelesen werden. Die Gefahr der frühen Betonung des Schriftbildes liegt in der zu sehr am schriftlichen Vorbild orientierten und somit falschen Aussprache sowie an der Überforderung und frühen Demotivation leistungsschwacher Schüler.
Das Schriftbild und somit jegliches Lesen englischer Wörter aber auszuschließen, ist wenig sinnvoll, denn der Unterschied zwischen englischer Schreibung und Lautung wird Grundschülern durch die permanente Präsenz englischer Wörter in ihrer Alltagsumgebung schnell bewusst. Als visuelle Stütze gezielt zur Erleichterung des Segmentierens und Behaltens von Wörtern eingesetzt, trägt das Schriftbild dem grundschulgemäßen Prinzip der Schülerorientierung denen Rechnung, die es als Lern- und Aussprachehilfe brauchen (vgl. Klippel 2000, S. 23).

Schreiben

Die Integration der produktiven Fertigkeit Schreiben in den Englischunterricht an Grundschulen ist wie das Lesen dem Hörverstehen und elementaren Sprechen nachgeordnet.
Das Schreiben lässt sich wie auch das Lesen in
- imitatives,
- reproduktives und
- freies Schreiben

einteilen.
Relevant für den Englischunterricht an Grundschulen ist dabei das imitative Abschreiben sowie Niederschreiben von auswendig Gelerntem relevant. Das Ergänzen von ganz einfachen Texten und Lücken im reproduktiven Bereich sind ebenfalls bewährte Formen. Beide Phasen sind manipulativ.

Schriftliche Kleinformen wie beispielsweise das Beschriften von Gegenständen oder Schreiben von Grußkarten sind geeignet, um Abwechslung im Unterrichtsaufbau und ruhigere Arbeitsphasen einplanen zu können.

Als Differenzierungsmaßnahme für leistungsstärkere Schüler bekommt das Schreiben (wie auch das Lesen) eine besonders grundschulspezifisch-entwicklungsgerechte Dimension. Für Kinder, die auch in der muttersprachlichen Rechtschreibung aus verschiedenen Gründen (*slow learners* mit schwachen schriftlichen Leistungen, Legasthenie etc.) Schwierigkeiten haben, kommt die Schreibproduktion englischer Wörter zu früh und verwirrt sie.

Hinzu kommt, dass Kinder erfahrungsgemäß gerne schreiben (und auch lesen) wollen, wenngleich die Muttersprache und ihr Schriftbild sich auf die Umsetzung englischer Laute in Schrift meist fehlerhaft auswirkt. Nicht genau wissen können die Grundschüler eben zu diesem frühen Zeitpunkt des Englischlernens, dass die Entsprechung zwischen dem Sprachlaut und der orthografischen Konvention völlig anders geregelt ist als beispielsweise im Deutschen. Enthält man ihnen das Schriftbild vor, bilden sie sich eines nach ihren Vorstellung. Es kostet später große Mühen, die sich automatische einschleifenden Fehler dann in weiterführenden Schulen zu korrigieren.

Bei Lexemen hingegen, die Kindern durch ihre permanente Alltagspräsenz in Werbung z.B. in Medien bekannt sind, werden erfahrungsgemäß weniger Fehler gemacht.

Schreiben kann im Englischunterricht der Grundschule nur mit konkreten Aktivitäten und Objekten in der Lernumgebung zusammenhängen und ist nur in eingeschränktem Maße als Lernziel bzw. als didaktisches Mittel zum Spracherwerb der Primarstufe zu betrachten.

3.2.2 Interkulturelle Aspekte

Dieser Lernzielbereich des Englischunterrichts an Grundschulen hängt eng mit den landeskundlichen Zielsetzungen zusammen. Ziel des interkulturellen Lernens im Englischunterricht an Grundschulen ist die hauptsächlich die Entwicklung der Befähigung zu rücksichtsvoller interkultureller Kommunikation in interkulturellen Situationen, kann aber wegen seiner komplexen Anforderungen dort nicht voll erreicht werden. Die Kompetenz jedoch kann durch die Beschäftigung mit kulturellen Besonderheiten, Sitten und Gebräuchen vor allem auf spielerische Weise angebahnt werden.
Der Erfahrungshorizont der Grundschulkinder bezüglich englischsprachiger Länder soll sich um ein genaueres Wissen um die dortigen Lebensumstände erweitern. Dazu gehören Alltagskultur, Lebensweise, Traditionen und Brauchtum, aber auch Denk-, Verhaltens- und Redensweisen. Im Vergleich mit den eigenen Lebensumständen wird dabei einerseits der Unterschied für die Grundschüler deutlich, andererseits finden sich viele, auch scheinbar unbedeutende Parallelen. Beides trägt zur Anbahnung des Verstehens der englischsprachigen Kultur speziell bei, sowie der Anlage eines allgemeinen Fremdverstehens. Hierbei werden die Erfahrungen aus der Beschäftigung mit der englischsprachigen Kultur auf andere Länder übertragen. Das bereitet sie auf spätere Auslandsaufenthalte sinnvoll vor, erleichtert ihnen gleichzeitig den täglichen Kontakt mit anderen Ethnien in Deutschland und bringt ihnen einen erweiterten Kulturbegriff näher, der mehr bedeutet als die bloße Kenntnis von Fakten aus dem Land der Zielsprache.
Leitziele wie besonders die Toleranz finden in diesem Lernzielbereich ihren Ansatz zur Konkretisierung.
Dies geschieht, indem der unmittelbare Erlebnisbereich der Grundschüler als Inhalt gewählt werden muss. So bietet der Tagesablauf englischer Schulkinder, ihre Schulen, Feste und Bräuche vielfache Ansatzmöglichkeiten zur Kontrastierung und zur Einsicht, dass Kinder in englischsprachigen und vielen anderen Ländern ähnlich aufwachsen wie sie selbst, ähnliche Spiele spielen und sich für ganz ähnliche Dinge interessieren.
Unterschiede hingegen lassen sie verstehen, dass ihre eigene Welt nicht die einzige und einzig richtige ist. Beispielsweise finden viele Kinder es durchaus viel spannender, nicht am Heiligabend, sondern erst am ersten Weihnachtsfeiertag, gleich nach dem Aufstehen, im Weihnachtszimmer ihre Geschenke zu finden und sie ganz gemütlich noch im Schlafanzug zu öffnen – ganz so, wie es die meisten Kinder in England eben erleben. Wie sehr und schnell sich dabei die kulturellen Unterschiede einander annähern, kann man

jährlich an den vielen übernommenen Details englischsprachiger Länder (besonders der Vereinigten Staaten) erkennen: *mistletoe, socks etc.*
Interkulturelles Lernen im Englischunterricht an Grundschulen wird ermöglicht durch eine bewusste Auswahl von Lerninhalten und Methoden, durch den gezielten Einsatz von Lehr- und Lernmaterialien (vgl. Kapitel 6), die Wahl geeigneter Themen- und Situationsfelder und nicht zuletzt die kompetente und vorbildliche Lehrerpersönlichkeit.

Auf diesen Grundlagen lassen sich in weiterführenden Schulen die englischsprachlicher Fertigkeiten eines *intercultural speaker* erwerben, der sich nicht nur an einer Gruppe und einer Kultur orientiert, sondern je nach Situation und sozialem Kontext die passenden sprachlichen und nonverbalen Mittel einzusetzen vermag. Ferner kann so nach der Grundschulzeit die Fertigkeit entstehen, die eigene Meinung mit der Auffassung anderer Personen auch aus anderen Kulturen koordinieren zu können. Letztlich entwickelt sich auf dieser Basis eine Fähigkeit, die buchstäblich Brücken baut zwischen den Kulturen: Empathie - die Fähigkeit des mitfühlenden Verstehens.

3.2.3 Affektive und motivationale Ziele

Englischunterricht an der Grundschule ist ein wesentlicher Baustein zur Entwicklungsförderung der kindlichen Gesamtpersönlichkeit.
Sich in der englischen Sprache – wie elementar auch immer – ausdrücken und einfache englischsprachige Situationen bewältigen zu können, trägt erheblich zum Aufbau eines nicht nur fremdsprachlichen Selbstbewusstseins bei. Ausbleibender Notendruck verstärkt die individuellen Erfolgserlebnisse von Kindern aller Begabungsstufen.
Die vielschichtigen Anforderungen der Kommunikation auf Englisch trainieren und entwickeln sprachliche Flexibilität und Geschicklichkeit – auch mit positiven Auswirkungen auf die Muttersprache. Angebahnte, einfache Strategien zur „Umschiffung" von Wortschatzhindernissen (*by-passing strategies*) beispielsweise helfen eine Kommunikationssituation aufrecht zu erhalten und Aussagen zu machen, wenngleich die Wörter des aktiven Wortschatzes dazu noch nicht präsent sind. Solche Kompetenzen, einmal erworben, ermutigen später zur Weiterführung des Englischlernens an weiterführenden Schulen und bereiten so den Erwerb weiterer Fremdsprachen vor.

Interesse zu wecken am Englischen und die Freude am Umgang mit der englischen Sprache zu erhalten, ist eng mit der gelungenen Auswahl kindgemäßer Inhalte verknüpft. Ist der heutige Englischunterricht an Grundschulen kein theoretisches „Trockenschwimmen", sondern werden vor allem musisch-künstlerische Elemente sowie spielerische und handlungsorientierte, sinnvolle Verfahren in restriktionsfreier, motivierender Atmosphäre eingesetzt, dann gelingt es mit großer Sicherheit Lernbereitschaft und Arbeitshaltung auch über einen längeren Zeitraum aufrecht zu erhalten.

3.2.4 Eine Zusammenfassung in Lernzieldimensionen

Einen zusammenfassenden Überblick über die Lernzielbereiche des Englischunterrichts an Grundschulen kann die tabellarische Gegenüberstellung der Lernzieldimensionen geben:

Tab. 2: Gegenüberstellung der Lernzieldimensionen

Pragmatische Lernziele	Kognitive Lernziele	Affektive Lernziele
• Englischsprachige Fertigkeiten (*skills*): - Hören und Verstehen - elementares Sprechen - elementares Schreiben - elementares Lesen und Verstehen • Sprachgefühl und Sprachbewusstsein • Englischsprachige Teilbereiche in elementarer, untergeordneter Form: - Grammatik - Lexik - Phonetik - Orthografie - Sprachfunktionen • Psychomotorik: - korrekte Aussprache von elementarem Wortschatz und englischsprachigen Versatzstücken bzw. wiederkehrende ganzheitliche Elemente (*chunks*) - nonverbale, auch rhythmische Sprachunterstützung (Gestik / Mimik) - Englisch anwenden im Spiel, auch darstellend und szenisch	• Kenntnisse und Erkenntnisse: - landeskundliche Kenntnisse über Lebensweise und Kultur von Menschen englischsprachiger Länder - Übertrag dieser Kenntnisse auch auf andere Länder und Sprachen - Einsicht in elementare Regeln der englischen Sprache zur Unterstützung sprachpraktischer Fertigkeiten	• Einstellungen, Interesse, Gefühle, Werthaltungen: - gegenüber englischsprechenden Menschen - gegenüber Menschen anderer Sprachen • Interesse und Verständnis: - für kulturelle Eigenheiten englischsprachiger Länder - für kulturelle Eigenheiten anderer Länder • Abbau von Vorurteilen und Stereotypen • Interesse und Freude am Englischlernen • Bereitschaft zum sozialen Lernen in Partner- und Gruppenarbeit

Das umfassende Wissen von Lehrern (und zu einem ganz geringen Maße auch von Lernern) über die beschriebenen, komplexen und vielschichtigen Detailziele des Englischunterrichts an Grundschulen wirkt der Gefahr entgegen, dass ein *hidden curriculum*, ein heimlicher Lehrplan also, verwirklicht wird. Es handelt sich dabei um jenes zweite System von Lernzielen, die implizit gefördert und in erstaunlich hohem Ausmaß auch erreicht werden, ohne dass es Lehrern oder Lernern überhaupt bewusst wird. Das können positiv gesehen z.b. erste Schlüsselqualifikationen sein, aber auch Stigmatisierungen, Vorurteile, Konkurrenzdenken u.v.m. in negativer Hinsicht.
Besonders gefährdet sind hierbei für das Fach Englisch meist mit Methodikkursen, jedoch ohne ausreichende didaktische und auch sprachpraktische Ausbildung bedarfsorientiert nachqualifizierte Grundschullehrer, denen in der gegebenen Zeit nur ein bestimmter Umfang an methodisch-inhaltlichem Handlungsrepertoire mitgegeben werden kann. Diese Verfahren, Materialien und Inhalte werden nach bestem Wissen und Gewissen, jedoch gefährlich einseitig eingesetzt und lassen subjektiv gesehen kaum Spielraum für Kreativität, neue Verfahren und flexiblen englischsprachigen Input. Zudem können so auch unbewusst Stereotypen weitergegeben werden.

3.3 Kompetenzstufen des Europäischen Referenzrahmens

Der vom Europarat in Straßburg erstellte Gemeinsame Europäische Referenzrahmen entwickelt sich zu einem wertvollen Instrument, um Lehren und Lernen von Sprachen wie die Ermittlung und Dokumentation von Sprachkenntnissen transparent und vergleichbar zu machen. Es soll eingesetzt werden, um die Barrieren zu überwinden, die aus den Unterschieden zwischen den Bildungssystemen in Europa entstehen.
Mit den Kompetenzstufen des Gemeinsamen Europäischen Referenzrahmens lassen sich Schulabschlüsse, berufliche Anforderungen und Eingangsvoraussetzungen und Zertifikate in Beziehung zueinander setzen.

Der gemeinsame europäischer Referenzrahmen für Sprachen der Europäischen Gemeinschaft beschreibt eine Taxonomie von sechs Kompetenzstufen auf unterschiedlichen Niveaus.
Der Grundgedanke des Referenzrahmens ist, dass das Ziel eines jeden Sprachunterrichts darin besteht, die Lernenden in der Zielsprache kompetent zu machen. Der Referenzrahmen wiederum ermöglicht Lehrplanmachern wie Englischlehrenden, innerhalb seiner Grenzen Ziele klar und umfassend zu definieren und genau zu beschreiben.

Sein handlungsorientierter Ansatz zielt im Wesentlichen auf den Erwerb von Können ab, auf das durch die Anwendung von Strategien bei der Bewältigung von sprachlichen Aufgaben zurückgegriffen wird.

Für den Bereich des Englischunterrichts an Grundschulen ist in erster Linie nur die erste, elementare Kompetenzstufe von Bedeutung. Grundschüler können realistischerweise nach zwei Jahren Englischunterricht die Niveaustufe A1 erreicht haben. Für die Englischlehrer an Grundschulen muss dagegen zumindest das Erreichen der Stufe C2 vorrangige Zielsetzung in Aus- und Fortbildung sein.

Die Kompetenzstufen im Einzelnen:

Tab. 3: Kompetenzstufen des Europäischen Referenzrahmens

Kompetente Sprachverwendung	C2	Kann praktisch alles, was er / sie liest oder hört, mühelos verstehen. Kann Informationen aus verschiedenen schriftlichen und mündlichen Quellen zusammenfassen und dabei Begründungen und Erklärungen in einer zusammenhängenden Darstellung wiedergeben. Kann sich spontan, sehr flüssig und genau ausdrücken und auch bei komplexeren Sachverhalten feinere Bedeutungsnuancen deutlich machen.
	C1	Kann ein breites Spektrum anspruchsvoller, längerer Texte verstehen und auch implizite Bedeutungen erfassen. Kann sich spontan und fließend ausdrücken, ohne öfter deutlich erkennbar nach Worten suchen zu müssen. Kann die Sprache im gesellschaftlichen und beruflichen Leben oder in Ausbildung und Studium wirksam und flexibel gebrauchen. Kann sich klar, strukturiert und ausführlich zu komplexen Sachverhalten äußern und dabei verschiedene Mittel zur Textverknüpfung angemessen verwenden.
Selbstständige Sprachverwendung	B2	Kann die Hauptinhalte komplexer Texte zu konkreten und abstrakten Themen verstehen; versteht im eigenen Spezialgebiet auch Fachdiskussionen. Kann sich so spontan und fließend verständigen, dass ein normales Gespräch mit Muttersprachlern ohne größere Anstrengung auf beiden Seiten gut möglich ist. Kann sich zu einem breiten Themenspektrum klar und detailliert ausdrücken, einen Standpunkt zu einer aktuellen Frage erläutern und die Vor- und Nachteile verschiedener Möglichkeiten angeben.
	B1	Kann die Hauptpunkte verstehen, wenn klare Standardsprache verwendet wird und wenn es um vertraute Dinge aus Arbeit, Schule, Freizeit usw. geht. Kann die meisten Situationen bewältigen, denen man auf Reisen im Sprachgebiet begegnet. Kann sich einfach und zusammenhängend über vertraute Themen und persönliche Interessengebiete äußern. Kann über Erfahrungen und Ereignisse berichten, Träume, Hoffnungen und Ziele beschreiben und zu Plänen und Ansichten kurze Begründungen oder Erklärungen geben.

Elementare Sprachverwendung	A2	Kann Sätze und häufig gebrauchte Ausdrücke verstehen, die mit Bereichen von ganz unmittelbarer Bedeutung zusammenhängen (z.B. Informationen zur Person und zur Familie, Einkaufen, Arbeit, nähere Umgebung). Kann sich in einfachen, routinemäßigen Situationen verständigen, in denen es um einen einfachen und direkten Austausch von Informationen über vertraute und geläufige Dinge geht. Kann mit einfachen Mitteln die eigene Herkunft und Ausbildung, die direkte Umgebung und Dinge im Zusammenhang mit unmittelbaren Bedürfnissen beschreiben.
	A1	Kann vertraute, alltägliche Ausdrucke und ganz einfache Satze verstehen und verwenden, die auf die Befriedigung konkreter Bedürfnisse zielen. Kann sich und andere vorstellen und anderen Leuten Fragen zu ihrer Person stellen - z.B. wo sie wohnen, was für Leute sie kennen oder was für Dinge sie haben - und kann auf Fragen dieser Art Antwort geben. Kann sich auf einfache Art verständigen, wenn die Gesprächspartnerinnen oder Gesprächspartner langsam und deutlich sprechen und bereit sind zu helfen.

(aus: Gemeinsamer europäischer Referenzrahmen für Sprachen: lernen, lehren, beurteilen. München, Langenscheidt 2001)

4. Grundlegende didaktische Prinzipien des Englischunterrichts mit Grundschülern

4.1 Kindgemäßer Themen- und Situationsbezug

Die Kindgemäßheit des Grundschulunterrichts ist ein allgemeindidaktisches Prinzip innerhalb der schulpädagogischen Systematik (Schorch 1998, S. 27). Dies gilt grundlegend insbesondere für den frühen Englischunterricht, dessen Ziele über ausgewählte kindgemäße Inhalte konkretisiert werden müssen.

4.1.1 Erfahrungsfelder und Interessensbereiche von Grundschulkindern

Die natürliche Neugier und Wissbegierde von Kindern ist von großem Wert bei der unvoreingenommenen Auswahl von Themen und situativen Kontexten im Englischunterricht der Grundschule. Sie gehen ganz zwangsläufig und logisch so vor, wie es Erwachsenen oft nicht mehr immer möglich ist: Sie richten ihren Blick zunächst auf sich und ihre eigenen Bedürfnisse, erweitern ihn um den Familien- und Freundes- bzw. Bekanntenkreis und erreichen dann darüber hinaus die Welt außerhalb des eigenen Erfahrungshorizonts. Kinder erweitern ihre persönlichen Erfahrungsfelder in räumlicher, kommunikativer und sprachlichen Hinsicht über den eigenen Lebenskreis und den der Schule hinaus auf die außerschulischen Bereiche.

Der Englischunterricht an Grundschulen muss dem Rechnung tragen, indem er nicht isoliert in dem vorgegebenen Stundenplanraster stattfindet, sondern in den gesamten Lernkontext Grundschule – auch fächerübergreifend – integriert wird. Das bedeutet auch, übergeordnete gegenwarts- und zukunftsbezogene Themen, quasi Schlüsselthemen, zur Orientierung und inhaltlichen Planung heranzuziehen. Zu ihnen gehören beispielsweise das Harmoniebedürfnis der Menschen im Streben nach friedlichem Zusammenleben, das experimentelle und verantwortliche Umgehen mit der Natur und Umwelt sowie ein ausgewogener Umgang mit Medien.

Die Nürnberger Empfehlungen zum frühen Fremdsprachenlernen schlagen diesbezüglich eine komprimierte anthropologische Beschreibung von Kindsein vor, die von acht hauptsächlichen Interessenbereichen bei sechs- bis zehnjährigen Kindern ausgeht (Breitung/ Kirsch 1997):
„*Beute und Schätze*
Das Kind nimmt in diesem Interessenbereich die archetypische Rolle des Jägers und Sammlers ein.
Ich baue mir mein Haus
Das Kind drückt in diesem Interessenbereich sein Bedürfnis nach Geborgenheit und seinen Anspruch auf individuell gekennzeichneten Raum aus.
Ich pass' auf dich auf!
Das Kind kommt in diesem Interessenbereich seiner Neigung nach, zu pflegen und zu hüten.
Ich will raus – oder: das kann ich auch!
Das Kind lebt in diesem Interessenbereich seinen Entdecker- und Erfindergeist aus.
Ich steig voll ein!
Das Kind ahmt in diesem Interessenbereich die Welt des Handwerks, des Handelns und des Tausches nach.
Ich, du und die anderen
Das Kind sucht in diesem Interessenbereich vertieft Erfahrungen in Sozialformen wie Freundschaften, Gruppen und Cliquen.
Heiß, kalt – stark und schwach
Das Kind vertieft in diesem Bereich sein Interesse, den eigenen Körper kennen zu lernen sowie mit den Dingen seiner Umwelt zu experimentieren.
Weit weg und in mir drin ... gibt es ein wunderbares Land
Das Kind drückt in diesem Interessenbereich die Lust und sein Bedürfnis nach Fantasiewelten aus."
Da die Entwicklung von Kindern nicht einheitlich verläuft, sind die Interessen auch individuell stark ausgeprägt und bedürfen der sensiblen Anpassung an die eigene Klassensituation durch die Lehrkraft.

4.1.2 Kindgemäße Inhalte im Englischunterricht

Der Übertrag genannter Interessensgebiete auf den Englischunterricht an Grundschulen gelingt, wenn sie sinnvoll konkretisiert als motivierender Zugang zur englischen Sprache genutzt und erweitert werden können, wenn sie das englischsprachliche Engagement fördern sowie Gefühle, Fantasie und Kreativität der Grundschulkinder ansprechen. Dazu müssen englischspezifische Themen und Situationen möglichst real, lebensbedeutsam und interessant sein, spontan bei Interesse im Unterricht aufgegriffen werden können und sich etwa auch einmal in das Schulleben allgemein einbetten lassen.

Über die Interessensgebiete hinaus sind das spezielle Interesse am Lernen der englischen Sprache, das kommunikative Handeln im Englischen, ausgewo-

gene interkulturelle Sichtweisen, das Lernen lernen für ein lebenslanges Weiterlernen sind Parameter für die Berücksichtigung einer ganzheitlichen Entwicklung des Grundschulkindes.
Zu sinnvollen Inhalte, über die diese Ziele realisiert werden können, zählen
1. konkrete, aus den <u>kindlichen Interessenbereichen abgeleitete Themenstellungen,</u> insbesondere solche, die interkulturelle Sichtweisen eröffnen,
2. die Gesetzmäßigkeiten der englischen Sprache, die das Kind im Umgang mit ihr nahezu von selbst erfährt, sowie
3. die Lerntechniken, mit denen sich das Kind die Themen und die englische Sprache erarbeiten kann (vgl. Breitung/ Kirsch, 1997).

So beziehen sich die ersten motivierenden Themen im Wesentlichen auf die Kommunikation im Klassenzimmer und beim Spielen, auf das eigene Leben der Grundschulkinder und das ihrer Familien, ihre Wünsche und Vorlieben, auf die Begegnungen mit anderen, auf ihnen bekannte Gegenstände und Tiere bzw. Personen, auf Vorgänge im Tages-, Wochen- und Jahreszeitenrhythmus, auf besondere Ereignisse und Feste.
Sie beziehen sich darüber hinaus auch auf unbekannte Welten, auf die Menschen, Städte, Landschaften und Gebräuche dort, und letztlich auch auf Fantasien und Abenteuer. <u>Dabei vergleichen die Kinder ihre individuelle, ganz vertraute Lebenswelt mit der fremden Sprache und Kultur, entdecken Unbekanntes und erkennen Bekanntes wieder.</u>
Die Themen des Englischunterrichts an Grundschulen erreichen also nicht schon von vornherein eine interkulturelle Dimension: Das durch die Muttersprache sich allmählich aufbauende <u>Weltbild wird durch den Englischunterricht erweitert und differenziert.</u> Problematisierende Themenstellungen bleiben auf einem der Entwicklungsstufe angemessenen Niveau. Damit wird erst in einem zweiten Schritt ein wichtiges Ziel des frühen Fremdsprachenunterrichts im Allgemeinen und des Englischunterrichts an Grundschulen im Besonderen realisiert.
Die Auswahl der Themen und Situationen für den Englischunterricht darf aber nicht als ein „Abarbeiten" der Gebiete in wahlloser Abfolge verstanden werden. Vielmehr sind die vielschichtigen Möglichkeiten der inhaltlichen Verknüpfung untereinander, auch fächerübergreifend, zu nutzen (*webbing*). Zusammenhangloses wird so in einen größeren Lernkontext eingebunden und kann mit in anderen Zusammenhängen schon einmal Gelerntem - etwas anders akzentuiert - spiralcurricular erweitert werden.

Ein Vergleich der Grundschullehrpläne der Länder für den Fremdsprachen- respektive Englischunterricht ergibt bezüglich der Konkretisierung von Lernzielen durch Inhalte eine hohe Übereinstimmung von kindgemäßen Themenstellungen. Folgende drei Schwerpunkte bilden eine gemeinsame Schnittmenge:

Tab. 4: Zusammenschau der Lehrplanthemen der Bundesländer

I myself	nearby	the world outside
my body	my family	nature
clothing	friends and pets	seasons
my birthday	school	weather
feelings	at home	festivals/traditions
my toys	house and flat	sights/cities in England
eating and drinking	shopping	a new country
sports	holidays	travelling
hobbies	animals	calendar
what I do every day	meeting people	around the year
leisure time	English children's book	numbers
	leisure time	colours

Die Themenbereiche werden nach Möglichkeit in simulierten und, wo immer möglich, realen Kommunikationssituationen mit Partnern vermittelt. Es geht in erster Linie darum, Sprache zu erleben, zu verstehen, zu gebrauchen und somit ganz harmonisch und implizit die Gesetzmäßigkeiten der englischen Sprache zu erfahren. Wichtige Aspekte der Aussprache (vgl. Kapitel 7.1) werden dabei berücksichtigt.

Einfache, konkrete kommunikative Situationen ergeben sich aus einer Auffächerung der Themengebiete in Handlungsmuster. Eine beispielhafte Auswahl solcher Sprachaktionen zu den Themen macht das deutlich:

- *me*: mich vorstellen; nach dem Namen fragen; das eigene Alter benennen und nach dem Alter fragen; Wohnort/Telefonnummer angeben und nach dem Wohnort fragen
- *my family*: die wichtigsten Familienmitglieder benennen/nach ihnen fragen; den Namen angeben; nach dem Namen fragen
- *my body*: die wichtigsten Körperteile nennen; nach dem Befinden fragen; das eigene Befinden ausdrücken; zu Bewegungen auffordern (z.B. in die Hände klatschen, hüpfen)
- *food*: Essen und Getränke benennen; sagen, was man (nicht) mag; fragen, was jemand möchte; sagen, was man gern hätte; nach dem Preis fragen/den Preis nennen; sich bedanken

- *at school*: Inhalt des Federmäppchens benennen; um etwas bitten; etwas geben; sagen, was man gern hätte; sich bedanken
- *pets*: Tiere nennen; sagen, welches Tier man (nicht) hat/danach fragen; Namen des Tieres nennen/danach fragen; sagen, dass man ein Tier haben möchte
- *leisure time*: sagen, was man in der Freizeit tut; nach der Freizeitbeschäftigung fragen; sagen, welche Spiele man (nicht) mag; nach den Lieblingsspielen fragen

Den Bezug der Auswahl von Themen und Situationen zur Lebenswirklichkeit der Grundschulkinder immer wieder zu überprüfen, stellt eine Hauptanforderung an die Umsetzung im Englischunterricht an Grundschulen dar.
Unkonkrete, abstrakte und somit für die Kinder nicht nachvollziehbare englischsprachliche Aktionen werden zwar erfahrungsgemäß auf Verlangen auswendig gelernt und bei Bedarf reproduziert, aber weder verstanden noch für spätere sprachliche Transferleistungen in englischsprachige Kommunikationssituationen gespeichert.

4.2 Authentizität

Englischlernen in der Grundschule ist motivierend und effizient, wenn er auf Kinder „echt", mit anderen Worten: authentisch wirkt. „Echt" bezieht sich dabei neben den Themen und Situationen, in den die Kinder Englisch erleben, auch auf die Sprache der Lehrkraft sowie auf die verwendeten Texte und Materialien. Echtheit im englischsprachigen Lernprozess auf den Einsatz von Realia und originaler Gebrauchstexte zu reduzieren, wird dem Prinzip der Authentizität nicht gerecht (vgl. Edelhoff 1985).
Das Prinzip der Authentizität umfasst folgende Charakteristika:
- der englischsprachigen Welt in authentischer Form begegnen (E-Mail, Brief, Begegnung)
- der Spracherwerb ist der realen Wirklichkeit verpflichtet
- möglichst häufiger Einsatz von *native speakers* oder *near-natives* als Orientierungshilfe für die eigene Sprachproduktion
- Projekte im Englischunterricht der Grundschule mit Muttersprachlern (z.B. *community projects*)
- einfache authentische Texte
- bildliche Darstellungen, die der Realität in englischsprachigen Lebenswirklichkeiten entsprechen

- Einsatz realer, möglichst authentischer Gegenstände
- Simulation außerschulischer Lebenswelten
- variabler und sinnvoller Einsatz von Medien

4.2.1 Authentizität von Unterrichtsmaterialien

Im Blick auf den Lernkontext Englischunterricht an Grundschulen ist authentisch, was repräsentativ für die englische Sprache ist, seine Ursprünge in einem englischsprachigen Land hat oder aktiven Quellen entnommen werden kann (vgl. Kieweg 1999, S. 20), nicht verfälscht wurde und nicht in erster Linie zum Zwecke der Verwendung im Unterricht erstellt wurde.

Dazu gehören beispielsweise auch Materialien, die von Muttersprachlern für den muttersprachlichen Unterricht verwendet werden.

Authentische Materialien sind unter anderem:

1. Realien, also sämtliche Materialien gegenständlicher Art, die besonders zur Optimierung des Unterrichtsdienen und haptische Lerntypen ansprechen (Kieweg 1999, S. 20): Fahrkarten, Ansichtskarten, Glückwunschkarten, Gegenstände, Werbeprospekte, Verpackungen, Geldmünzen und -scheine, Souvenirs, Lebensmittel etc., ebenso Fundsachen – aus den Medien, von Reisen, aus Fortbildungsveranstaltungen

2. Authentische Hörtexte, also Materialien, die vornehmlich dem Hörverstehen dienen:
- authentische Dialoge von Muttersprachlern oder Experten ohne englischdidaktische Absicht (z.B. Gespräch zwischen Kunde und Verkäufer, Telefonate etc.)
- authentische fiktionale Texte (z.B. Lieder, kurze Erzählungen, Märchen, Reime)
- Videos, Radiosendungen (Nachrichten etc.), Durchsagen, Anrufbeantworter etc.

3. Authentische Lesetexte, also Materialien, die vornehmlich dem Leseverstehen dienen:
- Witze, Reime, Gedichte etc.
- authentische Sachtexte (wie Rezepte, Zeitungsartikel, Briefe, Packungsbeilagen, Reklame, Horoskope etc.)
- Bilder, Comics und andere visuelle Materialien
- authentische Bücher (wie Bilderbücher, Kinderlexika)
- authentische Kinderzeitschriften
- Internettexte

Authentisches Material, das im Englischunterricht an Grundschulen Verwendung findet, wird von der anwendenden Lehrkraft für den Unterricht vorbereitet. Je nach Material muss dazu die methodische Verfahrensweise angepasst werde, hinsichtlich der Sprache werden Wortschatzvorentlastung und Visualisierung geplant.
Dazu ist eine hohe fachdidaktische und sprachliche Kompetenz vonnöten, die nur in einer umfassenden universitären Lehrerausbildung erreicht werden kann, nicht jedoch in Fort- und Weiterbildungsmaßnahmen, schon gar nicht in Zusatzqualifikationen in zeitlich und didaktisch beschränktem Umfang (z.B. Methodikkurse).
Angebote der Verlage zu sogenannten authentischen Materialien sind kritisch zu prüfen (vgl. Kapitel 6.2), da die Kriterien für wirkliche Authentizität oft nicht erreicht werden. Speziell für den Englischunterricht zugeschnittenen, inhaltlich, sprachlich und strukturell reduzierte Angebote also sind nur semiauthentisch oder didaktisiert.

4.2.2 Authentizität der Sprache

Authentizität auf einer sprachlichen Ebene ist gewährleistet, wenn neben der kompetenten fehlerfreien Aussprache auch die idiomatische Sprachverwendung der Lehrkraft sichergestellt ist.
Eine klare Kategorisierung von englischer Sprache bezüglich „richtig" oder „falsch" ist jedoch nicht oder nur schwerlich möglich, lediglich eine bezüglich „häufig" oder „selten". Daher kann nicht von authentischem Englisch im Sinne von „grammatisch", sondern nur von „repräsentativ" gesprochen werden. Eine große Hilfe für die Sammlung und Systematisierung dieses unüberschaubaren Sprachmaterials bieten sogenannte Korpora, von denen mittlerweile mehrere für die gesprochene Sprache existieren. Es handelt sich dann sicher um repräsentatives und damit authentisches Englisch, wenn die einzelnen Wörter, Satzkonstruktionen und idiomatischen Wendungen eines Textes möglichst zahlreich in einem der bereits existierenden Korpora vertreten sind. Gebräuchliche Korpora sind der *London-Lund Corpus* (LLC) der *Spoken English Corpus* (SEC), die *Survey of English Usage* und das *Cobuild*-Projekt (vgl. Amor 2002, S. 84). Für das amerikanische Englisch gilt der *Brown University Corpus* als bedeutend (vgl. Herbst et al. 1991, S. 19).
Auch so etwas wie eine universell einsetzbare Einheitsumgangssprache, ein Standard, der möglichst von allen Einflüssen eines Akzents, Dialekts, Soziolekts und Idiolekts frei ist, kann nicht existieren. Weder die gesprochene noch die geschriebene Sprache kann jemals so gefiltert werden. In ausnahmslos

jeder Situation gleicht man sich als Sprecher oder Schreiber meist ganz unbewusst an den (vermuteten) Wissensstand seines Adressaten an. O`Neill (1996, S. 26) argumentiert, dass es sich deshalb auch bei simplifizierter Ausdrucksweise um authentisches Englisch handle, man denke beispielsweise an die typische „Ammensprache" (*motherese*) die gegenüber Babys und Kleinkindern gebraucht wird. Entsprechend gleicht sich auch ein Lehrer dem jeweiligen sprachlichen Wissens- und Leistungstand seiner Schüler an, spricht deswegen jedoch auch nicht zwangsläufig nicht-authentisches Englisch. Muttersprachler passen sich ganz ohne Nachdenken in Vokabular, Grammatik und Komplexität der Sprache ihrem Gegenüber an, wenn dieser die Sprache nur als Fremd- oder Zweitsprache spricht.

4.2.3 Authentizität der Lebenswirklichkeit

„Children are focused on what this new language can actually be used for right here and now. They are less willing to put up with language that doesn't hold immediate rewards for them. Your classes can ill afford to have an overload of language that is neither authentic nor meaningful." (Brown 1994, S. 93).

Authentizität im Grundschul-Englischunterricht sichert den Einblick in die (Kinder-)Kultur englischsprachiger Länder, gibt Einblick in englischsprachige Lebenswirklichkeiten und dient so dem Aufbau von *cultural awareness*.

Die Motivation der jungen Englischlerner zum aktiven Umgang mit der englischen Sprache wird dadurch unterstützt, dass im Umgang mit authentischem Material und Englisch die Hemmschwelle, die anfangs teilweise noch so fremden englischen Laute zu intonieren, weitgehend herabgesetzt wird und das Sprachselbstbewusstsein wachsen kann.

Authentizität entsteht, wenn authentische Sprache oder authentisches Material so im Unterricht präsentiert werden, dass sie den Grundschüler zu einem Sprachgebrauch herausfordern, der dem in seiner Muttersprache sehr ähnelt. Eine solche „*communicative reality*" (Widdowson 1978, S. 81) stellt vor allem den Gebrauchswert für Kommunikation in den Vordergrund:

„*In this way, the foreign language is represented as having the same kind of communicative function as his (the learners) own language.*"

Authentisierung des Grundschul-Englischunterrichts ist demnach ein Prozess, in dem durch die Einbindung von authentischer Sprache und authentischem Material in eine sinnvollen Zusammenhang die englische Sprache als Kommunikationsmittel dient und nicht *per se* thematisiert wird.

Authentizität findet in diesem Sinne nicht automatisch durch die Verwendung authentischer Materialien und Texte einen Eingang ins Klassenzimmer. Vielmehr muss der Lehrer Aufgaben und Materialien auswählen, die der

Lebenswelt der Grundschüler entstammen, die seine Neugierde wecken und die zur intensiven Beschäftigung mit ihnen anregen:
"In our daily lives we read or listen because we want to and we are all obviously more stimulated by topics that we find interesting. In the same way learners authenticate what they learn because it suits a need or an interest in a certain time. Learners are also more encouraged and motivated when they understand the reason for an activity." (Slattery 1996, S. 25)
Aus der Psychologie der Neugiermotivation ist das Phänomen bekannt, dass Situationen besonders dann unser Interesse erregen, „ ... wenn eine `optimale Inkongruenz`. d.h. Nicht-Übereinstimmung zwischen aktueller Information und bereits vorhandenen Schemata besteht" (Edelmann 2000, S. 246). Ein authentischer Text, der sich zum einen auf die Lebenswelt und das Interesse der Schüler bezieht, gleichzeitig neue, schockierende, überraschende, lustige oder verblüffende Informationen enthält, kann von Schülern somit am effektivsten „authentisiert" werden. Reisener (1999, S. 17) spricht von drei Kernbereichen im Gesamtkomplex der Motivation für das Erlernen einer Fremdsprache:

„*- the exiting, the amusing, the entertaining*
- the surprising, the new, the different
- the true, the genuine, the authentic"

Es darf jedoch auf keinen Fall der Eindruck entstehen, ein Mehr an authentischen Materialien im Englischunterricht an Grundschulen bedeute auch zwangsläufig und automatisch eine Steigerung der Lernmotivation. Diese müssen akribisch ausgesucht, geprüft und gut geplant eingesetzt werden, damit sie ihr motivationales Potenzial optimal entfalten können und nicht durch Überfrachtung einen gegenteiligen Effekt entstehen lassen.

4.2.4 Didaktisierung und Semi-Authentizität

Das Antonym bzw. den Gegenpol zu Authentizität bildet die Didaktisierung, das Herstellen oder Verändern von Sprache oder Lernmaterialen zum Zwecke des Englischlernens. In didaktisierten Materialien sind Sprachmaterial, Übungen und Übungsformen ganz auf den Englischunterricht, seine festgelegten Ziele und Adressaten ausgerichtet.
Mit dem Begriff „semi-authentisch" am treffendsten bezeichnet sind beispielsweise Materialien und Texte, die von englischen Muttersprachlern hergestellt wurden speziell für den Englischunterricht an deutschen Grundschulen (vgl. Bludau 1996, S. 13). Die Authentizität liegt dabei in der sprachlichen Kompetenz der Hersteller, die Didaktisierung bzw. das nicht-

authentische Element bildet die Ausrichtung eigens auf einen bestimmten Zweck im Englischunterricht an Grundschulen. *Storybooks* beispielsweise, die von englischen Verlagen auf die Themenstellungen der Lehrpläne für den Englischunterricht an Grundschulen bezogen produziert werden, würden strenggenommen in diese Kategorie fallen.
Semi-authentische Texte können auch auf der Basis einer authentischen Vorlage entstehen, die ohne große Verfälschung didaktisiert werden. Dazu werden
- bestimmte Passagen entfernt, die sprachlich oder inhaltlich zu anspruchsvoll oder nicht relevant sind,
- Textteile vereinfacht, indem gezielte Veränderungen am Vokabular oder an grammatischen Strukturen vorgenommen werden, ohne jedoch den Inhalt wesentlich zu beeinträchtigen, oder
- Textteile oder der gesamte Text ins Deutsche übersetzt.

Wie weit eine Vereinfachung authentischer Texte gehen darf, ist strittig. Krashen (1996, S. 24) weist darauf hin, dass es vielmehr darauf ankomme, dass Texte erstens die Interessenslage von Lesern und Hörern ansprechen und zweitens für ihn verständlich sind. Weder authentische noch didaktisierte Texte können diese beiden Eigenschaften automatisch gewährleisten.

Authentizität darf nicht missbraucht werden. Der hohe Motivationsgehalt jeglichen authentischen Materials bleibt ungenützt, wenn damit ausschließlich sprachliche und grammatische Strukturen eingeübt werden sollen, ohne den es selbst, seinen Inhalt und verwandte Thematiken in das Zentrum der Betrachtung zu stellen. Authentisches Material als eine Art „Lockmittel" zu benützen, scheitert, wenn Schüler erkennen, dass es doch nur um banale Sprechübungen geht. In weiterführenden Schulen finden sich viele dieser sprachlichen „Mogelpackungen" als scheinbar authentische Texte in den Lehrwerken, die wiederum sprachliche Inhalte des Lehrplans in zu gehäufter, fokussierter Form beherbergen.

Dem Englischunterricht an Grundschulen, seiner Absage an eine vordergründig lehrgangsgestützte Progression und dem Anspruch an das aktive Erleben der englischen Sprache durch die Grundschüler trägt die Verfälschung von authentische Material wenig Rechnung. Früh stellt sich somit ein Gefühl der „Verschulung" der englischen Sprache ein – bei Lehrern und Schülern gleichermaßen.

4.3 Visualisierung

Der Begriff der Visualisierung wird in mehreren Bedeutungsebenen verwendet. Die für den Englischunterricht an Grundschulen einzig relevante Bedeutung ist die der visuellen Stützung englischsprachlich bedeutender Inhalte:
„Visualisieren bezeichnet die Tätigkeit, einen bislang im Zeichensystem der Wortsprache ausgedrückten Inhalt entweder durch bildsprachliche Zeichen zu ergänzen oder aber ihn gar ganz in die Bildsprache zu übersetzen." (Stary 1997, S. 12)
Bilder, Grafiken, Abbildungen, Schaubilder, Illustrationen, Diagramme, Fotos, Karikaturen, Cartoons, Collagen, Skizzen, Comics und andere bildliche Darstellungen umfasst der Begriff der Visualisierung. Auch das Schriftbild von Texten sowie Hervorhebungen, Unterstreichungen und Markierungen werden darunter subsumiert. Im Englischunterricht an Grundschulen geht es primär jedoch hauptsächlich darum, Alternativen zur Schriftform zu finden, deren Inhalte für Grundschüler leichter und dauerhafter begreifbar, memorierbar und anwendbar sind.

Neben häufig eingesetzten, meist einfachen bildlichen Darstellungen sind folgende weitere Visualisierungsformen für den Englischunterricht an Grundschulen von Bedeutung:
Cluster und *wordwebs* sind kindgerechte Formen der Strukturierung von Sachverhalten, lassen Spielraum für Erweiterungen und erdrücken nicht durch zu ausgeprägte Hierarchisierung der Inhalte.

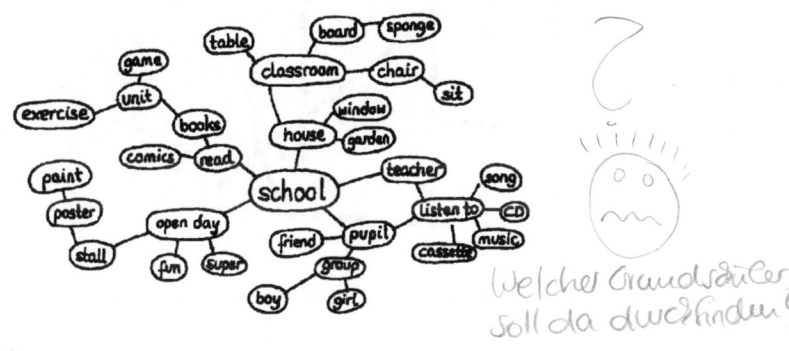

Abb. 3: *Wordweb* zum Thema *school* (Cornelsen-Verlag 1997, S. 16)

Flussdiagramme erklären und unterstützen die Versprachlichung von Abläufen, Regeln und Handlungsabfolgen.

Auf Plakaten, an Pinnwänden befestigt, können Arbeits-, Recherche- und Gesprächsergebnisse von Teams festgehalten werden. Sie sind dadurch länger verfügbar und können rückbezüglich immer wieder thematisiert werden. Dabei geht es allerdings weniger um eine Wissensvermittlung, sondern um die Weitergabe von Informationen im Sinne einer *newsboard* (vgl. Kapitel 9.1).

Die Visualisierung im Englischunterricht an Grundschulen bewirkt in mehrfacher Hinsicht positive Lerneffekte:
Bildliche Darstellungen - egal wie detailliert – motivieren und erzeugen Aufmerksamkeit und Neugier. Die bildliche Darstellung führt zu einer besseren Identifikation mit den abgebildeten Situationen, Personen, Tieren oder Dingen und ist somit gut geeignet zur Initiierung von Sprechanlässen. Bilder wecken Fantasien, sind Anlass für Fragestellungen und nehmen durch ihre Konkretheit vorhandene Ängste. Bildliche Darstellungen betonen besonders die affektive Lernkomponente (Scherling et al. 2000, S. 10).

Abb. 4: Einfache, effiziente Tafelzeichnung (Gutschow 1980, S. 30)

Visualisierung bedeutet auch die Unterstützung der Behaltensleistung. Mit konkreten Abbildungen verknüpfte sprachliche Informationen werden besser und länger behalten, da sie verschiedene Zentren beider Gehirnhemisphären involvieren.

Für den Englischunterricht besonders bedeutsam ist die Tatsache, dass abstrakte Wörter, mit konkreten Bildern, Symbolen oder vorstellbaren, sinnhaften und anschaulichen Sätzen verknüpft, eher verfügbar sind als isoliert auswendig gelernte. Der Aufbau von Wortschatz wird so effizient unterstützt, grundschulrelevante grammatische Sachverhalte hingegen prägen sich sowohl durch schriftliche als auch bildliche „Eselsbrücken" nachhaltig ein.

Die Sprachkompetenz im Englischunterricht an Grundschulen ist erst im Aufbau begriffen. Durch den gemeinsamen Unterricht aller Schüler werden schon in dieser Phase große Unterschiede hinsichtlich des englischsprachlichen Leistungsvermögens deutlich. Bildliche Darstellungen helfen, die Diskrepanz zwischen der noch eingeschränkten Sprachkompetenz und dem tatsächlichen Wissen der Schüler zu überbrücken. Genauer: Ist eine Sprachproduktion nicht möglich, da die sprachlichen Mittel fehlen bzw. noch nicht frei verfügbar sind, helfen bildliche Darstellungen das möglicherweise rezeptive Sprachwissen zu aktivieren, z.B. durch nonverbale Reaktionen wie Zeigen, Berühren oder auch Zeichnen (vgl. Scherling et al. 2000, S. 12 f).

Abb. 5: Eselbrücken als Merkhilfe

Bildliche Darstellungen dienen der Anschaulichkeit bei der Erklärung von Gegenständen und Handlungen. Wenn englischsprachige Mittel bei den Schülern nicht ausreichen, kann mit ihnen einer Überforderung entgegengewirkt werden. Illustrationen in einem *storybook* beispielsweise helfen über schwierige Textpassagen hinweg, lassen zukünftiges Geschehen vermuten und helfen, Inhalte aus dem Textzusammenhang zu erschließen.

Die Formen der Visualisierung im Englischunterricht an Grundschulen sind zielgerichtet, nicht wahllos und allein der Bebilderung wegen einzusetzen.

Wichtig dabei ist, möglichst prägnante, einfache und verständliche Formen der Visualisierung zu finden. Eine Überfrachtung der Darstellung mit zu vielen Einzelheiten wirkt ebenso konträr wie auch die Verwendung zu vieler Farben und Formen.

4.4 Multisensorisches Lernen

<u>Multisensorisches Lernen bedeutet Lernen mit allen Sinnen.</u> Multisensorische Erfahrungen und Wahrnehmungen umfassen die Fähigkeit, Informationen und Reize aus der Umwelt bzw. aus dem Organismus über unterschiedliche Rezeptoren aufzunehmen und zu verarbeiten. Die bewusste und unbewusste Aktivierung aller Sinne und deren Einsatz unterstützt Sprachlern- und Denkprozesse multilateral.

Aus den individuell präferierten, bereits in frühester Kindheit ausgebildeten Sinneskanälen zur Aufnahme und Verarbeitung neuer Informationen ergeben sich unterschiedliche Lernertypen. Die Erkenntnisse und das Wissen um solche unterschiedlichen Voraussetzungen und Bedingungen beim Englischlernen im Grundschulalter münden konsequenterweise in der Forderung nach einem ganzheitlichen Lernen, das im Sinne von Pestalozzis Lernen „mit Kopf, Herz und Hand" alle Sinneskanäle ansprechen soll. Diese sind
- der visueller Kanal (das Sehen),
- der auditiver Kanal (das Hören),
- der kinästhetischer Kanal (das Fühlen),
- der olfaktorischer Kanal (das Riechen) sowie
- der gustatorischer Kanal (das Schmecken).

Ein entsprechendes multisensorisches Lernangebot beinhaltet Material und Methoden für jeden Lernertyp (vgl. Kapitel 2.1.6).
Multisensorischer Englischunterricht bedeutet somit eine Anlage des Englischlernens mit kreativ-schöpferischen und experimentellen Elementen, konkretem Handeln der Akzeptanz der Gedanken- und Vorstellungswelt der Kinder und Jugendlichen. Zudem wird der Vielfalt kindlicher Bedürfnisse im multisensorischen Englischunterricht Rechnung getragen: Singen, Spielen, Darstellen, Erzählen, Gestalten, Tanzen, Dichten, Raten, Sammeln, Konstruieren und Basteln ermöglichen die sinnlichen Erfahrungen, die für ein kindgemäßes Englischlernen nötig sind.
Der multisensorische Englischunterricht an Grundschulen ist demnach nicht einseitig verstandesmäßig ausgerichtet, sondern bietet neben dem kognitiven Lernen auch dem praktischen, affektiven, spielerischen und sozialen Lernen Platz.

4.5 Einsprachigkeit

Ein ganz entscheidendes Merkmal des Englischunterrichts an Grundschulen ist die authentische Verwendung der Zielsprache. Kinder genießen es in der Regel sichtlich und von Anfang an, Englisch zu erleben, achten auf sich wiederholende Anweisungen, bilden individuelle Hypothesen zum Gehörten und nutzen die gegebenen Möglichkeiten zum Feedback. Der Lernzuwachs entwickelt sich über individuelle Stufen, die sich nichtlinear und nur schwer verifizierbar aufbauen. Die englische Sprache wird nach und nach als natürliches Element der Kommunikation erlebt und anerkannt.

Nur in Ausnahmen, wenn die Erklärungen zu lang oder die Gefahr von Missverständnissen und Nichtverstehen zu groß sind, sollte eine Situation auf Deutsch geklärt werden.

Dies kann bei bedarfsweisen Erklärungen und Reflexionen zu grammatikalischen Fragen und sprachlichen Besonderheiten, Übersetzungen (z.B. von Wortbedeutungen oder als Hörverstehensüberprüfung), Erzählungen und Gespräche über landeskundliche oder (inter)kulturelle Besonderheiten, komplexeren Arbeitsaufträgen, Dolmetschübungen, Soufflieren von Dialogparts auf Deutsch) geschehen.

Die absolute Einsprachigkeit, bei der jedes deutsche Wort vermieden werden soll, ist für den Anfänger-Englischunterricht unrealistisch – das erstrebenswerte Sprachbad (*language bath*), in das Kinder quasi eintauchen, kann bei der minimalen Englischstundenzahl in Grundschulklassen nicht realisiert werden. Die deutsche Sprache hilft in den genannten Phasen also interessanterweise, Zeit für die englische Sprache zu sparen, da schneller klar wird, was sonst langatmig und mit viel Zeit einsprachig erarbeitet und verstanden werden müsste. Das bedeutet zusammengefasst, dass unter bestimmten Zielsetzungen, (z.B. Förderung des Sprachbewusstseins oder der Vermittlung elementarer Landeskunde) die deutsche Sprache nicht nur ihre Berechtigung hat, sondern sogar effizienter ist.

Für den englischsprachlichen Unterricht in der Grundschule gilt als Faustregel:

So oft wie nur möglich Englisch, so wenig wie nötig Deutsch als Unterrichtssprache im Englischstunden verwenden. Vielfältiges Arbeitsmaterial unterstützt das Verstehen ebenso wie eine gezielt eingesetzte Körpersprache die Unterrichtssprache Englisch.

5. Methodische Vielfalt

5.1 Wortschatzeinführung und -aufbau

Kohärente Modelle der Wortschatzvermittlung im Englischunterricht an Grundschulen gibt es nicht. Die sprachlichen Wissensbestände und damit auch Wortschatzvorrat im muttersprachlichen und im englischsprachigen Bereich wachsen bei Grundschülern individuell unterschiedlich schnell an, werden immer stärker vernetzt und mit ganz persönlichen Erfahrungen verbunden. Das hat zur Konsequenz, dass der Wortschatzerwerb bzw. das Wortschatzlernen von der Lehrkraft zwar unterstützt, aber immer weniger gesteuert werden kann.

Wie die Aufnahme neuer Wörter, ihre Integration in vorhandene Wissensbestände der Lernenden und nicht zuletzt die Abrufbarkeit bei der situationsgerechten Anwendung gefördert werden kann, stellt ein große Herausforderung für Englischlehrer an Grundschulen dar.

5.1.1 Voraussetzungen des Erlernens englischer Wörter

Relevante Forschungen zum mentalen Lexikon (*mental lexicon* – vgl. Aitchinson 1994; Quetz 1998) haben bestätigt, was aus der Unterrichtspraxis heraus vermutet werden kann:
Englische Wörter werden besser aufgenommen und behalten,
- wenn sie auf außergewöhnliche Art dargeboten und
- über verschiedene Sinneskanäle rezeptiv aufgenommen werden,
- einen deutlichen individuellen Bezug zum Lernenden haben,
- wichtige sprachliche Ordnungsprinzipien berücksichtigen (Wortfelder, Wortnetze, Wortfamilien, Synonyme, Homophone etc.),
- in relevante Satzstrukturen eingebettet sind (*meaningful sentences*)
- dem Lernenden Zeit für die Umwandlung vom rezeptiven zum produktiven Wortschatz lassen,

- und besonders, wenn die Lernenden aktiv an Verfahren der Aufnahme, der Verarbeitung und der Anwendung lexikalischen Wissens beteiligt sind.

Das Wörterlernen stellt eine komplexe, individuelle Lernaufgabe für Grundschüler dar, da eine große Anzahl von anspruchsvollen Teilfähigkeiten, erworben werden müssen (vgl. Kieweg 2002, S. 8):
- Die Lernenden können ein Wort in der gesprochenen (und der geschriebenen) Form erkennen und produzieren.
- Sie kennen bestimmte Ableitungen eines Wortes (z.B. *the cook - to cook*)
- Sie können das Wort bei Bedarf nahezu jederzeit abrufen.
- Sie können es konkreten Objekten bzw. Konzepten zuordnen (d.h. sie arbeiten nicht nur mit Wortgleichungen).
- Die Lernenden kennen wenigstens einen Teil der Bedeutungen eines Wortes (z.B. *star*).
- Sie können das Wort verständlich aussprechen.
- Sie können es weitgehend richtig schreiben.
- Die Schüler lernen die Stellung eines Wortes im Satz kennen.
- Sie kennen die wichtigsten Kollokationen (z.B. *to have tea*).
- Sie lernen die mitschwingenden Bedeutungen, d.h. die in der Regel kulturspezifischen Konnotationen kennen.
- Sie lernen die Problematik mancher sprachlicher Register kennen.
- Die Schüler lernen den Verwendungskontext eines Wortes kennen.
- Sie können die figurative Bedeutung erschließen (z.B. *It's all Greek to me.*)
- Sie kennen die Wortart.

Nur Wortform und Wortbedeutung zu kennen, ist auch für den Bereich des Grundschulenglischs zu eindimensional. Der Dreischritt „Form – Bedeutung – Gebrauch" (*form - meaning - use*) impliziert die Bedeutung der Handlungsorientierung in Bezug auf das Wörterlernen.

5.1.2 Techniken der Wortschatzvermittlung

Mit Blick auf selbstbestimmtes, eigenverantwortliches *life-long* Lernen müssen schon Grundschüler bald durch Erschließungsstrategien in die Lage versetzt werden, ihre potentiellen Wortschätze angemessen zu erweitern und zu nutzen. Der rezeptive Wortschatz ist um ein Zehnfaches größer als der produktive. Ausgewählte Vokabeln ausschließlich in kleinen Portionen zu lernen, ist schon aus zeitlichen Gründen ineffizient. Wörter werden bekanntlich und empirisch abgesichert umso leichter gelernt, je mehr im eigenen Bestand gespeichert sind. Erst eine angemessene Zahl von Wörtern erlaubt die Vernetzung auf verschiedenen Ebenen des gleichen Sprachsystems sowie mit Wissensbeständen anderer Sprachen. Die sinnvolle Arbeit mit authentischen Materialien im Englischunterricht an Grundschulen ergibt eine große Zahl lexikalischer Einheiten, die keineswegs alle in der Sprachproduktion angewendet werden können.

Der neu zu erlernende Wortschatz im Sinne einer gelenkten Wortschatzarbeit mit allen Prozessen von der Wortauswahl bis hin zur Behaltenssicherung verläuft im Wesentlichen in drei Schritten ab (vgl. Rampillon 1996):
    1. Auswahl und Präsentation
    2. Aufnahme und Verarbeitung
    3. Übung und Wiederholung

Die Auswahl der neuen Wörter ist immer auch abhängig von dem verwendeten Lernmaterial und den Vorkenntnissen der Schüler. Obligatorischer Wortschatz, unterteilt in aktiven und passiven Wortschatz, wird ergänzt durch die individuelle Auswahl im Zusammenhang mit authentischen Texten (vgl. Kapitel 6.2.2).

Grundschulgerechter englischer Wortschatz lässt sich konkret und logisch nach verschiedenen linguistischen, methodisch-didaktischen Kriterien vorstrukturieren. Das erleichtert die Planung der Präsentation und sensibilisiert für mögliche Schwierigkeiten bei der Vermittlung bzw. Behaltensleistung. Relevant sind folgende Unterscheidungsmerkmale (BayStMUK 2004, S. 7f) :

„- Wörter, die eine sehr hohe Frequenz aufweisen (Alltagswortschatz, insbesondere auch aus der Kinderkultur)
- internationale Wörter, z.B. *toast, airport, sandwich, computer, poster*
- Wörter mit hoher interkultureller Signifikanz (im Zusammenhang mit der Erarbeitung von *songs, rhymes, holidays, customs, habits, children's games, plays* etc.)
- Wörter, die eine Analogie mit dem Deutschen aufweisen, aber hinsichtlich Schriftbild und/oder Aussprache unterschiedlich sind (z.B. *house* – Haus, *arm* – Arm, *finger* – Finger, *garden* – Garten, *park* – Park, *hobby* - Hobby)
- *False friends*, d.h. Wörter, die von falscher Analogie mit dem Deutschen abgeschirmt werden müssen (z.B. *map* - fälschlich als „Mappe"...)
- Geeignete Ankerwörter für word webs, z.B. *colours, animals*, ...
- Reimwörter, die einen relativ hohen Grad von Laut-Schriftbild-Entsprechungen aufweisen (z.B. *wall* reimt sich mit *tall, ball, call, fall, small* ...)
- Wörter, die typisch englische „cluster" aufweisen, z.B. - ou-, -ow-, -gh-, -th-, -sh-, -ch- -ea-, -ee-, -oo- etc.
- Wörter, die sich für die Anbahnung einer linguistischen Bewusstheit (*language awareness*) besonders eignen, z.B. *breakfast* oder *mountain bike*

- Wörter, die phonetische und/oder intonatorische Signifikanz bzw. Transferqualität aufweisen, z.B. *apple, climb, knife* ..., Stimmhaftigkeit (*garage, fridge, German, boys, job, bad*), /th/ in *father, this, bath* etc.
- Wörter, die Wortbildungsprinzipien aufweisen, z.B. *bedroom, mountain bike* oder *happy – unhappy, sun – sunny, play – player*
- einzelne „schwierige" Wörter wie *juice, Wednesday, Thursday, dangerous, white.*"

Basisvokabular zum Aufbau einfacher Kommunikation und kindgerechter Wortschatz, der für die Altersgruppe der Grundschüler von speziellem Interesse ist, werden von vornherein gut akzeptiert und dadurch auch am besten behalten.

Die Präsentation neuer Wörter kann und sollte auf vielfältige, dem Wort bzw. der Wortart entsprechende Art und Weise vermittelt werden. Eine erhebliche Rolle spielt auch der Einbezug von Lernertypen in die Präsentationsplanung. Eine deutliche Visualisierung (vgl. Kapitel 4.3) sowie die explizite Ausspracheschulung (vgl. Kapitel 7.1) bilden die Grundlage der ersten Begegnung mit einem neuen Wort.

Wann immer möglich, sollten neue Wörter in gemeinsamen Gruppen, z.B. thematisch (*shops, fruit* etc.), sich reimend (*hat, rat, bat* etc.) oder gleichfarbig (*green: apple, leaf, frog* etc.) eingeführt werden. Wortgruppen helfen Neues Bekanntem zuzuordnen und zu memorieren.

Hören, sehen, schmecken, riechen, fühlen: Wörter multisensorisch begegnen zu können ist eine wichtige Voraussetzung für ein längerfristiges Behalten der Form und Bedeutung.

Viele Techniken der Einführung sind bewährt, u.a.:
- Definitionen, Beispielsätze
- Oberbegriffe/Unterbegriffe
- Dinge/Objekte/Realgegenstände, passend zum Wort
- Zeichnungen, Illustrationen, Bilder
- Mimik, Gestik, Pantomime, Demonstration
- Synonyme, Antonyme, Oberbegriffe
- Ähnlichkeiten mit der Muttersprache
- Dreisatz (z.B. *fir – needles/oak – leaves*)
- Gleichung (z.B. *1 year = 365 days*)
- Übersetzung

Ganz eng mit der Darbietung der Wörter ist die Aufnahme und Verarbeitung verknüpft. Werden neue Vokabeln aktiv aufgenommen, z.B. durch eigenes Nachschlagen in Bildwörterbüchern, sind sie durch die aktive Leistung des

Gehirnes fester im Gedächtnis verankert als Wörter, die beispielsweise einfach mit ihrer deutschen Übersetzung „serviert" wurden. Die Verarbeitung der Wörter erfolgt in der Regel durch das Aufschreiben der Wörter mit der deutschen Bedeutung oder einem Bild. Im fortgeschrittenen Lernstadium treten Beispielsätze hinzu.
Drei klassischen Formen der Vokabelverarbeitung sind das Vokabelheft, das Vokabelringbuch und die Vokabelkartei. Wesentlich grundschulgerechter, weil nicht an starre Notationsschemata gebunden und wesentlich individueller gestaltbar, sind aber z.b. Wortfamilien, Wortnetze (vgl. Kapitel 4.3), Wortposter, Wort-Bild-Karten oder Collagen. Diese unterstützen besonders auch den selbstständigen Aufbau von Wörtern beispielsweise durch Ableitungen, Zusammensetzungen (z.b. mit Prä- und Suffixen), muttersprachlichen Vergleichen sowie allgemeinen englischsprachigen Vorerfahrungen und Wortkenntnissen.

Übung und Wiederholung sind notwendig, um das Gelernte langfristig im Gedächtnis zu verankern. Die Liste der möglichen Aktivitäten bzw. der passenden Literatur und Materialien dazu ist lang, geeignet sind in erster Linie spielerisch-kreative Lern- und Übungstechniken wie Kim-Spiele, Bingo, Domino, Memory, Rätsel, Ratespiele, *songs,* und *rhymes.*
Frageketten-, Reihen- und Reimübungen sind erfahrungsgemäß beliebte intensive und zielgerichtete Sicherungstechniken, ebenso wie die Arbeit an Wortmaschinen, Bildbeschreibungen oder die Wortschatzwiederholung in Lernzirkeln.

Professionalität und Schülerorientierung bei der Vermittlung von Wortschatz zeigt sich nach Kieweg (2002, S. 4) zusammenfassend in:
- „... wohl durchdachten, überwiegend einsprachigen Semantisierungstechniken, - sprachbezogenen und mnemotechnischen Verankerungen,
- phasenverschobenen Umwälzverfahren mit wechselnden Kontexten,
- praktikablen Erwerbs-. Lern- und Kommunikationsstrategien,
- gezielten autonomiefördernden Aktivitäten zum Wortschatzerwerb,
- abwechslungsreichen Wortschatzspielen,
- der gekonnten Benutzung unterschiedlicher Nachschlagewerke,
- der Nutzung der vermittelten Wortbildungsregularitäten der Zielsprache und der verschiedenen Muttersprachen in einer multikulturellen Lerngruppe,
- sinnvollen Übungskontexten,
- validen Lernzielkontrollen und
- Erfolg versprechenden Dekodierungsstrategien."

5.2 Hören und Verstehen authentischer Kinderliteratur
- *storytelling*

Kinder lieben es, Geschichten zu hören. Englische *storybooks* erzeugen einen Kontext des Erzählens und Vorlesens, der Kinder an das muttersprachliche Vorlesen zu Hause erinnert und subjektiv Geborgenheit vermittelt. Englische Kinderbücher, ob nun völlig authentisch oder angemessen didaktisiert (vgl. Kapitel 4.2), ob im Großformat (*big storybooks*) oder in Normalgröße, sind in der Regel anregend und lustig. Sie helfen eine positive Grundhaltung gegenüber der Fremdsprache zu entwickeln, Vorstellungskräfte der Kinder anzuregen, das Hören und Verstehen der englischen Sprache zu schulen sowie den Wortschatz aufzubauen.

5.2.1 Auswahlkriterien

Bei sensibler und sorgfältiger Auswahl eines *storybook* werden wichtige Grundprinzipien des Englischunterrichts an Grundschulen gesichert (vgl. Kapitel 4 und 6.2). Kriterien dazu bilden hauptsächlich der Inhalt, das Sprachniveau und das Layout.

Inhaltlich müssen Aspekte aus der kindlichen Erfahrungswelt enthalten sein. Die Sicherheit des Bekannten erzeugt Selbstvertrauen, das sich auch auf die englischsprachige Verstehensleistung auswirkt. Für leistungsschwächere Kinder können auch *storybooks* ausgewählt werden, die aus dem Deutschen bekannt sind (z.B. *The Very Hungry Caterpillar* – „Die kleine Raupe Nimmersatt") Die altersgemäße, für die englischsprachige Kultur repräsentative Geschichte soll Fantasie und Vorstellungskraft anregen können und Humor enthalten. Der möglichst gut memorierbare, weil sich in Handlungssträngen wiederholende Inhalt weckt geeigneterweise auch die Neugier auf die englischsprachige Kultur sowie eine positive Haltung ihr gegenüber.

In Bezug auf das Sprachniveau des *storybook* ist zunächst Angemessenheit des Wortschatzes und der Strukturen ein Parameter. Überwiegend bekannte Wörter und kurze synaktische Einheiten erleichtern den Erzählfluss Grundsätzliche Merkmale wie Reime, Lautmalereien und Rhythmisierungen, die die Kinder gut nachsprechen können, sollten enthalten sein. Imitationsfähigkeit und Aussprache werden geübt und verbessert. Sich wiederholende und wiederkehrende Strukturen oder Sätze ermöglichen die aktive Beteiligung der

Kinder durch Mitdenken und -sprechen, der Handlungsablauf wird leichter verstanden und das zielgerichtete, konzentrierte Zuhören unterstützt.

Die visuelle Gestaltung des Layouts und der Illustrationen muss farbenfroh, attraktiv und groß sein. Viele Verlage bieten ergänzend großformatige Ausgaben an, die die ganze Klasse sehen kann, wenn sie beispielsweise in der *cinema view* oder im Halbkreis vor dem Erzähler sitzt. Interaktive Elemente wie bewegliche bzw. verschiebbare Figuren oder *lift-the-flip*-Seiten verstärken die dreidimensionale Wirkung und ermöglichen den Kindern die intensivere Partizipation.

5.2.2 Unterstützende Medien

Neben dem *storybook* und dem Erzähler wirken bei der Präsentation verschiedene Medien und Materialien verdichtend und entlastend.

Kinderbücher, falls nur im Normalformat zu erwerben, können seitenweise bzw. als Einzelbilder vergrößert oder auf Folie kopiert werden.

Big storybooks sind teilweise als textlose Bilderbücher im DIN A3-Format erhältlich. Der *storyteller* kann anhand eines verkleinerten Bild mit Text auf der Rückseite dazu vorlesen, ohne dass das Schriftbild für die Kinder präsent ist.

Kassetten und CDs zum Buch mit *native speakers* können gut phasenweise oder im Ganzen verwendet werden. Der Lehrkraft bleibt die Möglichkeit zu unterbrechen, zu wiederholen, zu verstärken oder zu fokussieren.

Passende Lieder, Tänze und Reime bieten sich zum Einbau in die Geschichte an, zahlreiche Spiele wiederholen und festigen den neuen Wortschatz.

Stab- oder Schattenfiguren, Stoffpuppen oder -tiere eignen sich bestens zum Nachspielen in Kulissen, die mit kopierten oder selbstgemalten Szenen und Hintergründe gestaltet werden.

Der Einsatz einer Handpuppe zum Einüben sprachlichen Materials, als *co-storyteller*, der immer wieder an geeigneten Stellen unterbricht und scheinbar „nervige", aber zum Verständnis wichtige Fragen an Zuhörer oder Lehrkraft stellt, oder als spielerischer Ansprechpartner für noch sprachgehemmte Schüler kann eine wichtige Hilfe sein, über die je nach Klassensituation individuell entschieden werden muss.

Mitgebrachte zentrale Gegenstände, die in der Geschichte vorkommen, sind wichtige Verbindungsglieder zwischen der Zweidimensionalität des *storybook* und der Vorstellungswelt der kleinen Zuhörer.

Flash cards und Bild-Wort-Karten unterstützen das Verstehen neuen, konkreten Wortschatzes und helfen bei der anschließenden Rekonstruktion der Geschichte.
Verkleinerte, handliche Kopiervorlagen eines *storybook* können Anregungen für die Kinder sein, selbst eines gestalten zu wollen.

5.2.3 Techniken des *storytelling*

Storytelling erfordert – nicht nur im Englischen – stetiges Vorbereiten und Üben, um den Inhalt der Geschichte möglichst authentisch, korrekt und ausdrucksstark wiedergeben zu können. Verstehenshilfen wie Mimik, Gestik und theatralische Einlagen unterstützen und ergänzen den verbalen Vortrag, das Nachahmen typischer Laute, z.b. von Tieren, Maschinen etc. sowie eigene Stimmen für die unterschiedlichen Charaktere verdichten die so entstehende Erzählatmosphäre. Illustriert wird die Geschichte über das Buch selbst, Bildkarten an der Tafel, *flash cards*, OHP-Folien oder eine Powerpoint-Präsentation mit Animationsmöglichkeiten.
Storytelling geht über das reine Vorlesen hinaus in das phasenweise freie Erzählen, bei dem Teilbereiche geändert, Inhalte und Sprache vereinfacht, sprachliche Strukturen wiederholt und Rollenbilder korrigiert werden können. In dieser speziellen Anpassung der Geschichte an die Voraussetzungen der Klasse liegt ein besonderer Vorteil gegenüber Geschichten auf Tonträgern, die in Teilen den Lehrervortrag sprachlich oder wegen bestimmter Soundeffekte ergänzen können.
Storytelling muss geübt werden. Dazu ist es von besonderer Hilfe, die Texte auf Tonträger aufzunehmen, abzuhören und die Performanz zu verbessern, ev. auch mit kollegialer Hilfe. Mimik und Gestik lässt sich vor Spiegeln ausprobieren, auf Video aufnehmen und verbessern.
Storytelling ist niemals gleich. Zu stark hängen Vortrag und Interaktionsmöglichkeiten vom Geschehen in der jeweiligen Geschichte ab, als dass generelle Strukturmodelle oder Vorgehensrezepte hilfreich sein könnten. Bestimmte methodische Hilfen und Verfahrensweisen jedoch haben sich bewährt:
- Rituale wie z.B. Sitzkreise auf dem Fußboden, die *cinema view* oder auch akustische Signale stimmen ein und machen neugierig: *It`s storytelling time!*
- Begonnen wird erst, wenn alle das Bildmaterial und den *storyteller* sehen können.
- Zeit spielt eine ganz wesentliche Rolle: Bei normalem Erzähltempo helfen kurze Verweilpausen nachzudenken, nachzufragen, Einzelheiten auf Bildern zu entdecken, Kommentare abzugeben und auch differenzierend alle Zuhörer

auf den gleichen Verstehensstand zu bringen. Nur ganz akzentuiert – wenn eine Geschichte z.B. spannend wird – kann das Sprechtempo als stilistisches Mittel erhöht werden.
- Außerplanmäßige, flexible Kommentare zu einzelnen Bildern unterstützen das Gesamtverstehen. Wo möglich, hilft das gleichzeitige Deuten auf eine Illustration bei der Verwendung des Wortes.
- Ermutigend zur aktiven Teilnahme der Zuhörer an der Geschichte wirkt, wenn der *storyteller* schon vorab dazu einlädt und während des Vortrags an geeigneten Stellen mit fragender Miene pausiert, eine Hand hinter das Ohr legt, um anzuzeigen, dass er auf Beiträge wartet, oder zum *lift-the-flap* ermuntert. Gezielte Fragen müssen sprachlich angemessen sein und Antworten auch wirklich möglich machen.

Abb. 6: Beteiligung der Schüler am *storytelling*

Die Ablauf des *storytelling* kann in drei Phasen, der Vorentlastungs- oder Einstiegsphase, dem eigentlichen Erzählen sowie der Nachbereitung eingeteilt werden.

Vor dem eigentlichen Vortrag müssen die wenigen neuen Strukturen und Wörter durch abwechslungsreiche Aktivitäten (*pre-listening activities*) vorentlastet werden, die nicht durch Bild-Wort-Rückbezug oder geschicktes Paraphrasieren aus dem Vortrag rezeptiv von selbst erschlossen werden können.

Die Gestaltung einzelner Wort- und Szenenbilder im fächerübergreifenden Unterricht erhöht bei geschickter Auswahl die Vorfreude, ohne zu viel Inhalt preiszugeben.

Das Erzählen selbst erfolgt in der Regel mindestens zweimal.
Beim ersten Hören und Verstehen der Geschichte geht es um das Globalverstehen des Inhalts (*grasping the gist*) mithilfe der angebotenen Unterstützungen. Die Rückmeldung darüber in deutscher Sprache ist akzeptabel und kann vom Erzähler auf Englisch wiederholt werden.

Der zweite Durchlauf erst ermöglicht intensivere Aktivitäten (*while-listening activities*) (vgl. Slattery/Willis 2001).
Sprachliches *Feedback* auf individuell möglichem Niveau (z.B. *yes/no*-Antworten oder Ein-/Zweiwortäußerungen, mit Präposition plus Substantiv, Adjektiven, Zahlen plus Substantiven etc.) und die Einbeziehung vielfältiger nichtsprachlicher Handlungen (z.b. *colour dictation*, der Zuordnung von Bildern, lautmalerischer Unterstützung, pantomimischer Nachahmung, „Einfrieren" von nachgestellten Szenen etc.) tragen erheblich zum detaillierten Verstehen der Geschichte bei.
Als Variante können sich in Teilen der Geschichte auch beabsichtigte Fehler verstecken: Sie herauszufinden, schult genaues Hinhören und Konzentrationsvermögen.

In der Nachbereitungsphase (*post-listening activities*) bieten sich verschiedene kreative Vorgehensweisen wie z.b. das Nachspielen der Geschichte mit selbstgebastelten Requisiten vor Eltern, Freunden und Mitschülern an.
Die Umsetzung in ein eigenes Hörspiel mit ausgefeilter Vertonung und einem attraktiven Endprodukt auf CD ist ebenfalls ein Möglichkeit, die gehörte Geschichte produktiv umzusetzen und reproduktives Sprechen zu üben.
Rhymes und *songs* - zur Geschichte passend - betten das *storytelling* in geeigneter Weise in einen Gesamtzusammenhang verschiedener Textsorten ein und unterstützen den Übergang von der schwerpunkthaft rezeptive Haltung des Zuhörens in die eher aktiv-produktive.

5.3 Handelndes, kreatives, gestaltendes, entdeckendes, experimentierendes und spielerisches Englischlernen

Englischlernen, das ein Grundschulkind zu einem handelnden, kreativen, entdeckenden, experimentierenden und spielerischen Umgang mit der englischen Sprache ermutigt, entspricht seinem Entwicklungsstand.
Freiräume für Handlungsfähigkeit in diesem Sinne bedeutet, dass in nichtrestriktiver und notenfreier Lernumgebung englische Sprache im Umgang

mit anderen Lernern ausprobiert werden kann. Die explizite Korrektheit der sprachlichen Äußerungen wird entweder sofort, über die „Sanktionen" des Spiels, oder über den induktiven Lernweg erst später, nicht also sofort durch Korrektur, erreicht. Das Spielgeschehen steht im Vordergrund, die englische Sprache ist Teil des Lernspiels.
Der Englischunterricht in der Grundschule unterstützt die Anbahnung der Fähigkeit zum Sprachhandeln, indem er dazu sinnvolle – wenn auch künstliche, nicht-authentische Situationen im weiteren Rahmen des Lernkontextes Unterricht schaffen kann.

5.3.1 Lernspiele

Lernspiele dienen englischdidaktischen Zwecken und sind in der Regel themengebunden; müssen aber an die jeweilige Lerngruppe angepasst werden.
Lernspiele schaffen Selbstbestätigung und Anerkennung, beinhalten sprachliche Hindernisse und deren Überwindbarkeit, bieten Spannung und Entspannung. Hinzu kommen Chance, Zufall und Glück, die teilweise unabhängig machen von der reinen sprachlichen Leistung.

Lernspiele sind bei Lernenden, Lehrenden und Eltern generell gut akzeptiert. Aus diesem Grund gibt es ein riesiges Angebot von sinnvollen Lernspielsammlungen für den Englischunterricht an Grundschulen auf dem Markt (z.B. Klippel 2001; Bloom et al. 1994; Scott/ Ytreberg 2000 u.v.a.).
Beinahe endlos sind die Spielmöglichkeiten mit den Bestandteilen der englischen Sprache. Klassifizierungsversuche sind so in vielerlei Hinsicht möglich, gestalten sich aber schwierig (vgl. Klippel 1998, S. 12). Die Unterscheidung nach englischsprachlichen Fertigkeiten ist am hilfreichsten bezüglich der Planung von Unterricht.

Ein charakteristisches Moment von Lernspielen im Englischunterricht ist auch, dass sie gespielt werden, weil sie Spaß machen. Gleichzeitig soll jedoch gelernt werden – auf englischdidaktischer, pädagogischer und sozialpsychologischer Ebene.
Emotion, Motivation, Kreativität, Aktivität, Auflockerung, Abwechslung, Sozialisation und Kooperation sind maßgebliche fachunabhängige Zielbereiche, sprachliche und außersprachliche Fertigkeiten im Kontext Lernspiel zu üben fachimmanente Lernziele.

Spielfreude und Spaß sind also nicht der einzige Gradmesser für den englischdidaktischen Erfolg von Lernspielen: Ernsthaftes Spielen kann ebenfalls gelungen sein hinsichtlich des Erreichens eines Lernzieles oder zur Bestätigung der eigenen englischsprachigen Leistung.

Besonders im Englischunterricht an Grundschulen ist aufgrund der begrenzten Unterrichtszeit ein geplantes, auf die sprachlichen Ziele ausgerichtetes Spielen und Lernen bzw. Üben unbedingt vonnöten:
Lernspiele können das Hörverstehen schulen und üben, zum Sprechen anregen, das Sprachbewusstsein fördern und begrenzt interkulturelles Lernen begünstigen.
- Spielanforderungen für das Hörverstehen liegen meist im genauen Hinhören und im eigenen verbalen oder nonverbalen Reagieren.
- Elementares Englischsprechen in Lernspielen ist meist verbunden mit einem vorausgehenden Verstehensprozess. Sätze werden dazu imitativ oder reproduktiv wiederholt, Wörter aufgezählt oder wiederholt, sprachliche Versatzstücke ergänzt. Die Anbahnung von Kommunikation entsteht in den Spielen, in denen sprachliche Reaktion auf Situationen und Gesprächspartner gefordert sind. Redemittel werden unbewusst in ganzheitlicher, kreativer Form gelernt und geübt.
- Sprachbewusstsein und Bewusstmachung der sprachliche Funktionen kann besonders in Lernspielen vermittelt werden, in denen die Grundschüler als Dolmetscher fungieren können oder Rollen in dialogischen bzw. szenischen Theaterstücken übernehmen können.
- Interkulturelles Lernen kann in Lernspielen unterstützt werden, in denen Feste, Feiern und Bräuche thematisiert werden. Mögliche Perspektivenwechsel können in Ansätzen zur Anbahnung des Verstehens gleichaltriger Kinder der Klassengemeinschaft mit fremder Kultur und Sprache außerhalb der eigenen, vertrauten Lebenswelt führen.
- Nachgeordnet, aber dennoch oft immanente Bestandteile von Lernspielaufgaben, sind das Schreiben und Lesen.

Spiele können in unterschiedlichen Phasen des Englischlernprozesses eingesetzt werden, z.B. der Darbietung, Wiederholung, Erarbeitung oder freien Sprachverwendung. Zur Differenzierung mit Erhöhung der sprachlichen Aktivitätszeit finden Lernspiele in kleineren Gruppen Anwendung, Großgruppen eignen sich für Wettbewerbs- und Rollenspiele.

5.3.2 Dialogisierung und *plays*

Der Englischunterricht an Grundschulen lässt die klassischen Kategorien von szenischem Spiel, Rollenspiel etc. noch nicht zu, da der Ausbau der Sprachkompetenz gerade erst begonnen hat und ein freies Sprechen in der Regel noch nicht möglich ist.

Die Darstellung von Rollen bestimmter Personen, Tiere oder Dinge muss noch im imitativ-reproduktiven Sprachbereich liegen, der nur in ganz seltenen Fällen von Grundschulkindern erweitert werden kann bzw. gar zu einer eigenen Rolleninterpretation führt.

Der Begriff *play* in seiner Doppeldeutigkeit „spielen" und „Schauspiel" erscheint dem Anspruch des Englischunterrichts an Grundschulen angemessen zu sein, lässt er doch offen, welche altersentsprechende und kindgemäße spielerische, szenische und handlungsorientierte Umsetzungsform er meint (vgl. Nünning 1998, S. 4).

Der Weg zur Darstellung von kleinen Alltagsszenen und -situationen bzw. die Umsetzung beispielsweise von *storybooks* in Theateraufführungen führt zunächst über die elementare Dialogisierung.

Das Sprechen in Dialogen erfordert folgende Vorgehensweise:
a) Intensive Ausspracheschulung durch Nachsprechen der Dialogteile,
b) Memorieren der Sprechparts,
c) Sprechen mit verteilten Rollen möglichst ohne Vorlage, ev. noch mit Souffleur,
d) mehrere Durchgänge des freien Sprechens sowie
e) das Spielen des Dialogs mit Requisiten und Szenerie.

Häufig werden jetzt schon neben dem sprachlichen Üben beim Spielen latente, bewusste und unbewusste Empfindungen deutlich. Sie können helfen, interkulturell zu lernen und Haltungen sowie fremde Perspektiven zu verstehen und anzuerkennen (z.B. beim Begrüßen, *small talk* und Verabschieden). Sprachliche und außersprachliche Verhaltensweisen werden dabei deutlich: Was sage ich in einer englischsprachigen Situation wie, und wie verhalte ich mich dabei?

Größere *plays*, bei Schulfesten, Elternabenden oder auch vor der Parallelklasse aufgeführt, bringen neben allem sprachlichen Lernfortschritt zusätzlich soziale Anerkennung und Selbstbestätigung – eine nicht unerhebliche Voraussetzung für die Einsicht und Motivation für das weitere Englischlernen.

Multimediales Arbeiten mit Sprache, Musik, Bewegung und Rhythmik verknüpfen die einzelnen Teile der Dialoge, und ergeben eine gemeinsame englischsprachliche Handlung.

Die Planung, Einübung und Umsetzung eines *plays* im größeren Rahmen stellt ein projektorientiertes Vorgehen dar. Art und Umfang der Einzelaufgaben der Schüler können hochgradig differenziert und dem sprachlichen Lernstand individuell angepasst werden.

5.3.3 Einsatz von Handpuppen

Handpuppen haben weltweit teils historische Traditionen. Die Pädagogik und insbesondere die Sprachheilpädagogik arbeiten ebenfalls schon lange mit den Möglichkeiten einer Handpuppe hinsichtlich der Feinmotorik von Handbewegungen, der emotionalen Erziehung, dem Sozialverhalten sowie der Umweltbewältigung.

Für den Englischunterricht an Grundschulen ist die Handpuppe bezüglich der englischen Sprachförderung, der Erinnerungs-, Vorstellungs- und Gedächtnisleistung sowie zur Arbeitshaltung von großem Interesse. Die sprachliche Bildung fokussiert dabei den Wortschatzaufbau, das Hörverstehen und die Anbahnung elementaren Sprechens.

Handpuppen entspannen und entkrampfen, machen Mut und binden in Aktivitäten ein. Die anfängliche Verzögerung der Sprachproduktion (*silent period*) und die daraus resultierende Sprachhemmung verringert sich erfahrungsgemäß bei einem Großteil der Kinder, wenn sie vor allem im ersten Lernjahr gezielt eingesetzt werden. Anders scheinbar als mit dem Vertreter der Institution Schule, der Lehrkraft, kann mit der Handpuppe sozusagen „auf Augenhöhe", praktisch wie mit einem Freund, gesprochen werden.

Ganz spielerisch und anschaulich werden über den Sprachvermittler Handpuppe die Bedeutungen englischsprachiger Wörter und Sätze erschlossen. Ist die Handpuppe zunächst der Dialogpartner vor allem der Lehrkraft, kann sie Unverständnis signalisieren, nachfragen, Hinweise für die Zuhörer geben, Gelegenheit zur Hypothesenbildung geben und letztlich selbst scheinbar die letzte sein, die verstanden hat.

Das anfänglich ausschließliche Hörverstehen vermittelt die Einsicht, nicht immer auch jedes Wort verstehen zu müssen, und geht dann in die Schüleraktivierung und damit in die Sprachproduktion über, wenn die Handpuppe um Hilfe bittet oder auch von den Kindern selbst gespielt wird.

Das Spiel mit der Handpuppe muss geübt werden (vgl. Haßheider/Scheffler, 1995, S. 61). Sprachliche Äußerungen und dazu analoge Bewegungen der Handpuppe lassen sich am besten vor dem Spiegel trainieren und korrigieren. Kinder begegnen einer Handpuppe zudem mit der Erwartung, dass sie sich auch einmal witzig äußert oder ganz frech Widerspruch pflegt und spontan Kommentare abgibt – ungewohnte Anforderungen an die englischsprachige Kompetenz in der Lernumgebung Klassenzimmer.
Die Handpuppe schafft auch Vertrautheit und sollte nicht gewechselt werden. Ihre Integration in den Grundschul-Englischunterricht gelingt, wenn sie nicht inflationär oft – also nicht *per se*, sondern regelmäßig bzw. wie auch das Lernspiel zielgerichtet als kleiner methodischer Höhepunkt eines Unterrichtstages eingesetzt wird. Auch sollte sie kein Deutsch verstehen, um als rein englischsprachiger Freund angesehen werden zu können, bei dem nicht schnell auf die deutsche Sprache ausgewichen werden kann.
Die Anschaulichkeit des Spiels mit der Handpuppe und der durch sie vermittelte englischsprachige Input steigern sich, wenn sich ihr Fundus an Ausrüstungsgegenständen (Kleidung, Utensilien, Geräusche, Musik etc.) stetig erweitert.

5.3.4 Einsatz von *rhymes*, *poems* und *songs*

Reime, Gedichte und Lieder sind ein wichtiger Bestandteil des elementaren Englischlernens, da Kinder rhythmisch gegliederte und gereimte Sprache leichter und schneller auswendig lernen und länger behalten können. Sie können mit Mimik, Gestik, rhythmischem Klatschen, Spielhandlungen und Tanz verbunden werden (z.B. Fingerreime, Bewegungsreime, Abzählreime, Bewegungslieder, Limericks/Scherzgedichte, Rätsel, traditionelle Reime und Songs etc.). Texte englischer Kinderlieder sind ebenfalls meist in einprägender, Strukturen wiederholender Reimform gehalten. Zu diesem Themenbereich existiert eine große Bandbreite an kindgerechten Materialien und Veröffentlichungen, die Akzeptanz zeigt sich auch in der Integration in verschiedenartigste außerschulische Englischlernaktivitäten und –programme.
Das Auswendiglernen der musischen Formen ermöglicht ein ungehemmtes Sprechen, da Störungen, wie z.B. durch Reflexion, in der Regel wegfallen. So können längere Sätze und Intonationskurven produziert und die Aussprache intensiv geübt werden.
Inhaltlich ist wichtig, dass die Texte möglichst an gebräuchliche englische Sprache sind, nicht kindlich verfremdet oder stark dialekthaltig sind, aber solche Redemittel enthalten, die auch als gesprochene Sätze bzw. Dialogmus-

ter sinnvoll sind. Verfremdete Sprachmodelle können leicht unerwünscht in die normale Kommunikation übernommen werden.
Die methodische Erarbeitung der Texte von Reimen, Gedichten und Liedern ist vergleichbar (Beispiel: *Incy Wincy Spider* ist sowohl Fingerreim als auch Kindersong). Zeilenweises Vor- und Nachsprechen mündet in das Üben mehrerer Zeilen hintereinander. Mehrere Verse werden nicht zusammen, sondern zeitlich getrennt eingeführt. Unterstützt wird das imitativ-reproduktive Sprechen durch die Koppelung mit spezifischer Motorik, z.B. die rhythmische Unterstützung durch Fingerschnippen, Klatschen oder Stampfen. Dazu werden die Zeilen bzw. Verse erst langsam gesprochen, um danach sukzessive die Sprechgeschwindigkeit zu steigern.
Erst die somit häufigere Wiederholung des erlernten Sprachmaterials speichert es auch nachhaltig im Gedächtnis. Dazu verhelfen auch Sammlungen von (Lieblings-) Reimen, Gedichten und Liedern in Buchform (*class book*) oder auf CD/Kassette, die z.B. im Rahmen einer Freiarbeit immer wieder selbstständig angehört und nach- bzw. mitgesprochen und -gesungen werden können.

5.4 Fächerübergreifendes Englischlernen

Die Unterrichtszeit für das Englischlernen an Grundschulen ist denkbar knapp bemessen und geht in der Regel über zwei Unterrichtszeiteinheiten nicht hinaus. Begriffe wie „Sprachbad" oder *Immersion* bekommen vor diesem Hintergrund eine unrealistische Note.
Um mehr Möglichkeiten zu schaffen, das Englischlernen zeitlich im Lernkontext Unterricht auszuweiten ohne andere Fächer zu beschneiden, ist die Kooperation und Synergie geeigneter Fächer zu einem fächerübergreifenden Englischunterricht denkbar, der sich von bilingualen Ansätzen aber deutlich abgrenzt. Es geht beim fächerübergreifenden Ansatz nicht um einen Sachfachunterricht in englischer Sprache, sondern um die Einbindung geeigneter Ziele und Inhalte des Englischunterrichts in Fächern wie beispielsweise Sport, Musik, Kunst, Mathematik oder Deutsch.

Durch den Gebrauch der englischen Sprache in einem anderen Fach können Sprachstrukturen durch Hören und Verstehen erweitert und gefestigt werden, denn das Erlernen wird mit neuen, andersartigen Inhalten verknüpft.
Besonders geeignet ist der Sportunterricht, in dem kurze Anweisungen und Aufgabenstellungen durch Vormachen der Lehrkraft verstärkt und schnell

verstanden werden. Grundbegriffe mancher Sportarten wie z.B. Basketball lassen sich harmonisch integrieren, Lob und Anerkennung sowie kleine Korrekturen sind als *classroom phrases* auch in die Sporthalle übertragbar. Spielstände können auf Englisch gezählt, viele inhaltlich bekannte Bewegungsspiele englischsprachig begleitet werden.
Projekttage, deren Wert nicht nur im englischsprachigen Zugewinn liegt, sondern auch beim Zuwachs sozialer Kompetenzen und im produktorientierten Arbeiten, verbindet Englisch ebenfalls mit anderen Fächern.
Ein Beispiel ist die Planung und Durchführung eines *radio project*. In der Vorviertelstunde, den beiden Pausen und zum Ende des Schultages wird insgesamt etwa eine Stunde englisches Radioprogramm mit dem Klassenzimmer als Studio und zwei Lautsprechern auf den Gängen gemacht - mit kurzen Grüßen, englischen Ansagen und den *school charts* der Woche.
Beim *morning tea* bewirten Kinder ihre eingeladenen Verwandten mit verschiedenen englischen Tees und Gebäck. Für die Eltern, die nicht auf Englisch bestellen können, stehen Dolmetscher bereit, die Ihnen die Teeauswahl erklären und bei der Bestellung helfen. Ein kleines Programm mit *songs* und *sketches* rundet die Teestunde ab.

Die Verknüpfungen der einzelnen Fächer können aber auch etwas punktueller sein:
In Mathematik können beispielsweise einfache Kopfrechenübungen wie das Einmaleins auf Englisch durchgeführt werden. Für die sprachliche Umsetzung nach der Rechenleistung muss aber mehr Zeit zur Verfügung stehen, da der muttersprachliche Sprechplan erfahrungsgemäß stark von der Rechenleistung überlagert wird.
Hauswirtschaftliche Fächer können mit Englisch kooperieren, indem typisch englische Rezepte gelesen, verstanden und ausprobiert werden.
Im Handarbeits- oder Werkunterricht können u.a. Handpuppen und Bühnenbilder für kleine Puppenspiele gestaltet oder Karteikästen gebaut werden.

Die einzelnen Fächer profitieren durch die verbindenden Gemeinsamkeiten voneinander und die Schüler gewinnen durch den verstärkten Einsatz der englischen Sprache an Gelegenheiten zum Hören und elementaren Sprechen. Gezeigt wird den Schülern auch, wie sich Fächer ergänzen können, wie Fähigkeiten aus einem Fach für das andere nutzbringend eingesetzt werden können und die Inhalte nutzbar gemacht werden können. Fächerübergreifender Englischunterricht ist Beginn für ein frühes vernetztes Lernen und Denken mit erheblicher Bedeutung für ein *life-long learning*.

6. Medien

Der Medienbegriff wird nicht nur in der Umgangssprache, sondern auch im fachsprachlichen Gebrauch mit einer eine bemerkenswerten Bedeutungsvielfalt gebraucht. Im allgemeinen Sprachgebrauch wird er inhaltlich besetzt durch die Massenmedien, die Texte und Bilder transportieren (Fernsehen, Zeitung, Radio etc).
In der Englischdidaktik sind für eine eindeutige Verständigung und für die funktionale Unterrichtsplanung eindeutige Begriffe erforderlich.
Für die schulpraktische Arbeit wird daher eine klare Unterscheidung der Begriffe empfohlen. Medien sind generell:
    a) Träger oder Übermittler von Informationen
    b) Mittel der Veranschaulichung
    c) Vermittler von Erkenntnisprozessen
Solche Träger, also Medien, transportieren und vermitteln englischdidaktische Inhalte.
Eine Unterteilung nach den Wahrnehmungskanälen auditiv und visuell, die beim Lerner angesprochen werden sollen (vgl. Erdmenger 1997) sowie nach technischen bzw. nicht-technischen Medien (auch: Unterrichtsmaterialien) trägt ebenfalls zur Präzisierung des Medienbegriffs bei.

6.1 Unterrichtsmedien und -materialien

Für den Englischunterricht an Grundschulen spielen neben den technischen Medien, die zur Normalausstattung einer Schule gehören, vielfältige Lehrmaterialien und zunehmend die sogenannten „Neuen Medien" eine Rolle.
Die Prinzipien des Englischunterrichts an Grundschulen implizieren beim Umgang mit Medien in dieser Schulstufe besonders den Grundsatz:

High touch, low tech.

Wann immer möglich, muss im Englischunterricht der persönliche Kontakt im Vordergrund stehen, um über Empathieprozesse eine vertrauensvolle, motivational günstige Interaktion zu schaffen. Technische Medien, überbetont und inflationär eingesetzt, schaffen letztlich auch Distanz. Beispiele für Medien im Grundschul-Englischunterricht sind (ohne Anspruch auf Vollständigkeit):

Tab. 5: Medien im Englischunterricht an Grundschulen

Unterrichtsmedien und -materialien	Authentische Materialien	Selbst produzierte Materialien
Technische Medien: CD Kassetten Video/TV Computer/Internet CD-ROM **Visualisierungen:** Haftbildelemente Poster Folien/Foliothek Storycards Picturecards Wordcards Flashcards Kopiervorlagen Diareihen Wandbilder **Software:** Selbstlernprogramme Medienverbund **Offener Unterricht:** Spielmaterial Karteien Freiarbeitsmaterial Themenkisten Handpuppen **Lehrwerkbegleitung:** Lehrbuch Textbook Work-/Activitybook Lehrerhandbuch Testaufgaben	**Bücher/Zeitschriften:** Themenbücher Bilderbücher Bildwörterbücher Kinderbücher Kinderlexika Kinderzeitschriften Comics Übungsbücher **Texte:** Erzählungen Märchen Sachtexte (wie Rezepte, Zeitungsartikel, Briefe) Speisekarten Internettexte Formulare **Musisches:** Reime Lieder Tänze Spiele Fingerspiele **Mitgebrachtes:** Fahrkarten Ansichtskarten Glückwunschkarten Gegenstände aller Art Werbeprospekte Werbebroschüren Besucherinformationen Verpackungen Bilder, Poster Stadtpläne Fahrpläne	**Von der Lehrkraft:** Selbst aufgenommene Gespräche mit Muttersprachlern Selbst erzählte Geschichten Selbst gezeichnete Bildgeschichten Selbst entworfene Übungen ... **Von den Schülern:** Urlaubsfotos Videos Briefe Texte aus dem Internet Portfolio Texte Zeichnungen ...

6.2 Auswahlkriterien für Lehr- und Lernmittel

Die Fähigkeit zur Lehr- und Lernmaterialanalyse ist unverzichtbarer Bestandteil der Professionalität der Lehrerinnen und Lehrer. Lehrmaterialien und Lernmittel sinnvoll auszuwählen ist immer auch eng mit didaktischen und methodischen Entscheidungen verbunden. Der kompetente Überblick über die vielfältigen Entscheidungskriterien hilft, die verschiedenen Wahrnehmungskanäle der unterschiedlichen Lerntypen anzusprechen, zu differenzieren, Authentisches darbieten zu können und Monotonie im Unterricht zu vermeiden.
Da bei den Verlagen sehr viele verschiedene Unterrichtsmaterialien für Englisch in der Grundschule nachgefragt und daher auch zum Verkauf angeboten werden, muss genau analysiert werden, ob und inwiefern diese Materialien mit den Aufgaben und Lernzielen des Englischunterrichts in der Grundschule übereinstimmen (vgl. Kapitel 5).
Um dem Bedingungsgefüge von Zielstellung und Materialauswahl gerecht zu werden, gilt es Prüffragen zu entwickeln, die dem individuellen Anspruch an grundschulgerechtes Englischlehr- und Lernmaterial gerecht werden.

Zu beachten ist, dass nicht alle Kriterien in jeder individuellen Unterrichtssituation eine gleiche Wertigkeit besitzen. So müssen nicht alle der nachfolgend aufgeführten Prüffragen positiv beantwortet werden, sondern sind als Parameter für den Grad der Relevanz eines Lehr- und Lernmaterials zu sehen. Zudem stellen sie nur eine Auswahl möglicher Prüffragen dar, die nicht alle individuellen Voraussetzungen und Situationen abdecken können.

6.2.1 Prüffragen zum Prinzip des Themen- und Situationsbezugs

- Ist das Material kind- und altersgemäß?
- Ist das Material an Themen und Situationen gebunden/orientiert, die den Interessen, dem Erfahrungen und der Lebenswirklichkeit der Kinder entsprechen?
- Beinhaltet das Material obligatorische Erfahrungsfelder und -bereiche des aktuell gültigen Lehrplans?
- Ist das sprachliche Handeln Ausgangs- und Zielpunkt des Materials – hat also die gesprochene Sprache Vorrang?
- Kann das Material kommunikative Situationen schaffen?
- Enthält das Material Hinweise und Ansätze für fächerübergreifendes, handlungs- und projektorientiertes Arbeiten?

6.2.2 Prüffragen zum Prinzip der Authentizität

- Enthält das Material genügend authentische Sprache von *native speakers*, um realistischen Input zu geben?
- Beinhaltet das Material genügend authentische Texte und bildliche Darstellungen, die realistische landeskundliche Eindrücke vermitteln?
- Bietet das Material genügend Anregungen zur Simulation bzw. englischsprachlichem Probehandeln von Lebenswirklichkeiten des Ziellandes?
- Weckt das authentische Material Neugier auf die fremde Sprache und Kultur?
- Kann das Material gewünschte affektive Reaktionen wie Staunen, Freude, Interesse etc. auslösen?
- Für wen wurde das Material ursprünglich hergestellt? Bleibt die Authentizität zumindest durch die Originalität erhalten?

6.2.3 Prüffragen zum Prinzip der Visualisierung

- Ist die Visualisierung überhaupt notwendig?
- Ist die Darstellung aussagekräftig hinsichtlich des gewünschten Inhaltes?
- Ist das Material einfach, übersichtlich, prägnant und verständlich?
- Trägt die Darstellung zur besseren Behaltbarkeit bei?
- Ist die Darstellung erweiter- bzw. veränderbar?
- Zeigt das visuelle Material Regel- oder Prozesshaftes?
- Ist die Darstellung geeignet, Sprechanlässe, Fragestellungen oder Fantasien zu evozieren?
- Ist die Visualisierung auch längerfristig verfügbar?

6.2.4 Prüffragen zum Prinzip des multisensorischen, spielerischen, darstellenden, gestaltenden, entdeckenden und experimentierenden Lernens

- Wird Englischlernen mit allen Sinnen ermöglicht?
- Wird spielerisch-handlungsorientiert gelernt?
- Bietet das Material genügend Möglichkeiten zum Umgang mit *stories* nach dem narrativen Prinzip?
- Regen die Geschichten zum spielerisch-handelnden Umsetzen an?
- Werden die Kinder mit Hilfe des Materials angeregt, aus sprachlichen Beispielen Regelmäßigkeiten und Strukturen zu entdecken bzw. abzuleiten?

- Regt das Material zum experimentierenden Umgang mit der englischen Sprache an?
- Fördert das Material die Sensibilität und Bewusstheit im Umgang mit der englischen Sprache (*language awareness*)?

6.3 Interaktive Medien

Immer mehr Grundschüler haben auch außerhalb der Schulzeit vermehrt Zugang zu moderneren Medien der Informations- und Kommunikationstechnologie und lernen früh, wie selbstverständlich und völlig unvoreingenommen mit ihnen umzugehen. Hauptmedium dieses Bereichs ist der in die Fachlehrpläne und somit in pädagogisch-didaktische Konzepte integrierte Computer inklusive des damit verbundenen Internetzugangs. Aufgabe der Grundschule ist es, durch die zielgerichtete Arbeit mit ihm Orientierungshilfen zu geben, mit den Medien und ihrem Inhaltsangebot kritisch und sinnvoll umzugehen (vgl. Leifholz 2003, S. 17).

Der Englischunterricht an Grundschulen kann so gestaltet werden, dass er neben der Medienerziehung auch weiteren Prinzipien gerecht wird:
1. Schülerorientierung: Die erhöhte Selbsttätigkeit und Selbstständigkeit wird durch die veränderte Rolle des Lehrers als Berater verstärkt (vgl. Schorch 1998, S. 175).
2. Methodenvielfalt: In offenen Formen wie z.B. der Projekt- oder Freiarbeit sowie kommunikativen Sozialformen (Partner- und Gruppenarbeit) kann gespielt, geübt, vertieft, nachgeschlagen, hergestellt und aufbereitet werden.
3. Handlungsorientierung: Am Computer wird vornehmlich ganzheitlich gearbeitet, mit der Ausrichtung auf ein bestimmtes Arbeitsergebnis.
4. Lernstrategien: Gelerntes zu organisieren, einfache Nachschlagewerke benützen, frühes Anbahnen von *skimming* und *scanning*, erstes Arbeiten mit Texten, kleine Texte verfassen und das Hörverstehen zu verbessern sind ausgewählte Lern- und Arbeitstechniken am Computer.
5. Öffnung des Unterrichts: Nicht nur über offene Lern- und Unterrichtsformen, sondern über die neuen Kommunikationsmöglichkeiten wird der englischen Sprache real begegnet.
6. Aktualität und Authentizität: Das Internet ist ein unerschöpflicher Informationspool für den Englischunterricht, aus dem kritisch und gezielt Informationen entnommen werden können. Das multimediale Angebot mit englischsprachigen Websites und Kommunikationspartnern ermöglicht regelmäßige authentische Begegnungen.

7. Interaktivität: Der Schüler hat am Computer Eingriffs- und Steuermöglichkeiten. Er kann passiv lesen, zuhören und Informationen ansehen, aktiv dagegen zugreifen, auswählen, umblättern und Informationen ergänzen. Das Englischlernen findet auch durch die unterschiedlichen Lösungswege nicht linear statt. Lernprogramme bieten Lösungshilfen und Rückmeldungen für den jungen Lerner.

8. Interkulturelles Lernen: Der Erwerb von landeskundlichem Wissen und die Möglichkeiten des Austauschs durch E-mail-Projekte fördern interkulturelle Zielsetzungen.

9. Motivation: Computer bieten verschiedene multimediale Elemente zur Darstellung von Informationen an - Text, Bild, Ton, Videofilm und Animation. Das erzeugt Neugier. Die Möglichkeiten der Individualisierung ermöglichen dazu ein kindgerechtes, entdeckendes Lernen. Ausgeklügelte Systeme lassen die Kinder einfach und schnell durch das Angebot navigieren, sich Informationen und Anregungen holen und ausdrucken.

10. Individualisierung: Schüler können in ihrem individuellen Tempo arbeiten, individuelle Lernwege beschreiten und individuell Hilfestellungen anfordern. Jeder einzelne kann Lernerfolgsmeldungen erhalten, seinen Lernprozess verfolgen und seinen Lernstand kontrollieren.

6.3.1 Rahmenbedingungen für den Einsatz von Computern

Computergestützter Unterricht ist äußerst zeitaufwändig, der Englischunterricht an Grundschulen aber denkbar knapp bemessen. Die Suche nach einem geeigneten Platz, das Anschalten des Computers, das Laden und spätere Herunterfahren des Programms verkürzen die Zeit, welche der eigentlichen Aufgabe gewidmet werden kann. Diese Überlegung muss sowohl bei der Veranschlagung der Gesamtstundenzahl als auch bei der Kalkulation der jeweiligen Einzelstunden mit einfließen.

Die unterrichtliche Gestaltung hängt von der technischen Ausstattung - der Anzahl an Computern und ihrer Funktionstüchtigkeit - ab. Eine eingeschränkte Ausstattung, beispielsweise in Arbeitsecken, kann in Freiarbeitsphasen oder im Wochenplanunterricht genutzt werden und ermöglicht einen differenzierten Unterricht mit Schülerorientierung, auch in Partnerarbeit.

Bestehende Kompetenzen, Kenntnisse, Erfahrungen, sowie die persönliche Haltung dem Medium gegenüber sind sowohl bei Schülern und Lehrern gleichermaßen unterschiedlich. Die Heterogenität lässt sich durch eine Umfrage feststellen. Erfahrene Schüler werden zu *assistant teachers*, die im Tutorensystem unerfahrenen Klassenmitgliedern helfen.

Die Lehrkraft muss die technische Ausstattung der Schulcomputer kennen und mit der Programmoberfläche sowie den zu nutzenden Programmfunktionen vertraut sein. Als Berater mit organisatorischen Schwerpunkten sowie als Helfer im englischsprachigen Bereich steht sie günstigstenfalls bei Fragen bereit, die die Schüler nicht alleine bewältigen können.

6.3.2 Möglichkeiten des Computereinsatzes im Unterricht

Der Computer lässt sich zu ersten englischen Schreibaufgaben einsetzen. Textverarbeitungsprogramme ermöglichen, dass vielerlei Änderungen am Text vorgenommen werden können. Mithilfe von *concept keyboards*, auf denen Buchstaben durch Bilder ersetzt sind, können bereits Schreibanfänger Texte produzieren. Mithilfe des Computers können mehrere Exemplare gleicher Qualität ohne erneuten Schreibaufwand ausgedruckt und für verschiedene Anlässe beziehungsweise Empfänger genutzt werden. Gespeicherte Daten können zu einem späteren Zeitpunkt aufgerufen, nach Bedarf geändert und noch einmal ausgedruckt werden. Mehrere Kinder können sich an der Erstellung eines englischen Textes beteiligen, der partnerschaftliche Austausch bietet einen hohen Motivationsfaktor.

Die Verwendung von Englisch-Lernsoftware dient weitgehend der Wiederholung und Vertiefung bereits bekannter Inhalte.
Bekannte Übungstypen werden dabei in der Regel in computergestützte Interaktionen übertragen, z.B. Lückentexte, *multiple-choice*-Übungen, Zuordnungsaufgaben, Aufgaben zur Textkonstruktion, sowie Vokabel-, Umformungs-, Komplettierungs-, Einsetz- und Erweiterungsübungen. Die Möglichkeit des gleichzeitigen Einsatzes von auditiven und visuellen Elementen wird zur Verdeutlichung des situativen Kontextes und zur Visualisierung von Lernhilfen genutzt. Sie dient häufig auch der Ausspracheschulung durch die Kontrolle von Spracheingabe durch korrigierende Sprachausgabe bzw. beim Ausbau von Hör- und erstem Leseverstehen.
Die Rückmeldungen sowie die Formen der Fehlerkorrektur werden immer komplexer. Die Programme lassen sich weitgehend den individuellen Lernvoraussetzungen und -bedürfnissen von Schülern anpassen. Die direkte Verknüpfung in das Internet ermöglicht den Kontakt zu virtuellen Tutoren oder anderen Lernern (E-mail-Kontakte) und den schnellen Zugriff auf Datenbanken des Internets.
Autorenprogramme bieten interaktive Aufgaben, die nach Bedarf selbst ergänzt und damit thematisch in den Unterricht integriert werden können. Eine Besonderheit von Lernsoftware besteht in den zahlreichen Individualisie-

rungsmöglichkeiten, englische Sprachlernsoftware eignet sich daher besonders für den Einsatz in offenen Unterrichtsphasen.

Das Internet kann im Englischunterricht der Grundschule in erster Linie als Kommunikationsforum dienen. Durch elektronische Klassenpartnerschaften oder E-mail-Projekte lassen sich authentische Kommunikationsanlässe schaffen, Schüler können sich mit Gleichaltrigen über englischspezifische Themenbereiche austauschen. Der Sinn des Englischlernens wird ebenso früh erfahrbar wie auch kulturelle Gemeinsamkeiten und Unterschiede.
Die unterschiedlichen Kommunikationsmöglichkeiten bereiten Schüler auf reale Gesprächssituationen vor. Ausgewählte *chat rooms* und *multi-user-domains* sind für das Englischlernen nutzbar.
Als Informationsmedium dient das Internet durch umfangreiche und unzählige Dokumente in Datenbanken und Nachschlagewerken mit aktuellen und authentischen Texten sowie der einfachen, multimedialen Gestaltung von *websites*. Daten können heruntergeladen und im Englischunterricht genutzt, zusammengestellte Texte, Bilder und Tondokumente umgekehrt im Internet veröffentlicht werden.

6.3.3 Grenzen

Geschlossene Aufgabentypen in den Übungsprogrammen sind dominant. Die Beurteilung von Lösungsvorschlägen ist noch nicht imstande, tolerierbare Fehler als Zeichen einer Lernentwicklung, sondern nur als richtig oder falsch zu erkennen. Vor allem die Spracherkennung ist noch nicht so weit entwickelt, dass sie zuverlässige Rückmeldungen geben könnte.
So bleibt die differenzierte Bedeutungsauslegung, Verständnissicherung und Korrektur nach wie vor der Interaktion mit der Lehrkraft überlassen.

Die Suche nach Daten im Internet ist zeitaufwändig und nur dann planbar, wenn schon eine Auswahl an Adressen und Suchorten vorgegeben wird. Meistens sind Texte – außer auf empfohlenen *websites* - nicht didaktisch vor- und aufbereitet und für Grundschulkinder deshalb ungeeignet. Das Prinzip der Authentizität gelangt in diesem Fall an seine Grenzen.

Der Computer ist anderen Lehr- und Lernmitteln in bestimmten Bereichen überlegen und kann didaktische Konzepte unterstützen, aber weder alle Lerninhalte abdecken noch Lernprobleme lösen. Der Computer kann den Englischunterricht an Grundschulen bereichern, aber die reale kommunikative Erfahrung ist durch ihn nicht ersetzbar. Als ein Medium unter vielen kann er verwendet werden, wenn er als solches angenommen und verwendet wird.

Der didaktisch-methodische Wirkungsgrad des Computereinsatzes im Englischunterricht an Grundschulen bleibt von der sinnvollen Integration durch die Lehrkraft abhängig.

7. Förderkonzepte

Förderkonzepte sind, allgemein definiert, Methoden, die aus theoretischen Erkenntnissen pädagogischer Fachgebiete und Problemstellungen des Alltags resultieren. Sie beziehen sich einmal auf die allgemeine Entwicklungsförderung, sollen aber auch ganz spezielle Bereiche wie z.b. die Wahrnehmung, das Lernen selbst, das Sozialverhalten, motorische und psychische Bereiche fördern.

Die Didaktik für den Englischunterricht an Grundschulen fokussiert in besonderem Maße die Förderung englischsprachigen Lernens.
Dies umfasst die vier sprachlichen Fertigkeiten, Aspekte der Berücksichtigung individueller Lernunterschiede sowie den Bereich der kontinuierlichen Übernahme von Verantwortung für den eigenen Lernprozess.

7.1 Ausspracheschulung

Die intensiven Ausspracheschulung ist ein grundlegender, wichtiger und dennoch in der Praxis oft vernachlässigter Aspekt des Englischunterrichts an Grundschulen.
Er reduziert sich oft auf das reine Imitieren im Chor, da es noch zu wenige bis gar keine didaktisch-methodische Hinweise und Hilfen dazu gibt.
Die Gefahr bei der Vernachlässigung liegt im Einschleifen einer falscher Betonung, Intonation und Aussprache der einzelnen Laute bzw. letztlich auch in der starken Akzentbildung. Eine zu oberflächliche Ausspracheschulung führt schnell zur *fossilization*, dem dauerhaften Bestand später nicht oder nur schwerlich umlernbarer fehlerhafter Aussprachegewohnheiten.
Die Chance auf eine Annährung an authentisches Englisch wird in diesem Fall schon früh weitgehend verspielt.
Die folgenden Überlegungen können zur Grundlage eines didaktischen Designs der Ausspracheschulung für den Englischunterricht an Grundschulen beitragen:

- Welche Schwierigkeiten haben ganz junge deutsche Sprecher der englischen Sprache mit der Betonung, der Intonation sowie den ungewohnten, weil teils in der deutschen Sprache nicht vorhandenen Lauten?
- Wie können diese Probleme methodisch durch geeignete Übungen zur Ausspracheförderung am besten verringert oder gar beseitigt werden?
- Wie sinnvoll, spielerisch und effizient kann eine explizit grundschulgemäße didaktisch-methodische Ausspracheschulung sein?

7.1.1 Aspekte und Bedeutung der Aussprache

Englisch unterrichtende Grundschullehrer müssen sich intensiv mit der Ausspracheschulung von Englisch lernenden Grundschulkindern auseinander setzen, denn die „in der Lernanfangsphase erfahrenen Sprachmodelle sind prägend, besonders für die Aussprache" (Bleyhl 1999, S. 14).
Das Hauptziel der Ausspracheschulung in der Grundschule müssen zunächst erste automatisierte, imitative Artikulationsprozesse (vgl. Bausch 1995, S. 227) sein. Die Vervollkommnung der korrekten Aussprache bleibt über die Grundschulzeit hinaus ein nicht zu vernachlässigender Aspekt des Englischlernens (vgl. Tench 1981, S. 21).
Zu Beginn des Englischlernens wird viel Grundwortschatz vermittelt und aufgebaut. Schon in dieser frühen Phase müssen die nachzusprechenden Wörter gleich richtig imitiert werden, um der *fossilization*, der nachhaltig falschen und außerordentlich schwer umlernbaren fehlerhaften Einprägung und Internalisierung einer Wortaussprache, effizient zu begegnen. Die Bedeutung von *message before accuracy* wird in dieser frühen mündlichen Produktionsphase nicht wirksam, da sich Defizite in diesem Bereich später zu Kommunikationshemmern ausweiten können.
So ändert sich beispielsweise die Bedeutung eines Wortes dadurch, dass ein einziger Laut in ihm anders ausgesprochen wird (z.B. *mouth – mouse*). Wird ganz generell undeutlich ausgesprochen, kann dies die Aufmerksamkeit des Kommunikationspartners so stark binden, dass das Gesagte inhaltlich für ihn nicht oder nur durch Nachfragen verstehbar wird.
Die Bedeutung einer fehlerhaften Aussprache zeigt sich auch in dem subjektiv schlechten Eindruck eines *native speaker* vom Gesprächspartner, der selbst von gutem Wortschatz und perfekter Grammatik nicht überdeckt werden kann. Nicht zuletzt evozieren Mängel in der Aussprache möglicherweise Stereotypen.

Nur über das Wissen um die Aspekte der Ausspracheschulung können vom Grundschullehrer anfängliche Aussprachefehler genauer analysiert und ihre

Probleme mit dem englischen Wortschatz konkretisiert werden. Wenn ein Lehrer weiß, bezüglich welchen Aspektes von Aussprache Schwierigkeiten zu erwarten sind, kann er diesen konkreter methodisch entgegenwirken.

Als das „Leitmedium" im Englischunterricht an Grundschulen ist die Sprachkompetenz jeder Lehrkraft von immenser Bedeutung. Gerade weil Grundschulkinder in der Regel schnell und genau imitieren können, ist eine *native-like proficiency*, eine Sprachkompetenz etwa vergleichbar mit der eines englischen Muttersprachlers, durch die intensive Lehreraus- und -weiterbildung sowohl in aussprachetheoretischer als auch -praktischer Hinsicht die Grundvoraussetzung für effizientes und richtiges Englischlehren (vgl. auch Grimm 2003, S. 99). Eine ganz besondere Rolle bei der Ausspracheschulung speziell von Grundschülern spielen wegen der sofortigen Interaktionsmöglichkeiten neben der Korrektur positive Verstärkungen wie z.B. Lob und Ermunterung.

7.1.2 Bausteine der Aussprache

Zu den Bausteinen von Aussprache gehören die Betonung, die Intonation, die Laute sowie die Sprechflüssigkeit.

Unter Betonung versteht man, dass eine Silbe eines Wortes oder bestimmte Wörter eines Satzes ein wenig lauter und deutlicher gesprochen oder Vokale länger gehalten werden. Innerhalb eines Wortes ist die Betonung der einzelnen Silben für jedes Wort vorgeschrieben. Die Betonung der verschiedenen Wörter in einem Satz hingegen kann von Fall zu Fall variieren, je nachdem, welchen Begriff oder Vorgang der Sprecher in dem Vordergrund stellen möchte (vgl. Brown 192, S. 59). Der natürliche Rhythmus des Englischen betont alle Nomen, Verben, Adjektive und Adverbien eines Satzes.

Der zweite Aspekt der Aussprache ist die Intonation: Während die Betonung den Takt eines Wortes oder Satzes darstellt, ist die Intonation die Satzmelodie. Intonation entsteht dadurch, dass sich die Stimme immer zwischen zwei entgegengesetzten Stimmlagen hin und her bewegt. Das Englische hat grundsätzlich zwei solcher Melodien: steigend und fallend. Diese können sehr plötzlich oder nur allmählich aufeinander folgen und können in verschiedenen Kombinationen aneinander gefügt werden. Durch veränderte Intonation ist es möglich, mit ein und denselben Worten Freundlichkeit, Interesse, Gleichgültigkeit oder Ablehnung auszudrücken. Die Intonation kann m. E. sogar mit Mimik und Gestik verglichen werden: Eine eigentlich neutrale

Satzaussage kann durch entsprechendes Intonieren positiv oder auch negativ konnotiert werden (vgl. Hollingsworth/ Park 2000, S. 13).

Auch die Einzellaute (*sounds*) an sich, das heißt, die Aussprache der verschiedenen Konsonanten, Vokale und Diphtonge, sind ein Aspekt, der für deutsche Grundschullehrer besonders relevant ist hinsichtlich der offensichtlichen Schwierigkeiten, die deren Schüler bei deren Sprachproduktion haben können.

Ein vierter Aspekt der Aussprache - in seiner Komplexität mit Sicherheit der schwierigste - ist die Sprechflüssigkeit (*fluency*), das Verbinden der einzelnen Laute und Wörter innerhalb eines Satzes. „*Fluency is the smooth joining-up of elements at an acceptable speed of delivery*" (Tench 1981, S. 61). Einen Satz als ein zusammenhängende und bedeutungstragende Einheit flüssig auszusprechen, verlangt eine Kombination aus korrekter Betonung, Intonation und Lautverbindungen. Um Sprechflüssigkeit zu erlangen müssen daher zunächst einmal die bereits genannten Aspekte intensiv geschult werden.

7.1.3 Ausspracheprobleme und gezielte methodische Schulung

In Grundschulklassen mit Kindern nicht-deutscher Muttersprache wird deutlich, dass verschiedene Nationalitäten unterschiedliche Probleme bei der korrekten Aussprache des Englischen haben, genauer bei der richtigen Betonung und Intonation oder mit den einzelnen englischen Lauten und ihren Verbindungen untereinander.
Ähnlichkeiten in der jeweiligen Muttersprache erleichtern das Erlernen der korrekten Aussprache, der Ansatz für die Ausspracheschulung liegt generell immer dort, wo das englische Lautsystem sich vom muttersprachlichen unterscheidet (vgl. Mindt/Schlüter 2003, S. 55). Dazu lassen sich interlinguale Unterschiede und typische Fehlerquellen von vornherein thematisieren – ein kognitiver Ansatz, der schon im frühen Lernstadium in der Grundschule aufgrund der besonderen Bedeutung der Ausspracheschulung für das weitere Englischlernen seine Berechtigung hat.

Die Einführung der Lautschrift als System metasprachlicher Schriftzeichen mit lautlicher Bedeutung hat sich im Unterricht als nur bedingt nützlich erwiesen. Die stark kognitivierende Ausrichtung einer solchen visuellen, aber recht abstrakten Hilfestellung ist im Englischunterricht mit Anfängern nur für leistungsstärkere Schüler relevant. Ist bei Konsonanten(gruppen) zwischen stimmhaft und stimmlos zu unterscheiden, können die entsprechenden Zeichen der Lautschrift hilfreich sein, wenn sie quasi als „Geheimzeichen" ganz gezielt, kindgerecht und sparsam eingeführt bzw. aufgebaut werden.

Die grundsätzliche Methode der Ausspracheschulung ist die Imitation. Ziel ist dabei die Annäherung an die authentische Aussprache *(approximation)*. Als Mittel dazu dient die akustische sowie - wann immer möglich - eine visuelle und taktile Demonstration (z.B. Mitklopfen betonter Silben).

Die Schüler ahmen dabei nicht nur die Aussprache der einzelnen Laute nach, sondern sie imitieren den Lehrer auch hinsichtlich der Betonung und der Intonation. Aus diesem Grund ist es enorm wichtig, dass der Lehrer genaue Kenntnis über die korrekte Aussprache, sprich: Betonung und Lautung der einzelnen vorzusprechenden Wörter hat und sie so immer möglichst identisch und deutlich ausspricht. Das Sprechtempo darf nicht zu langsam sein, sondern dem normalen Sprechtempo eines *native speaker* so weit angepasst wie irgend möglich – denn Kinder imitieren nahezu perfekt, auch Falsches.

Das englischsprachige, möglichst authentische Sprachvorbild des Lehrers wird ergänzt durch den gezielten und sinnvollen Einsatz geeigneter audiovisueller bzw. auch interaktiver Medien (vgl. Kapitel 6). Die Grundschulkinder lernen so schon sehr früh verschiedene Sprecher unterschiedlicher Stimmlagen, Sprechgeschwindigkeiten und Ausprachevarianten kennen, deren Aussagen durchaus auch von Hintergrundgeräuschen beeinträchtigt sein können.

Ständiges Wiederholen ist ein weiterer Schlüsselbegriff der Ausspracheschulung. Es ist nicht ausreichend, ein Wort ein- bis zweimal im Chor nachsprechen zu lassen. Um vom ersten Hören möglichst zügig zur automatisierten richtigen Imitation des Gehörten zu kommen, ist weiteres, mehrfaches Vor- und Nachsprechen nötig.

Das reine Chorsprechen selbst bietet keine hinreichende Hilfe, um individuelle Ausspracheprobleme aus einer Klasse herausfiltern, analysieren und therapieren zu können. Ein gezieltes, methodisch durchdachtes Vorgehen ist schon in dieser frühen Phase der Sprachvermittlung dringend notwendig.

In der Praxis bewährt hat sich ein Verfahren, bei dem vorgesprochene Wörter oder Satzteile zuerst zwei- bis dreimal im Chor, dann in Teams (z.B. alle Jungen bzw. Mädchen der Klasse, einzelne Gruppentische, einzelne Tischreihen der Klasse usw.), danach in Partnertrios und –duos sowie abschließend eventuell einzeln imitiert werden.

Von besonderer Bedeutung ist dabei, dass der Lehrer zwar immer wieder vorspricht, jedoch bei der Imitation keinesfalls mitspricht, um genau hinhören und Fehlerquellen entdecken und herausfiltern zu können. Über die Imitation in immer kleineren Gruppen kann dann genau ausgemacht werden, welcher Schüler welche Schwierigkeiten bei welchem speziellen Laut hat. Die daran anschließende, individuelle Arbeit an einzelnen Aspekten der Aussprache beugt einer späteren, habituell fehlerhaften Aussprachegewohnheit (*fossilization*) vor.

Für das individuelle Training mit Kindern, die trotz intensiven Übens Schwierigkeiten haben, ist das konzentrierte Ablesen von den Lippen wichtig (*lip reading*). Der Hinweis, nicht nur hinzuhören, sondern auf die Mundbewegungen zu achten, ist erfahrungsgemäß eine brauchbare Hilfe.

Kleine Trainingsgruppen, die schwierige Laute anhand von geeigneten Wörtern üben, können in der Regel problemlos um sehr gut lautierende Schüler gebildet werden, die im Tutorensystem ihren Mitschülern helfen.

Methodisch geschickte Variationen des Chorsprechens, beispielsweise die „Echomethode" (vgl. Schmid-Schönbein 2001, S. 120f), unterstützen die spielerisch deutliche Imitation erster Wörter und kleiner Sätze bzw. Satzteile.

Da Schülern die neuen Laute und Wörter zum Teil noch fremd sind, können sie nicht selbst erkennen, ob sie Fehler bei der Aussprache oder Intonation machen. Eine wichtige Aufgabe des Lehrers besteht so darin, ihnen deutlich zu signalisieren, wenn sie etwas richtig oder falsch aussprechen und wo ihr Fehler genau liegt. Es gilt bei Mehrfachfehlern zusätzlich Prioritäten zu setzen und gravierende Fehler deutlich von weniger wichtigen abzuheben. Fehlertoleranz wäre an dieser Stelle im Sinne einer effizienten Ausspracheschulung falsch platziert (Ausnahme: Kinder mit defizitären Sprechorganen).

a) Schulung der Betonung

Bezüglich der zweisilbigen englischen Wörter haben junge deutsche Sprecher in der Regel kaum Schwierigkeiten, da jeweils meist die Anfangssilbe betont wird (Ausnahme z.B. „**Ja**pan" im Deutschen – *Japan* im Englischen.

Dreisilbige und längere Wörter sind im englischen Basiswortschatz für die Grundschule nicht oder nur sehr selten relevant (z.B. „**un**glücklich" - *unhappy*, oder auch „**Nach**mittag"- *afternoon*).

Die Betonung in kurzen Sätzen hingegen wird geschult wie das Imitieren einzelner Wörter: Die Schüler wiederholen im Chor, in Teams oder einzeln, die falsche Betonung wird sofort korrigiert. Die Bedeutung des Satzes muss natürlich klar sein oder erklärt werden, so z.B. die verschiedenen Begrüßungsmöglichkeiten zu bestimmten Tageszeiten.

Nach dem Imitieren werden die Sätze nach Möglichkeit angewendet: Bei Begrüßungsformeln wie *Good morning!* beispielsweise gehen Schüler und Lehrer in der Klasse herum, begrüßen sich gegenseitig und wenden so das Erlernte schauspielernd an.

Für viele Schüler ist es eine große Hilfe, wenn Betonung nicht nur hörbar, sondern auch sichtbar gemacht wird. Dazu gibt es verschiedene Möglichkeiten (Beispiele nach: Brown 1992, S. 119f).
Beispielsweise können verschieden große Kreise oder eindeutige Zeichen an der Tafel die unterschiedlich stark betonten Silben von Wörtern oder Sätzen symbolisieren:
Die Betonung von *vegetable* kann so durch eine Zeichenfolge wie
O o o
oder durch
+ - -
verdeutlicht werden.
Handelt es sich um einen Satz wie *Good morning!*, so können die Kreise zur besseren Veranschaulichung noch verbunden werden:
o~O~o
Eine weitere Hilfsmöglichkeit ist, die betonten Silben innerhalb eines Wortes durch Großbuchstaben, Fettdruck oder einen Akzent an der Tafel oder auf Folie sichtbar zu machen:

phoTOgrapher
photographer
pho'tographer

Die Betonung für die Schüler buchstäblich begreifbar zu machen, gewährleistet der Einsatz von Betonungsstäbchen. Ein grünes Stäbchen (ca. 3cm) kann dabei für eine unbetonte Silbe stehen, ein längeres rotes (ca. 5cm) für eine betonte. Den Schülern kann die richtige Betonung des Wortes *photographer* mit Hilfe dieser Stäbchen auf verschiedene optische Weisen verdeutlicht werden:

Betonung bzw. Nicht-Betonung finden sich auch in ganzen Sätzen. In der Grundschule kann zunächst an ganz kurzen Sätzen geübt werden. Dazu wird mit Stift oder Finger während des Sprechens auf die Strich-Punkt-

„Transkription" des Satzes getippt. Striche stehen dabei für betonte, Punkte für unbetonte Satzteile, z.B.:

Catch it.	I'm nine.
—— .	. ——
Sing a song.	It's a book.
—— . ——	. . ——
I heard it.	I've got a cat.
. —— .	. —— . ——

Schließlich hilft bei der betonten Aussprache auch ein methodisches Mittel, das verschiedene rezeptive Kanäle mit einbezieht: Die Schüler klatschen oder stampfen den Rhythmus des Wortes, Satzteils oder ganzen Satzes.

Das Sprechen eines Wortes oder Satzes durch ein vorgehaltenes (Papier-) Taschentuch übt ebenfalls die Betonung - an der betonten Stelle wird das Taschentuch durch den Luftdruck der Aussprache bewegt.

Jede der genannten Variante hat individuelle, subjektive Vor- und Nachteile. Das Verfahren, das sich in der Praxis des eigenen Unterrichts bewährt, ist demnach auch das effizienteste. Hat der Lehrer sich allerdings für eines entschieden, so sollte es in der jeweiligen Klasse auch unbedingt beibehalten werden, da die Schüler sich an diese „Hilfssprache" schnell gewöhnt haben und zu viele Alternativen Verwirrung schaffen können.

b) Schulung der Intonation

Grundschulkinder haben im Allgemeinen keine besonderen Probleme beim Intonieren, da komplexere Sätze noch nicht gebildet werden.. Yes/No-Fragen z.B. sind fast „deutsch" intoniert. Ungewohnt ist die eher fallende Intonation in W-Fragen wie z.B. *Where's the ball?* (↘) gegenüber der deutschen steigenden: „Wo ist der Ball?" (↗) Verständnisprobleme ergeben auch spezielle Fragehaltungen in Aussagesätzen bei einer Wortunsicherheit (hier beim Wort *church*): *This is ... a church.* (↗)
Grundschüler imitieren jede Satzmelodie nahezu perfekt, auch wenn sie einen Satz *like a fine lady* oder *like a grizzly-bear* sagen sollen. Im freieren Sprechen jedoch, das Grundschüler nur unter nicht-schulischen Bedingungen

erreichen können, lässt sich eine gewisse Tendenz zu einer fallenden Intonation bei betonten Wörtern feststellen, was oftmals einen zögerlichen Eindruck vermittelt.

Beim Schulen der Intonation geht man zunächst ebenso vor wie schon beschrieben:
Der Lehrer beginnt wie bei der Betonung mit Begrüßungsfloskeln und die Schüler imitieren diese als Antwort mit der richtigen Intonation. Zusätzlich kann dabei die Stimmlage mit den Händen durch Dirigieren verdeutlicht werden.
Danach folgt ein ständiges Frage- und Antwort-Spiel. Zunächst beginnt man dazu mit Fragen, auf die die Schüler mit einem einfachen *yes* oder *no* antworten: *Are you fine today?* Die Stimmhöhe wird an der Tafel durch einen Pfeil verdeutlicht. Nach mehreren Wiederholungen können die Antworten immer weiter ausgebaut werden, z.B.: *What`s your (neighbour`s) name?* Die Fragen können schnell von den Schülern mit Hilfestellung (Soufflieren) übernommen werden.
Die Bewegung der Stimme wird wieder durch Intonationspfeile an der Tafel kenntlich gemacht: Sie werden steiler oder flacher oder sie ändern die Richtung – je nach Intonation.

This is a ball.   *Is this a cat?*

Später kann der Lehrer die Klasse mit signifikanten Handbewegungen dirigieren – spiegelverkehrt, da die Kinder in der Regel gegenüber sitzen - oder die Schüler steigende und fallende Sätze zuordnen lassen.
Wird die Intonation im Lauf der Zeit immer komplexer, das heißt steigende und fallende Stimmhöhe sind in einem Ausdruck oder Satz kombiniert, werden die Intonationspfeile Schlangenlinien immer ähnlicher. Hierbei empfiehlt es sich aber dann, den Satz selbst auf den dazugehörigen Intonationspfeil zu schreiben.

Two and two are four.

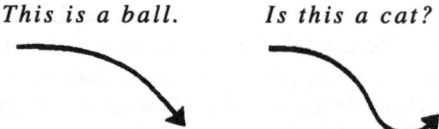

(Beispiel nach Haycraft 1971, S. 1)

c) Schulung der Laute

Der gezielten Lautschulung kann ein *warm-up* vorausgehen, ähnlich der Vorbereitung von professionellen Sprechern auf ihren Auftritt. Geeignet sind Bewegungsaufgaben für die Zunge im Mundraum sowie auch Übungen zur teilweisen oder völligen Blockade des Luftstroms in der Mundhöhle und im Rachenraum beim Ausatmen. Zunge und Lippen bilden dazu Hindernisse und „Tore", die plötzlich wieder geöffnet und geschlossen werden können (vgl. Kelly 2000, S. 56).

Konsonanten

Große Probleme bereiten hier zunächst die Laute /θ/ und /ð/ wie in *thin* und *these*, da sie im Deutschen gar nicht vorkommen. Viele Schüler können sie nur mit Mühe richtig bilden und sprechen sie oftmals wie /s/ bzw. /z/ aus. Besonders bedeutsam wird ein solcher Aussprachefehler, wenn er zur Veränderung der Wortbedeutung und damit zu Verständnisschwierigkeiten (vgl. z.B. *mouth – mouse; think – sink; thick – sick; thought – sort; thank – sank; worth – worse* u.a.) oder zum Wechsel der grammatikalischen Kategorie führt: *teeth – teethe; thumb – sum; thin – sin; theme – seem; breathe - breeze* u.a.
Zur genauen Bildung werden die oberen Schneidezähne bei offenem Mund kurz mit der Zunge angetippt. Bei größeren Problemen kann die Zunge etwas herausgestreckt, zwischen die oberen und unteren Schneidezähne gelegt und eventuell leicht daraufgebissen werden. Vor dem Spiegel (oder dem Spiegelbild im Klassenzimmerfenster) lässt sich das gut kontrollieren.
Dann wird Luft aus dem Mundraum nach außen gepresst und ein zischender Laut, das /θ/, produziert. Um ein /ð/ zu erreichen, hilft die Anweisung, einen summenden Laut hervorzubringen bzw. den stimmhaften Konsonanten zu singen. Auch die Aufforderung zum „Lispeln" kann helfen.
Der Unterschied zwischen stimmhaft und stimmlos wird auch durch ein Berühren des Kehlkopfs bzw. an den Vibrationen deutlich.
Eine weitere Hilfestellung in dieser Beziehung kann das Sprechen der Laute bei zugehaltenen Ohren (Fingerspitzen in die Ohren stecken) sein, die Kinder hören buchstäblich ganz ohne störende Umgebungsgeräusche in sich hinein.

Ein weiterer Problemkonsonant ist das /w/ wie in *water*. Er existiert ebenfalls nicht in der deutschen Sprache und wird oft entweder wie das deutsche w (/v/) ausgesprochen oder gar wie /f/.

Um den Laut /w/ korrekt auszusprechen, dessen häufig falsche Artikulation besonders nach der Grundschulzeit bei erweitertem Wortschatz zu Verständigungsproblemen führen kann (vgl. z.B. *west – vest; wine – fine- vine; wet – vet; worse – verse; vale – whale; while – vile; wire – via; wheel -veal* u.a.) , sollen die Schüler in Gedanken das /w/ wie in *wink* oder *wave* durch ein /u/ ersetzen. Der Laut selbst kann mit einer für Schüler sehr lustigen Methode eingeübt werden: Der Lehrer lässt die Schüler den folgenden Beispielsatz so nachsprechen, wie ein Engländer oder Amerikaner klingen würde (*foreignizing*): „Wir Wiener Waschweiber wollen weiße Wäsche waschen, wenn wir wüssten, wo weiches Wasser wäre."

Auch das englische /r/ bereitet deutschen Kindern Schwierigkeiten. Sie bilden es gemäß dem deutschen /r/ für englische Verhältnisse entweder zu weit hinten oder aber zu weit vorne.
Sie können ihn aber leichter richtig artikulieren, wenn ihnen beigebracht wird, den Laut als /a:/ auszusprechen, die Zunge nach hinten zu rollen und dabei den Gaumen nicht zu berühren.

Bei den Konsonanten /b/, /d/, /g/ kommt das deutsche Phänomen der Auslautverhärtung zum Tragen. Stehen diese Konsonanten nämlich am Ende eines Wortes, so spricht ein deutsches Kind sie häufig wie /p/, /t/, /k/ aus, was zu Verwechslungen führen kann, da Wörter wie *back* und *bag* dann nahezu identisch klingen.
Zur Bewusstmachung und Übung wird am besten einfach ein schwaches /ə/, wie in *the* an den Konsonanten angehängt und mitgesprochen. Dieser *weak sound* hat dann den selben Effekt wie im Deutschen, wo das Wort Bad mit /t/ endet, das d in Badezimmer dagegen auch wirklich /d/ ausgesprochen wird.
Der Konsonant wird so ganz von selbst weich. Der überflüssige Vokal schleift sich später von allein wieder ab, wenn das Klangbild erst einmal klar geworden ist.

Heller im Klang als der zugehörige englische Konsonant klingt das deutsche /l/. Das englische /l/ wie in *later* wird - für Schüler schwierig, weil ungewohnt - etwas weiter hinten im Mundraum gebildet. Vor Konsonanten und am Ende eines Wortes wird ein dunkles, *dark* /ɫ/ gesprochen, vor Vokalen ein helles, *clear* /l/. Das amerikanische Englisch kennt nur das dunkle / ɫ /.
Die Bildung des Lautes zu erklären, überfordert schnell – insbesondere des dunkleren / ɫ /. Ein Tipp kann sein, den Laut öfter hintereinander zu sprechen und den Mundraum dabei etwas zu vergrößern. Manchmal kann der Hinweis

helfen, erst ein /ʊ/ lang zu sprechen, die Zungenspitze an die hinteren oberen Schneidezähne zu legen und die Lippen zu öffnen.

Ein letzter Problembereich dieser Gruppe ist der Laut / dʒ / wie in *jet*. Dieser stimmhafte Laut existiert im Deutschen nicht, außer in Wörtern englischen Ursprungs (z.B. Jeans). Daher neigen viele deutsche Schüler dazu, ihn mit dem bekannten stimmlosen /tʃ/ wie in *choose* zu verwechseln. Oder aber das / dʒ/ wird wie /j/ ausgesprochen, in Anlehnung an die deutsche Aussprache des Buchstabens /j/.
Die Aussprache von / dʒ/ kann deutschen Kindern erleichtert werden, indem sie es wie das bekannte /tʃ/ aussprechen und dabei summen sollen. Wieder kann der Unterschied zwischen stimmhaften und stimmlosen Lauten an den eigenen Stimmbändern gefühlt werden.

Vokale

Schwierigkeiten bereiten Grundschülern die Laute /æ/ (bad) und /e/ (bed), die häufig verwechselt werden, da so geringe lautliche Unterschiede in der deutschen Sprache in der Regel kaum vorkommen.
Der Unterschied zwischen den beiden Vokalen /æ/ und /e/ wird am besten deutlich, indem die Schüler beispielsweise das /æ/ wie in *bag* oder *bad* übertrieben lang aussprechen und den Vokalklang selbst nachhaltiger erfahren.

Das Hauptproblem beim /ʌ/ wie in *fun* ist, dass dieser Laut wie der Konsonant /th/ im Deutschen überhaupt nicht existiert und deutsche Schüler daher nicht genau wissen, wie sie ihn bilden sollen.
Eine Hilfe bietet hier der Ausgangslaut /ɔ/ wie in „Horn", der zunächst lang ausgesprochen wird. Versucht man dabei leicht zu lächeln, entsteht fast automatisch das gewünschte /ʌ/ wie in *but* und *love*.

Hinsichtlich der Diphtonge bereiten / eɪ/ wie in *say* und / əʊ/ wie in *so* besondere Schwierigkeiten, da sie oft mit deutschem Lautbild gesprochen werden.
Zur Übung wird der gesamte Laut lang gesprochen. Der Übergang zum Endvokal (hier /ɪ/ bzw. /ʊ/) wird überdeutlich gesprochen, bis dieser erreicht ist.
Der Lautübergang innerhalb des jeweiligen Diphtongs gelingt bei größeren Schwierigkeiten, wenn jeweils /e/ und /ə/ vor dem Spiegel wiederholt betont langsam und gedehnt gesprochen werden und dabei die Mundveränderung zu /ɪ/ und /ʊ/ genau beobachtet werden kann.

Ist der Lautübergang jeweils bewusst gemacht worden, wird die Sprechgeschwindigkeit gesteigert, bis das Wort in normalem Sprechtempo gut ausgesprochen wird.

Lautverbindungen und -kombinationen

Im Deutschen wie im Englischen gibt es starke und schwache Formen von Wörtern, die in unbetonter Satzstellung gebraucht werden und sich gegenüber ihrer nur in isolierter und betonter Stellung verwendeten *strong forms* durch phonetische Reduktion auszeichnen (z.B. *an* - /ən/; *to* - /tə/; *has* -/əz/; *him* - /ım/; *that* - /ðət/ als Konjunktion und Relativpronomen).
Die deutschen Grundschüler müssen darauf aufmerksam gemacht werden, dass die *weak forms* zur englischen Standardsprache gehören, damit nicht der Eindruck entsteht, es handele sich bei ihnen um Merkmale von Slang.

Viele der deutschen Lautverschmelzungen an den Wortgrenzen sind den englischen sehr ähnlich. So wird beispielsweise in dem Ausdruck „man kann" das /n/ oft wie ein /ŋ/ ausgesprochen, beeinflusst durch den folgenden /k/-Laut. Im englischen Begriff *in case* geschieht dasselbe.
Es gibt in diesem Zusammenhang nur einen Problembereich. Im Englischen wird ein Endkonsonant eines Wortes mit dem Anfangsvokal des nächsten Wortes verbunden, wie in *fill in*. Im Deutschen jedoch wird eine minimale Pause zwischen einem solchen Endkonsonanten und Anfangsvokal gemacht. Dieses Phänomen wird als der sogenannte Knacklaut (*glottal stop*) bezeichnet und kommt im Englischen kaum vor.
Übertragen deutsche Schüler den Knacklaut nun auch auf das Englische, klingt die Sprache sehr abgehackt und verkrampft.

d) Schulung der Sprechflüssigkeit

Die Sprechflüssigkeit wird zunächst vor allem dadurch gefördert, dass die Schüler häufig sowohl fremde Texte als auch selbst Gesprochenes auf Kassette oder CD hören. Der Lehrer kann hierzu verschiedene Aufgaben stellen und dadurch analytisches oder selbstkritisches Zuhören begünstigen.
Das selbstkritische Zuhören darf nur in einem sehr begrenzten Rahmen durchgeführt werden. Die Schüler sollten dabei immer nur auf einige wenige Aspekte achten müssen, wie beispielsweise ob sie selbst den Knacklaut ins Englische übertragen und wie sich das im Satzzusammenhang anhört. Dies

kann in einem Sprachlabor bzw. Medienlabor mit Aufnahmemöglichkeiten geschehen.
Beim analytischen Zuhören erkennen die Schüler, wie Muttersprachler mit der Sprache umgehen, inwieweit sie Buchstaben verschlucken oder Wörter verbinden.
Nötig wird dies für Grundschüler dort, wo das Textverstehen beeinträchtigt wird. Ein Beispiel dafür ist der Song *Head and shoulders*, bei dem mehrfach in Praktikumsstunden die Zeile *"knees and toes"* von den Kindern so verstanden wurde, dass „Knie" auf Englisch /ni:zənd/ bedeuten würde. Hier hilft nur die Bewusstmachung, respektive die Übersetzung der einzelnen Wörter, um die Wortgrenzen zu verdeutlichen.
Gerade im Satzfluss, vor allem aber beim schnellen Sprechen, sind zahlreiche Angleichungen eines Lautes an den benachbarten Laut (Assimilationen) zu beobachten bzw. zu hören. Das kann sowohl partiell (z.B. *I have to* - /aɪˈhæftʊ/) und komplett (z.B. *good boy* - /gʊbˈbɔɪ/) geschehen.
In ganz schneller Rede kann es sogar zu einer kompletten Reduktion eines Wortes kommen (z.B. *you had better go now* - /jʊbetəˈgəʊnaʊ/).
Der Lehrer spielt also einen englischen Satz vor und fragt beispielsweise nach der Anzahl der gehörten Wörter. Sind alle Wörter identifiziert, stellt er die Langform dem natürlichen Satz gegenüber und kann die Schüler so auf Wortverschmelzungen, das Weglassen von Buchstaben oder auch auf sogenannte *weak forms* (Artikel, Präpositionen, Konjunktionen, Pronomina und Hilfsverben in unbetonter Stellung) in der flüssigen Sprache aufmerksam machen.
Das kann auch erreicht werden, indem die Schüler nach dem Hören aufschreiben, was sie glauben gehört zu haben - also den Satz in Langform - oder bzw. und ihn so genau wie möglich selbst mündlich nachahmen. Diese sehr kognitive, analytische Vorgehensweise ist nur für leistungsstärkere Grundschüler geeignet.

Im sprachproduktiven Bereich kann *fluency* gut über Zungenbrecher (*tongue twisters*) zumindest angebahnt werden, Einzellaute werden durch die große Dichte der Wiederholungen trainiert.
Mit hoher Konzentrationsleistung werden bei Zungenbrechern bestimmte Wortfolgen ausgesprochen, deren schnelle, wiederholte Aussprache selbst Muttersprachlern schwer fällt. Oft handelt es sich um ähnliche Worte, die aufeinander folgen, sich aber in bestimmten Silben unterscheiden. Auch Alliterationen sind häufig:
A big bug bit the little beetle but the little beetle bit the big bug back.

Methodisch sinnvoll ist es, zunächst sehr langsam und überdeutlich zu sprechen. Nach einigen Wiederholung kann dann das Sprechtempo gesteigert, bei Misserfolgen jedoch sofort wieder reduziert werden.

Insgesamt ist es kaum möglich, die Sprechflüssigkeit gesondert einzuüben. Indem Betonung, Intonation, die einzelnen Laute und Lautverbindungen, aber auch Grammatik und Wortschatz geschult werden, verbessert sich mit der Zeit ebenso die Sprechflüssigkeit der Schüler.

7.1.4 Medien und Ausspracheschulung

Neben der unbedingt notwendigen englischsprachigen Lehrerkompetenz muss abschließend die Rolle der Medien (vgl. Kapitel 6) für den Bereich der Ausspracheschulung im Englischunterricht der Grundschule betont werden. Sie transportieren authentische Sprache, sind variabel einsetzbar und verfügbar, differenzieren und bieten Abwechslung von der Lehrersprache. Grundschullehrer mit professioneller Einstellung nützen diese Möglichkeiten sowohl zur eigenen Entlastung als auch zur methodischen Variabilität.

Die Verlage haben das Defizit in diesem sprachlichen Förderbereich erkannt und bieten gezielte Schülerübungen auf Tonträgern an, die auch unabhängig vom Unterricht und mobil benützt werden können.

Phonetikprogramme am Computer können die Annäherung der Aussprache des Schülers an das Sprachvorbild durch Klangkurven und andere Darstellungen sichtbar machen.

7.2 Hörverstehensschulung

Das Hörverstehen wird wie das Leseverstehen und die Grammatik den rezeptiven Fertigkeiten zugeordnet und bildet die Grundlage zur Kommunikation in der englischen Sprache.

Die Fertigkeit, Englisch hören und verstehen zu können, bedeutet fähig zu sein, detaillierte Informationen aufnehmen und weiterverarbeiten zu können. Es reicht dabei für ein erfolgreiches Kommunizieren nicht aus, einen Sprecher nur zu hören, sondern ihm muss zugehört werden. Der Unterschied zwischen Hören und Zuhören wird im Englischen durch die Worte *hear* und *listen* sehr präzise zum Ausdruck gebracht. Vom Hörer wird Aufmerksamkeit und Konzentration verlangt, um das Gesagte zu verarbeiten, es zu verstehen,

zu interpretieren, zu bewerten und angemessen darauf zu reagieren (vgl. Ur 1984, S. 8).
Neben der reinen Dekodierungs- und Entschlüsselungsleistung wird also die Intention sowie die Wirkung des Gesagten vom Hörer eingeschätzt. Zusätzlich können je nach Hörmedium unter anderem formal- und außersprachliche Elemente, akustische Bedingungen und parasprachliche Elemente wie Stimmqualität, nichtsprachliche Äußerungen durch Mimik und Gestik, sprachliches Zögern und Stimmlage des Gesprächspartners bzw. eine entscheidende Rolle für den Kommunikationserfolg im Allgemeinen und das Hörverstehen im Speziellen spielen.

Wichtige Aufgaben der Hörverstehensschulung im schulischen Kontext sind „soziokulturelle Inhalte (zu) vermitteln oder kreative Exkurse (zu) erlauben.(...) Ohne ihren Einsatz würden den Schüler/-innen zahlreiche wichtige Informationen, die sonst nicht im Schülerbuch stehen, vorenthalten. (...) Die lernpsychologische Konsequenz ist, dass den Schüler/-innen die Realitätsnähe und damit die Notwendigkeit, die Übung des Hörverstehens ernst zu nehmen, unmittelbar einsichtig wird." (Schwarz 2002, S. 18f)

In der Grundschule beginnt man damit, die elementarste Form des Hörverstehens zu schulen, zuerst in der Muttersprache und etwas später auch in der ersten Fremdsprache. Auf ihr baut jedes fremdsprachliche Lernen auf, das später dann zur mündlichen Produktion führt (vgl. Timm 1999, S. 221). Grundschulkinder müssen zuerst erlernen, das vom Lehrer auf Englisch Gesprochene zu dekodieren, zu interpretieren und es dann nonverbal umzusetzen bzw. auszuführen, also in eine noch rezeptive Wechselbeziehung zum Sprecher zu treten.

7.2.1 Der Prozess des Hörverstehens

Der Hörverstehensprozess gliedert sich in vier Teilschritte auf:
1. Die gesprochene Signale muss aus möglichen Hintergrundgeräuschen herausgefiltert werden.
2. Der zusammenhängende Redefluss wird in Einheiten unterteilt, innerhalb derer bekannte Wörter erkannt.
3. Syntax und Inhalt sowie die Intention der Äußerung werden erkannt.
4. Sprachliche Kenntnisse werden in der Folge angewendet um eine adäquate Antwort geben zu können.

Während der vierte Schritt zu Beginn einer Hörverstehensschulung noch nicht produktiv erfolgen kann, kommt dem zweiten eine besondere Bedeutung zu:
Man nimmt an, dass es bei der Aufnahme von Äußerungen drei abgrenzbare Stufen gibt.
Bei der ersten Stufe gehen die Laute in den sensorischen Speicher ein und werden dort zu bedeutungsvollen Einheiten organisiert. Dies geschieht immer in Abhängigkeit zu dem Wissen, dass der Hörer schon zur Verfügung hat. Die Laute bleiben im sensorischen Gedächtnis nur etwa eine Sekunde. Dies bedeutet, dass der Hörer schnell ordnen muss, was er gehört hat, denn sobald weitere Laute auf ihn einwirken, werden die vorherigen verdrängt. Bei der Organisation der Laute können dadurch auch Fehler passieren.
In der zweiten Stufe wird die Information vom Kurzzeitgedächtnis verarbeitet. Auch diese Stufe umfasst nur eine kurze Zeitspanne von etwa 30 Sekunden. Hier werden Informationseinheiten mit den Inhalten des Langzeitgedächtnisses verglichen und so die Bedeutung abgeleitet. Anschließend werden die einzelnen Worte vergessen und nur die Bedeutung behalten. Wieder ist die Verarbeitungsgeschwindigkeit von Bedeutung, denn das Eintreffen von neuen Informationseinheiten kann dazu führen, dass das Kurzzeitgedächtnis überfrachtet wird, wenn die vorangegangene Information noch nicht verarbeitet ist. Ein Grundschulkind ist damit schnell überfordert, die einströmende Information zügig genug zu verarbeiten und kann deshalb keine Bedeutung daraus ableiten. Sobald aber einige Einheiten automatisch bearbeitet werden, da sie dem Lernenden vertraut sind, bleibt mehr Zeit, sich den unbekannten, neu zu lernenden Einheiten zu widmen.
Hat der junge Lerner der englischen Sprache einmal die Bedeutung aus der gehörten Äußerung abgeleitet, kann er sie für den späteren Gebrauch in das Langzeitgedächtnis übertragen. Man geht davon aus, dass die Information in einer reduzierten Form im Langzeitgedächtnis gespeichert ist, da man sich meist nur an die Grundbedeutung des Gehörten erinnert.
(Vgl. Ur 1984, S. 22)

Der Hörverstehensprozess scheitert, wenn
- einzelne englische Laute nicht richtig gehört werden, weil sie noch gar nicht oder nur etwas anders aus der Muttersprache bekannt sind,
- Betonung und Melodie der englischen Sprache noch nicht vertraut sind,
- ähnlich klingende Wörter verwechselt werden,
- Vokabeln und Ausdrücke nicht bekannt sind,
- der Lerner sich ablenken lässt,

- das Gesagte falsch interpretiert wird,
- grundlegende Fähigkeiten wie Themenerkennung oder Antizipation der möglichen Entwicklung des Themas nicht ausgeprägt sind und
- der Lerner aus unterschiedlichen Gründen nicht zeigt, wenn er nicht genug verstanden hat.

Aus dem Wissen um den Hörverstehensprozess und die möglichen Gründe für Schwierigkeiten in seiner Abfolge resultieren geeignete didaktisch-methodische Maßnahmen zum Auf- und Ausbau des Hörverstehens bzw. auch zur Therapie von Defiziten in diesem Bereich.

7.2.2 Systematik der Anbahnung von Hörverstehen

a) Phonetischer Grundkurs

Die zu erlernende Sprache klingt für den Grundschüler anfangs fremd, weil er bestimmte Laute noch nicht kennt und teilweise nicht einmal die Wort- bzw. Satzgrenzen in einem gesprochenem Text ausmachen kann.
Am Anfang des Hörverstehens steht deshalb der Aufbau von Wahrnehmungsleistungen, der phonetische Grundkurs.
Große Bedeutung kommt der Schulung der Lautunterscheidung von bedeutungsverändernden Phonemen zu. Dies kann man den Schülern verdeutlichen, indem man ihnen *minimal pairs* vorstellt, bei denen genau auf die Aussprache geachtet werden muss, um die Worte nicht zu verwechseln. Im ersten Schritt wird den Kindern der Unterschied bewusst gemacht, indem er korrekt vorgesprochen, anschließend nachgesprochen wird. Beispiele für solche *minimal pairs* im grundschulrelevanten Wortschatzbereich sind *pen* und *pan*, bei denen sich die Bedeutung sich durch leichte Variation des Vokals von /e/ zu /æ/ ändert. Bedeutungsunterschiede können ebenfalls auftreten durch die zu harte bzw. weiche Aussprache eines Vokals wie bei *bed* und *pet*. Eine motivierende Art *minimal pairs* effizient zu üben sind beispielsweise Reime, Sprüche oder Zungenbrecher.

Laute, die in der Muttersprache nicht bekannt sind, müssen gesondert beigebracht werden (vgl. Kapitel 7.1 Ausspracheschulung). Die richtige eigene Aussprache hilft dabei, etwas auch richtig hören zu können.
Die Befähigung, in flüssig gesprochenen Wortfolgen Wort- und Einzellaute unterscheiden zu lernen, kann man trainieren, indem man sich intensiv mit dem Hören der fremden Sprache beschäftigt. Obwohl die Schüler später in

Hörtexten nicht immer jedes einzelne Wort auch verstehen und übersetzen können müssen, so sollen sie isoliert doch genau verstehen können. Der Grund liegt darin, dass bei der Verwechslung ähnlich klingenden Wörter im Englischen der gesamte Verstehensprozess verlangsamt oder ein Verstehen gar nicht mehr möglich ist.

Weitere effiziente Übungen für den phonetischen Grundkurs in der Grundschule sind z.B.:
- Zuordnungsaufgaben
Beispiel: Laute werden Lautsymbolen zugeordnet
- Reimwörter wiedererkennen und nennen
- Abweichende Laute wiedererkennen
Beispiel: *odd word out*
- Einzelwörter isoliert nachsprechen
- Kontrollwörter in einem Text richtig aussprechen
Beispiel: Wörter, die in einem Text als Bild vorkommen, aussprechen (Text wird von der Lehrkraft vorgelesen)

b) Erstes Textverständnis

Wenn eine Aussage gehört wird, dann geht es meist nicht darum, jedes einzelne Wort zu verstehen, sondern vor allem um das Verstehen der Bedeutung des Gesagten, so dass darauf angemessen reagiert werden kann. Deswegen ist im Unterricht extensives Hören auch von Texten mit unbekannten Wörtern und Wendungen bedeutsam.

„*The children should be told that they cannot always be expected to understand every word. The teacher needs to be clear in her own mind if the children are being asked to understand the general content of a spoken text; this is known as understanding the 'gist' of the message. ... The use of support materials will help children feel confident about what is important to concentrate on.* (Brewster 1991, S. 56f)"

Beim Hören und Verstehen eines fremdsprachlichen Texts werden zwei Niveaus gefordert (vgl. Bryne 1980, S. 105).
Beim Erkennungsniveau geht es um Lautunterscheidung, Identifikation von Wörtern und Satzteilen in ihren strukturellen Beziehungen und von Zeitfolgen. Die Schüler sollen Sprachaspekte wie Laute, Betonung, Rhythmus, Intonation erkennen und neue Wörter und Strukturen kennen lernen. Dies lässt sich didaktisch effizient umsetzen mit Songs und Reimen im Bereich der Lautunterscheidung und mit Stories im Bereich grammatischer Strukturen und des Wortschatzes.

Beim Auswahlniveau werden die Elemente, die zum Verstehen des Sinns notwendig sind, herausgezogen. Wichtig ist es für den Hörer, sich auf einzelne Lautgruppen zu konzentrieren. Dabei werden zwar alle Teile eines Satzes gehört, verstanden und verarbeitet, nicht aber jedes Detail bzw. einzelne Wort. Vernachlässigt werden können dabei auch das Sprachniveau und Dialekte.

c) Training grundlegender Fähigkeiten

Der Schüler kann im schulischen Kontext besonders aus rein zeitlichen Gründen nicht wie ein Migrant oder gar Muttersprachler der englischen Sprache lernen. Es ist deshalb ein wichtiger Bestandteil des englischsprachlichen Lehrgangs, den Schüler durch Training zu diesen Fähigkeiten hinzuführen.
Eine wichtige Voraussetzung für die allgemeine Fähigkeit des Hörens ist das Training der Aufmerksamkeit. Sehr motivierend für die Schüler sind Konzentrationsspiele, die darauf abzielen, die Konzentrationsspanne zu erweitern und das Gedächtnis zu entwickeln. Ein Beispiel dafür ist das Spiel *Simon says*.
Zur Sicherung der Aufmerksamkeit im Unterricht verhelfen Variationen im Gebrauch der Stimme des Lehrers. Beim *storytelling* (vgl. Kapitel 5.2) beispielsweise verfolgen Schüler gespannter und konzentrierter der Geschichte, wenn ihre Dramaturgie entsprechend stimmlich unterstützt wird.
Grundsätzlich gilt es auch, Schüler immer wieder zu ermuntern, auf ihr schon vorhandenes Vorwissen zurückzugreifen, um die Bedeutung von unbekannten Wörtern zu erschließen. Trainieren lässt sich dies mit Wortschatzarbeit, bei der die Ähnlichkeit englischer und deutscher Wörter deutlich gemacht wird (z.B. *school* – Schule, *elephant* – Elefant). Eine solche Kognitivierung hilft der motivierenden Erkenntnis, nicht alle englischen Wörter als wirklich unbekannt in gleicher Weise lernen zu müssen.
Unterstützend wirkt auch die Verwendung von Kollokationen (z.B. *tired – bed – sleep – night*). Schon die Kombination von offensichtlich bestehenden Beziehungen untereinander und die dadurch eingebetteten Informationen hilft Grundschülern, die Bedeutung eines Wortes auch ohne jede Erklärung oder Visualisierungshilfe nur anhand eines Hörtextes zu erschließen (vg. Wunsch 2002, S. 127).

d) Vorentlastung eines Hörtextes

Sinnvoll ist es im Rahmen der *pre-listening activities*, zunächst einen situativen Rahmen zu schaffen. Dazu kann der Kontext vor der Präsentation des Hörtextes mit einem Bild verdeutlicht und beschrieben werden: Zuerst werden Schlüsselbegriffe erarbeitet und so ein Vorstellungsrahmen erzeugt, der den Schülern dann das Zuhören erleichtern soll. Dabei kann ein Vergleich des Bildes, Titels oder Kontextes mit dem Weltwissen der Kinder intensiv auf den kommenden Hörtext vorbereiten.

Die lexikalische Vorentlastung lässt sich je nach Lernfortschritt erweitern um eine ganz elementare grammatische und syntaktische Vorentlastung, wenn dies zum Verstehen des Textes notwendig ist.

Ebenso bieten sich gegebenenfalls einfache Leitfragen an, die das Textverstehen begleiten, entlasten und vereinfachen.

Eigene Vorhersagen über den kommenden Hörtext zu treffen (*predicting*) ist eine Verstehens- und Texterschließungsstrategie des „intelligenten Ratens" (Timm, 1999, S. 222), die Selbstsicherheit beim Hören englischsprachlicher Texte anbahnt. Dazu kann ein Textanfang auch schon einmal kurz vorgespielt oder vorgelesen werden.

e) Effektiv hören und zuhören

Das Hören der englischen Sprache ist keine passive Handlung: Eine sinnvolle, konkrete und unterstützende Aufgabe und Beschäftigung während des Hörens (*while-listening-activities*) unterstützt und fokussiert die Konzentration auf wesentliche Hördetails. Zu Beginn, bei der Anbahnung des Hörverstehens, sind dies ganz einfache Übungen z.B. der Zuordnung von Bildern zum Gehörten.

Die physische oder mediale Präsenz eines Sprechers während des Hörens bedeutet eine weitere wichtige große Hilfe für die Schüler, da aus Mimik und Gestik phasenweise auf den Inhalt des Gesagten geschlossen werden kann. Schon bekannte muttersprachliche Strategien, beispielsweise der unbewussten Interpretation von Gefühlen durch die Intonation des Sprechers, ergänzen diese Hilfestellung.

Eine erhebliche Rolle im Aufbau der Basis-Hörverstehenskompetenz spielt die Wiederholung des Hörtextes. Anders als in englischen Realsituationen muss in der Trainingssituation des Grundschul-Englischunterrichts ein neuer Hörtext mehrmals vorgesprochen, vorgelesen oder vorgespielt werden.

Geeignete grundschulgerechte *while-listening activities* möglichst ohne verbale Reaktion des Schülers lassen sich beispielsweise wie folgt kategorisieren:
- Hören und Aktionen ausführen/Anweisungen befolgen
Beispiel: *Simon says*; Tanzlieder; Signalkarten zeigen
- Hören und (aus)malen/ankreuzen
Beispiel: Farbendiktate; Bilder ankreuzen; *picture dictation*
- Sachfehler berichtigen
Beispiel: Bildbeschreibung; Text mit Fehlern und Widersprüchen
- Hören und etwas herstellen/bauen
Beispiel: Legosteine nach Anweisung zusammenbauen
- Hören und beschriften
Beispiel: Namen in einen Stammbaum eintragen
- Hören und zeichnen
Beispiel: Wege auf einer Karte einzeichnen; Stimmungen charakterisieren (*smileys*)
- Hören und zusammenfinden
Beispiel: Bingo
- Hören und Reihenfolge festlegen
Beispiel: Bildergeschichte ordnen; Gegenstände sortieren; *key words* auf Streifen ordnen

f) Nach dem Hören

Die Nachbereitung eines Hörtextes (*post-listening activities*) ist die intensivste Phase der Bearbeitung und Aufbereitung. Nach der ersten Überprüfung von Global- und Grobverstehen werden in dieser Phase weitere Informationen herausgefiltert, die für das weitere kommunikative Sprachhandeln der Kinder bedeutsam sind, etwa die Anwendung von Hörstrategien für eine Problemlösung oder die Kombinierung von Hörsequenzen.
Das didaktische Prinzip des Vorgehens vom Allgemeinen zum Speziellen bildet dazu die generelle methodische Grundlage.
Im Vergleich zu *while-listening activities* sind die Aufgaben der *post-listening*-Phase viel komplexer: Nach dem zum Teil mehrmaligen Anhören des Textes wird dieser nun produktiv durch Schreiben, Lesen oder Sprechen verarbeitet. Dabei kommt es – je nach Leistungsstand - durchaus auch im Grundschulbereich zu längeren sprachlichen Einheiten, wenn neben dem reinen Textverstehen reproduziert, auf Fragen geantwortet und bei stärkeren Schülern auf Deutsch zusammengefasst wird (vgl. auch Ur 1984, S. 127).

Die *post-listening activities* sind dabei entweder Ausweitungen und Ergänzungen der Arbeit vor und während des Hörens, ganz wenige Aufgaben können nur indirekt Beziehungen zum Text haben.
Die Textverständnisüberprüfung ist in dieser Phase in der Regel auch eine Lernzielkontrolle. Sie kann in Form von Gesprächen stattfinden, aber auch mit dem Einsatz von Arbeitsblättern, Spielen usw. (vgl. Kapitel 8).

Für den Englischunterricht der Grundschule geeignete *post-listening activities* zur Überprüfung des Grobverstehens sind beispielsweise:
- *true/false*-Übungen
- Hören und raten
Beispiel: Lehrer beschreibt eine Person /Situation/... des Textes
- Lückentexte; Satzergänzungen
Beispiel: Ergänzen von Namen in einem weiteren kleinen Hör- oder Lesetext
- *wh*-Fragen beantworten
Beispiel: *Who is Sam's sister?* etc.
- Beschriebene Begriffe aus dem Gehörten erkennen und nennen

Die Möglichkeiten, das Gehörte (und Verstandene) im Anschluss an Grundübungen noch produktiv umzusetzen, sind mit den noch elementar ausgebildeten englischsprachigen Fertigkeiten in der Grundschule eng begrenzt.
Die dramaturgische (Re-)Produktion verschiedener Szenen des Textes als Dialoge, szenische Darstellungen oder kleinen, thematisch gleichen Simulationen einzelner Situationen (vgl. Kurtz 2001) sind jedoch möglich. Die Geschichte eines *storybook* beispielsweise kann in ein Hörspiel und/oder ein Schatten- oder Theaterspiel für die Eltern, Freunde, Verwandte und Parallelklassen umgesetzt werden.

7.2.3 Auswahlkriterien für Übungen zum Hörverstehen

Im Englischunterricht der Grundschule beginnt man mit der elementarsten Form des Hörverstehens: Dem Lehrer zuhören, das Gesprochen dekodieren, interpretieren, umzusetzen und ausführen. Zunächst ist die Fähigkeit das Ziel, in eine rezeptive Wechselbeziehung zum Sprecher zu treten. Darauf wird dann mit gezielten Hörverstehensübungen anhand einfacher Hörtexte aufgebaut.
Der Erfolg einer speziellen Hörverstehensschulung mit kürzeren oder längeren Hörtexten ist kein zufälliges Produkt. Es gilt, die Voraussetzungen in der Lerngruppe genau zu analysieren und zu bewerten, und dann, auch abhängig

von den Rahmenbedingungen des Lernkontextes, geeignete Übungen nach passenden Kriterien auszuwählen.

Die grundlegenden Voraussetzungen in der Lerngruppe bilden die Basis der Auswahl. Dazu gilt es zu klären, inwieweit Vorkenntnisse, Gedächtnisleistung, Konzentrationsfähigkeit, Leistungsheterogenität, Interessen, Klassenklima sowie sprachliche Voraussetzungen wie z.b. Wortschatz präsent sind. Den Ablauf der Hörverstehensübung beeinflussen Rahmenbedingungen wie Größe und Art der Arbeitsumgebung, technische Ausstattung, Hintergrundgeräusche, Anzahl der Schüler, situativer Hörrahmen und Zeitpunkt der Übung.

Mögliche Probleme werden schon vorab minimiert, indem
- die Auswahl der Übungen Erfolgserlebnisse verschaffen,
- die Hörtexte verständlich sind,
- visuelle Hilfen eingeplant sind,
- jedem Lerner die Aufgabe klar ist,
- der flüssige Ablauf der Übung gewährleistet ist und
- vorherige Probleme, Bedenken, Änderungs- und Verbesserungsvorschläge der Lerner in *Feedbacks* und Reflexionen erfragt und berücksichtigt wurden.

Beim Hörmaterial selbst, die Lehrersprache eingeschlossen, gilt es folgende Kriterien zu beachten:
1. Sprache
Neues im Text, z.B. der Wortschatz, sollte durch bestehendes Wissen herleitbar oder durch Vorentlastung weitgehend geklärt sein.
2. Länge
Grundschulgerechte Hörtexte im Englischen überschreiten eine durchgehende Dauer von zwei Minuten generell nicht. Die Konzentrationsfähigkeit gelangt dann bei nahezu allen Kindern an deren Grenzen. Längere Texte können durch mehrmaliges Anhalten in Portionen zerlegt werden, *pre-listening-activities* entlasten vor. Unter 30 Sekunden wiederum können sich Kinder nicht genügend einhören und auf den Sprecher bzw. den Inhalt einstellen.
3. Inhalt
Man beginnt mit einfachen Texten, ohne Jargon-Wörter, ohne Sprünge zwischen Zeitformen im Text, ohne abstraktes Konzept und mit klarer Gliederung. Die Texte sollen altersgerecht, interessant, relevant und abwechslungsreich sein. Neben witzigen und narrativen Texten sind ernsthafte Themen nicht ausgeschlossen.

4. Grad der visuellen Unterstützung
Bildliches Material jeder Art, Wortkarten und Strukturhilfen helfen, einen Hörtext verfolgen, erschließen und verstehen zu können (vgl. Kapitel 4).
5. Stil
Sprecher unterschiedlicher Sprachstile und -varianten sollten anfangs nur bedingt eingesetzt werden. Wenige, z.B. in Dialogsituationen mit zwei Sprechern, schaffen Vertrautheit und besitzen Wiedererkennungswert. Der Anspruch an dieses Kriterium kann mit der Entwicklung der Sprachkompetenz langsam gesteigert werden.
6. Geschwindigkeit
Die Normalität ist auch bei diesem Kriterium das Maß aller Dinge: Verlangsamte Hörtexte sind und wirken nicht authentisch, sogar gekünstelt. Sprecher mit langsamer, aber normaler Sprechgeschwindigkeit sind für den Anfang besonders geeignet. Sprechpausen, um das Gehörte zu rekapitulieren, unterstützen den Verstehensprozess.
7. Authentizität
Ein grundlegendes Prinzip des Englischunterrichts an Grundschulen ist die Authentizität (vgl. Kapitel 4.2). Unbearbeitete, reale Texte gewöhnen schneller an Merkmale der alltäglichen englischen Sprache mit Wiederholungen, Bindungen, falschen Starts, Stocken, Ellipsen und Verschleifungen von Wörtern.
8. Qualität
Jegliche Nebengeräusche zur klaren Sprache des Sprechers erzeugen anfangs noch Probleme. Ausnahmen sind dazu die unterstützenden, zur Bedeutungsklärung gezielt eingesetzten Geräusche. Zusätzliche Hintergrundgeräusche stellen eine erhöhte Anforderung dar und treten nach und nach hinzu, um an Realsituationen zu gewöhnen.

Grundschulspezifische Kriterien kurz zusammengefasst sind demnach (vgl. Gower 1983, S. 88):
- Ein kurzer Text
- Ein oder zwei Sprecher, die gut auseinanderzuhalten sind
- Die Sprecher sprechen langsam (und trotzdem natürlich) und dialektfrei
- Einfache Grammatik und Vokabeln
- Keine Hintergrundgeräusche
- Die Sprecher können auch gesehen werden (audio-visuell)
- Ein bekanntes Thema
- Leicht zu erkennende Strukturen im Text
- Wiederholung und Pausen im Text

- Der Text sollte etwas über dem Kenntnisstand der Schüler liegen, um Hörverstehen zu entwickeln

7.3 Vorsichtige Integration des Schriftbildes

Das Schriftbild spielt beim Englischlernen in der Grundschule eine untergeordnete Rolle, vergleicht man die zugehörigen kommunikativen Fertigkeiten des Schreibens und Lesens mit denen des Hörverstehens und elementaren Sprechens. In der anerkannten Hierarchie einer groben Lernabfolgestruktur der *four skills* müssen sie eine in diesem frühen Lernstadium logische, dienende Funktion haben, da von der primären Rezeption einer Fremdsprache über das erste Hören und Verstehen und der resultierenden imitativ-reproduktiven Sprachproduktion ausgegangen wird. Das Schriftbild, das beim Muttersprachenerwerb in der Regel bis weit in die Vorschulphase nicht zur Verfügung steht, gänzlich auszuklammern, hieße aber auch 8- und 9-jährige Schüler wieder zu Vorschulkindern zu machen, ohne all ihre Spracherfahrungen und den besonderen Lernkontext Schule zu berücksichtigen (vgl. Kapitel 2 und Mindt 2000).

Englisch schreiben und lesen zu können, darf in keinem Fall als Parameter für Sprachkönnen überbetont oder gar als Selektionsinstrument zum Übertritt in weiterführende Schulen werden (vgl. Börner 2002, S. 37). Die in der Regel sprachleistungsheterogene Zusammensetzung einer Grundschulklasse umfasst auch jene Kinder, die schon in der Muttersprache erhebliche Schwierigkeiten mit dem Schriftbild haben. Stärker und schwächer ausgeprägte Formen von Legasthenie müssen in diese Betrachtungsweise miteinfließen.

Zudem scheint das erhöhte Phonem-Graphem-Verhältnis des Wortschatzes von muttersprachlichen Viertklässern im Englischen (etwa 1:4) gegenüber der dem der deutschen Sprache (1:13) den Schluss zuzulassen, dass das Erlernen der englischen Schriftsprache erheblich schwieriger sein dürfte (Nyikos nach Bleyl 2000, S. 86; vgl. auch Reisener 2003, S. 95).

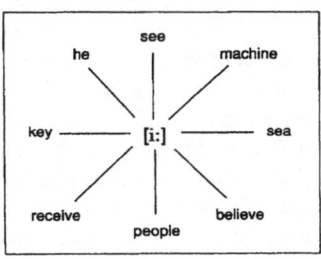

Abb. 7: Phonem-Graphem-Repräsentation des /i/-Lautes (Reisener 2003, S. 95)

Diese leistungsschwächeren Kinder frühzeitig zu entmutigen heißt auch, sie in ihrer eigenen, aus Erfahrung eher negativen Leistungseinschätzung zu bestätigen, diesen Erfahrungswerten auch eine negative Einstellung dem Englischen gegenüber hinzuzufügen und ihnen somit schon bald die Chance zu nehmen, die englische Sprache für sich als Kommunikationsmittel zu erschließen. Das Wissen um die sich sehr schnell öffnende Leistungsschere und die Individualität des (Englisch-)Lernens muss in geeignete differenzierende Maßnahmen münden (vgl. Kapitel 7.4), die neben dem unterschiedlichen Rechtschreibfähigkeiten auch die verschiedenen Hördiskriminations- und Artikulationsfähigkeiten berücksichtigen.

Der frühe Einsatz des Schriftbildes ist wegen des Unterschieds zwischen englischer Schreibung und Lautung zumindest nicht völlig unproblematisch. Solange das Klang- und Lautbild eines englischen Wortes nicht gesichert, d.h. durch häufiges Wiederholen und Üben automatisiert worden ist, kann – anders als in der deutschen Sprache – das englische, nicht-phonetische Schriftbild zur falschen Aussprache führen, die wiederum schnell fossilisiert, wenn nicht sofort korrigiert wird bzw. werden kann. Beobachtet werden kann zudem, dass bei der Vermittlung der englischen Orthografie Interferenzen zwischen der englischen Sprache und der Muttersprache auftreten.
Auch ist der deutschsprachige Prozess des Lesen- und Schreibenlernens in der dritten und vierten Klasse nicht vollständig abgeschlossen. Die Gefahr, dass ein weiteres, völlig unterschiedliches Schreibung-Lautungssystem zu erheblicher Verwirrung gerade bei den leistungsschwächeren Schülern und denen mit Deutsch als erster Fremdsprache führen kann, ist unbestreitbar gegeben.

Auf die vorsichtige, kindgemäße Berücksichtigung des Schriftbildes mit der individuellen Orientierung an Leistungsstand und Bedürfnis eines Schülers (vgl. Schmid-Schönbein 2001, S. 124ff) kann nicht völlig verzichtet werden. Grundschulkinder begegnen der englischen Schrift in ihrer alltäglichen Umwelt (vgl. Kapitel 5.1) - bewusst oder unbewusst, mit Kenntnissen über die Wortbedeutung oder ohne, aber immer völlig entspannt und vorurteilslos. Die Erkenntnis, dass englische Wörter teils völlig anders geschrieben als gesprochen werden, resultiert aus dieser Vorerfahrung und kann erfahrungsgemäß von Grundschülern so sinngemäß verbalisiert werden..
Solche omnipräsenten englischen Wörter werden in der Regel im Schriftbild wiedererkannt und meist in einer akzeptablen Aussprache abgelesen, in Ausnahmefällen führt die Diskrepanz bei wenigen Kindern zur Überforderung.

Wegen der relativ geringen Unterschiede zum Klangbild nahezu immer richtig ausgesprochen werden Wörter wie z.B. *computer, basketball, hobby, exit, film, music, babysitter, clever, golf, stop, song, poster, western, sticker, shop, comic, jogging, fan, farm, fit, city, mix, golf, happy, story, shop, party, teddy, pop-corn, song, sorry, pudding, star, yes.*
Größere Anforderungen an die Umsetzung der von der Lautung unterschiedliche Schriftweise stellt das Lesen von beispielsweise *OK, high, cool, big brother, general, action, babysitter, cornflakes, inline skater, interview, music, discjockey, jeans, ketchup, body, FBI, bubble gum, made, film, make-up, car, manager, fitness center, match, cash, foul, milkshake, center, gentleman, Germany, girl, clever, clown, hairspray, money, mountainbike, roller skates, Scotland Yard, service, surfboard, sheriff, oldie, swimmingpool, online, shorts, T-shirt, show, team, party, showmaster, playback, single, teenager, playboy, skateboard, toast, soft ice, walkman, sound, western, spray, whisky, pullover, quiz, steak, ranch, stewardess.*
Da der Wortklang durch die Omnipräsenz der Wörter in der medialen Umwelt der Grundschulkinder in der Regel bekannt und durch wiederholtes Hören quasi automatisch gefestigt wird, kann es trotz des mehr oder weniger stark abweichenden Schriftbildes wiedererkannt und ausgesprochen werden. *False friends*, englisch richtige Begriffe mit falscher Bedeutungszuordnung, werden aus dem gleichen Grund richtig ausgesprochen, die richtige Bedeutung muss jedoch neu gelernt werden: *handy* statt *mobile phone*, *cola light* statt *diet coke*, *oldtimer* statt *veteran car*, *button* statt *badge* etc.

Englische Wörter lesen und richtig schreiben zu lernen, ist bei vielen Kindern ein nur allzu verständlicher und sehr ernstzunehmender Wunsch. Es hat sich in der Praxis außerdem herausgestellt, dass viele Kinder auf das Schriftbild schon deshalb nicht verzichten wollen, um den neu erlernten Wortschatz als Orientierungshilfe auch schriftlich fixieren zu können. Der Einbezug beider Sinneskanäle, Auge und Ohr, bedeutet dabei auch eine doppelte Wahrnehmung des Wortes. Wollen Schüler englisch schreiben bzw. lesen, bieten entsprechende sinnvolle Übungen auch die Möglichkeit zur Binnendifferenzierung (vgl. Gompf 1998, S. 25). Einige wären u.a.: Bild- und Wortkarten zuordnen, eigene Zeichnungen beschriften, schriftlichen Anweisungen folgen, Wortfeld-/*wordweb*-Sammlungen anlegen, kurze kindgerechte Texte entschlüsseln, *storybooks* mitlesen, kreative Schreibprodukte erstellen (vgl. Klippel, 2003).
Wird Kindern trotz des Wunsches das Schriftbild vorenthalten, entwickeln sie dazu eigene Vorstellungen auf der Grundlage des muttersprachlichen Schrift- und Klangbildes (z.B. „jello" statt *yellow*, „leit" statt *light*, „pensil"

statt *pencil*, „buck" statt *book*). Diese fossilisiert und muss in weiterführenden Schulen unter Mühen umgelernt werden, was zu Frustration und Demotivierung führen kann.

Die starke lernunterstützende Wirkung wird besonders von der die Mehrheit bildenden visuell ausgerichteten Grundschülern geschätzt. Daher kann diesen Lernertypen das Schriftbild nicht vorenthalten werden, sondern muss als optische Hilfe beim Wortschatzlernen und Memorieren bzw. Wiedererkennen sinnvoll eingesetzt werden (z.B. *flash cards*). Es kann ihnen anfangs und temporär u.a. auch helfen, Sätze in einzelne Wörter zu segmentieren und damit die jeweilige Satzaussage leichter begreifen zu helfen, bevor die einzelnen Wörter – jetzt verstanden – gemeinsam wieder eine bedeutungstragende, ganzheitliche Satzeinheit bilden. Die Sprechflüssigkeit (*fluency*) der englischen Sprache mit ihren Lautverschmelzungen an den Wortenden (vgl. dazu Kapitel 7.1) macht Kindern nicht-englischer Muttersprache besondere Schwierigkeiten beim Hören vor allem authentischen Materials.

Die methodischen Übungsmöglichkeiten in einem Englischunterricht, der auf das Schriftbild nicht völlig verzichtet, sind abwechslungsreicher, interessanter und letztlich auch arbeitshygienischer. Die Konzentrationsfähigkeit, die von Schüler- als auch von Lehrerseite für hauptsächlich sehr intensive mündlich-darbietende Unterrichtsphasen und Hörverstehensaufgaben aufgebracht werden müssen, lässt im Grunde nur überschaubare, relativ kurze Zeiteinheiten zu. Die traditionelle Unterrichtsdreiviertelstunde überfordert in diesem Fall nahezu alle Kinder einer Klasse.
Das geschriebene englische Wort wirkt gegenüber dem gesprochenen erheblich länger nach und besitzt so z.B. als Ergebnissicherung auch eine bedeutende Referenzfunktion.
Schriftliche Aufgaben und Leseübungen, möglichst in spielerischer-kreativer Form und nach sinnvollen Aufbaustufen (vgl. Mindt/Schlüter 2003, S.47), erhalten den homogenen, wechselhaften Ablauf von Spannung und Entspannung bzw. von lebhaften und ruhigeren Unterrichtsphasen. Dazu gehört zunächst z.B. die Zuordnung von Bildern und Wörtern durch Ausschneiden und Einkleben des zugehörigen Schriftbildes oder durch einfaches Ankreuzen von Auswahlmöglichkeiten, um eine falsche Schreibung anfangs auszuschließen. Ist genügend Wortschatz aufgebaut und somit ein Fundus an bekannten Kontexten (*supermarket*, *hobbies*, *sports* etc.) sowie zugehörigen Lexemen verfügbar, bieten sich u.a. dialoghafte Comics an, deren leere Sprechblasen ausgefüllt werden können.

Das Lesen von Auftragskarten eröffnet später ganz neue methodische Möglichkeiten zum Schaffen von Sprechanlässen z.B. in Dialogen und ersten Rollenspielen (vgl. Williams 1984).
Schriftliche Produkte lassen sich zudem sammeln, präsentieren oder als Grüße verschicken. Beschriftungen von Gegenständen im Klassenzimmer beispielsweise erhöhen die Identifikation durch die Möglichkeit der Mitgestaltung und stärken nicht nur das auf das Englischlernen gerichtete Selbstwertgefühl.

Bestandteile eines Sprachenportfolios werden ohne das Schriftbild nicht auskommen, wenn es aussagefähig sein soll im Sinne einer Information über das bisher Gelernte im Allgemeinen und einer Aussage über einen Ausschnitt des englischsprachigen Könnensstand im Besonderen.

Ein Verzicht auf die Einführung des englischen Schriftbildes ist demnach nicht die Lösung auf die Schwierigkeiten, die die Diskrepanz zwischen englischer Schreibung und Lautung ergibt.
Größte Vorsicht ist geboten ob des Zeitpunktes der Einführung der geschriebenen Form eines neu zu lernenden Wortes: Erst nach der mündlichen Sicherung des Wortklangs und mehrfacher Wiederholung, die sich nach Länge und Lautschwierigkeiten innerhalb des Wortes richten muss, kann das Schriftbild für die zukünftige Aussprache gefahrlos präsentiert werden. Wird der Wortklang dazu wiederum vorgegeben, entsteht bei den Grundschülern durch diesen Kontrast ganz von selbst die unausgesprochene Einsicht, dass ein Unterschied Bild-Klang überhaupt besteht, eine eigene, erfundene Schreibweise orthografisch falsch wäre, letztlich das laute Lesen auf Englisch der Übung bedarf und nicht, wie zur selben Zeit in der Muttersprache, ab einer gewissen Könnensstufe Wortbilder fast automatisch artikuliert werden können.
Eine ontogenetische Nachordnung der Schrift (vgl. Mertens 2003, S. 129) bezieht sich beim Englischlernen in der Grundschule demnach auf einen relativ kurzen, jedoch nicht unmittelbaren Zeitraum zwischen der Präsentation der Lautung bzw. der Schreibung eines Wortes, nicht aber auf ein längerfristiges, unter Umständen gar künstliches Zurückhalten des Schriftbildes.

7.4 Binnendifferenzierung

Lernen, so auch das Englischlernen, ist ein höchst individueller Prozess. In heterogenen Gruppen, wie auch speziell Grundschulklassen es sind, wird dies besonders durch die unterschiedliche Leistungsfähigkeit bei für alle Schüler einer Klasse identischen und in den Englischlehrplänen der Länder festgelegten Lern- und Bildungsziele, das Verhalten im Unterricht sowie die großen Differenzen der individuellen Erfahrungswelten deutlich. Alle Grundschulkinder werden in Lerngruppen (Klassen) unterrichtet, die weder den Leistungsstärkeren noch den Leistungsschwächeren wirklich gerecht werden können.
Die großen Unterschiede resultieren aus dem permanenten gesellschaftlichen Wandel mit großen Veränderungen auf der organisatorischen Ebene des Zusammenlebens von Menschen zunehmend in Familien mit nur einem Elternteil, der wachsenden Interkulturalität der Gesellschaft sowie dem veränderten Freizeitverhalten der Kinder und Jugendlichen.

Für den Englischunterricht an Grundschulen stellt die Unterschiedlichkeit der jungen Lerner bezüglich ihrer individuellen Fähigkeiten und Begabungen, Interessen und Neigungen (vgl. Kapitel 2.1.6) sowie eventueller Teilleistungsschwächen und Sprechhemmungen eine große Herausforderung bezüglich der effizienten Lerngestaltung dar.
Diesen individuellen Unterschieden adäquat und kindgerecht zu begegnen, bedeutet individualisierende didaktisch-methodische und organisatorischen Maßnahmen und somit Lernbedingungen innerhalb des Sozialgefüges Klassenverband zu ergreifen, die in dessen Rahmen ein individuelles Aneignen der englischen Sprache weitgehend ermöglichen.
Sie zu ignorieren bedeutet, einen Großteil der Schüler entweder zu über- oder zu unterfordern – beides gefährdet gleichermaßen den angestrebten Lernerfolg.
Die Gesamtheit dieser Maßnahmen im Lernraum Klassenzimmer wird „Innere Differenzierung" oder auch „Binnendifferenzierung" genannt:

„Unter Differenzierung wird einmal das variierende Vorgehen in der Darbietung und Bearbeitung von Lerninhalten verstanden, zum anderen die Einteilung bzw. Zugehörigkeit von Lernenden zu Lerngruppen nach bestimmten Kriterien. Es geht um die Einlösung des Anspruchs, jedem Lernenden auf optimale Weise Lernchancen zu bieten, dabei die Ansprüche und Standards in fachlicher, institutioneller und gesellschaftlicher Hinsicht zu sichern und gleichzeitig lernorientiert aufzubereiten.
Differenzierung stellt sich für die Organisation von Lernprozessen als Bündel von Maßnahmen dar, Lernen in fachlichem organisatorischem, institutionellem wie individuellem und sozialem Bezug zu optimieren." (Bönsch 1995, S.21)

Das Ziel der Binnendifferenzierung im Englischunterricht in Grundschulklassen ist es dabei nicht, diese durch Stärkung der leistungsschwächeren Schüler und Verlangsamung des Lernfortschritts der stärkeren homogener zu machen, sondern allen Mitgliedern individualisierte und so subjektiv optimalisierte Sprachlernwege aufzuzeigen und gemeinsam mit ihnen zu beschreiben. Lerndefizite sollen dabei nach Möglichkeit weitgehend ausgeglichen werden, der Unterricht stärker schülerorientiert ausgerichtet werden. Wichtig für das Gelingen binnendifferenzierender Maßnahmen sind dazu schülergemäß gestaltete Arbeitsmittel und Materialien.

Äußere Differenzierungsmaßnahmen, wie die Aufteilung in klassenübergreifende Leistungskurse, die fächerübergreifende Differenzierung (*streaming*) oder die fachspezifische Differenzierung (*setting*) beispielsweise, sind für den institutionellen Rahmen der Grundschule im Allgemeinen und speziell den dortigen Englischunterricht unter den Organisationsbedingungen der Regelschulen in Deutschland derzeit irrelevant. Die Möglichkeit, auf diese Weise über eine zunächst prognostizierte und in der Folge durch permanente Lernzielkontrollen verifizierte Leistungsfähigkeit Homogenität innerhalb von Lerngruppen zu schaffen, bleibt mit all ihren Folgen und Konsequenzen zu diskutieren.

7.4.1 Ebenen

Zwei übergeordnete Differenzierungsebenen, auf denen entsprechende individualisierende Maßnahmen ergriffen werden können, sind für den Englischunterricht an Grundschulen relevant: Die Differenzierung nach Unterrichtszielen sowie die Dauer der Differenzierung.

Die Differenzierung nach Unterrichtszielen (vgl. Kapitel 3) ist von zwei Überlegungen bestimmt, die in der Unterrichtsplanung festgelegt werden müssen.
1. Alle Schüler sollen dasselbe Unterrichtsziel erreichen. Dazu werden verschiedene Lernwege, -arten und -zeiten sowie Unterstützungen angeboten. Von den Schülern werden nicht in jedem Bereich die gleichen hohen Voraussetzungen an Kenntnissen, Fähigkeiten und Arbeitshaltungen verlangt, einfache genügen jeweils auch zum Erreichen des Lernziels.
Ein dabei geplantes, sukzessives „Abhängen" leistungsschwächerer Schüler wird mit gemeinsamen „Treffen" kompensiert, bei denen durch den Vergleich der unterschiedlichen Arbeitsergebnisse (Berichte, Übersetzungen, Zusammenfassungen, Erklärungen etc.) alle auf einen gleichen Basis-Wissensstand gebracht werden. Solche Lernplattformen sind

gleichbedeutend mit dem Erreichen von Teillernzielen innerhalb eines Lernziels.
Genauso können viele Aufgaben für alle Lernniveaus gleich formuliert sein, werden aber individuell und entsprechend dem jeweiligen Leistungsniveau gelöst, z.B. Grußkarten schreiben, Dialogen erweitern, Simulationen vorbereiten etc. (vgl. Heuer/Klippel 1993, S.118).
2. Die Schüler sollen unterschiedliche Unterrichtsziele erreichen. Dabei kann es sich um verschiedene Niveaustufen innerhalb eines Grobzieles oder völlig verschiedene Grobziele handeln. Dazu werden Aufgaben mit unterschiedlichen, individuellen Anforderungen vergeben.

Eine zweite Ebene der Differenzierung, die der Dauer geplanter Maßnahmen, ist bei der Unterrichtsplanung zu berücksichtigen. Zeitliche Pole bilden dabei die langfristige sowie die kurzfristige Differenzierung.
Langfristig können beispielsweise bewusst heterogene oder homogene Leistungsgruppen gebildet sowie freie und selbstständig zu gestaltende Lernzeiten im Anschluss an erarbeitende Unterrichtsphasen eingeplant werden.
Kurzfristig in der Unterrichtsplanung berücksichtigt werden können gelegentliche Sonderbetreuungen einzelner Schüler (Individualisierung) oder auch Differenzierungen bezüglich einzelner Aufgabenstellungen, Hilfen und Arbeitsweisen.
Ein besondere Herausforderung an die Professionalität jeder Lehrkraft stellen flexible, spontane Differenzierungen aufgrund unerwarteter individueller Lernverläufe dar. Solche Maßnahmen können nur vor dem Hintergrund entsprechenden Wissens bedarfsweise situativ effizient eingesetzt werden können.

7.4.2 Umsetzungsmöglichkeiten differenzierender Maßnahmen

Der erste Schritte zur Umsetzung binnendifferenzierender Maßnahmen im Englischunterricht an Grundschulen ist die detaillierte Analyse des englischsprachigen Leistungsstands der Lerngruppe durch geeignete diagnostische Tests (siehe Kapitel 8). In diese müssen eventuell zusätzlich vorhandene Erfahrungswerte zu Teilleistungsschwächen (Lese-/Rechtschreibschwäche, Memorierschwäche, Abstraktionsschwäche etc.) und Informationen zum sozialen Hintergrund (familiäre Schwierigkeiten, Ängste, Akzeptanz, Motive etc.) aufgenommen werden.

Wichtig erscheint, wie beim Aufbau jeder Lernkultur auch bei der Binnendifferenzierung systematisch vorzugehen und zunächst Routinen zu schaffen:

Bewährte methodischen Differenzierungsmaßnahmen sollten anfangs wiederholt und dann erst vorsichtig schrittweise erweitert werden; später kann sich das Repertoire an Materialien und Methoden auf dieser Basis auf- und ausbauen. Die gewünschte Beteiligung der Schüler an ihren eigenen Lernprozessen wird dann gelingen, wenn sie solche Maßnahmen ohne Zeitdruck als für sich effizient erkennen. Darüber geben permanente metakommunikative Reflexionen Auskunft, in denen mit den Schülern über Nutzen und Wirkung der einzelnen Differenzierungsmaßnahmen gesprochen, der Lernfortschritt dokumentiert und so Frustrationserlebnissen vorgebeugt wird.

Die im Folgenden für den Englischunterricht an Grundschulen dargestellten geeigneten binnendifferenzierenden Maßnahmen stellen mögliche Vorschläge und Verfahren dar, die an die individuelle Lernsituation in der zu differenzierenden Lerngruppe bzw. Klassengemeinschaft angepasst werden muss. Ungeeignet sind isolierte Differenzierungen nach methodischen Unterrichtsverfahren und Arbeitsweisen, Neigungen und Interessen sowie Themen und Inhalten. Die Variation von Unterrichtsverfahren ist in den nachfolgend genannten Maßnahmen schon implizit, das Interesse bzw. die Motivation am Englischunterricht ist bei Grundschülern fast ausnahmslos hoch. Die Themen bzw. Inhalte sind im englischen Anfangsunterricht aufgrund der sprachlichen Ausrichtung stark eingeschränkt, eine differenzierende Wahlmöglichkeit ist deshalb nur sehr begrenzt möglich.

Eine sinnvolle und vernünftige Binnendifferenzierung innerhalb des Englischunterrichts an Grundschulen kann nach verschiedenen Gesichtspunkten und Mitteln erfolgen:

a) Differenzierung nach Übungsanzahl, Arbeitsmenge, Stoffumfang

Diese Art der quantitativen Differenzierung impliziert das unterschiedliche Lerntempo innerhalb der Grundschulklasse und wird am häufigsten angewendet. Die Gesamtdauer der Maßnahme orientiert sich allgemein an den schwächeren Schülern.

Die Kinder absolvieren dazu je nach Leistungsstärke unterschiedliche Arbeitspensen, z.B. Zusatzaufgaben und -übungen (*Additum*) für diejenigen, die schneller mit den normalen Arbeitsaufträgen (*Fundamentum*) fertig werden. Besonders Augenmerk verdient hier die Freiwilligkeit der Auswahl aus einer Kollektion zusätzlicher Aufgaben, um keine Abwehrhaltungen der Kinder zu schaffen. Die zusätzlichen Lernangebote haben dazu einen möglichst spielerisch-kreativen Charakter.

Beispiel: Der neue Wortschatz zum Thema *months* wird gesichert, indem Bilder dazu von einen Arbeitsblatt ausgeschnitten, in der richtigen Reihenfolge ins Heft geklebt und mit den Monatsnamen beschriftet werden.

Die mögliche Auswahl für die schnelleren Schüler:
- einen vorbereiteten Kalender mit *weekdays* und *months* beschriften und gestalten
- sich auf vorbereiteten Kassetten/CDs mit Kopfhörer ein Lied dazu anhören
- einen Monat auswählen und zentral auf ein Blatt schreiben, dann dazu typischen Wortschatz als Cluster zuordnen: *June: sunny, summer, flowers, ...*

b) Differenzierung nach Übungstyp und Grad der Unterstützung

Diese qualitativ ausgerichtete Differenzierungsmaßnahme berücksichtigt in hohem Maße die unterschiedlichen Lernertypen sowie mögliche Lernschwierigkeiten. Sie ist äußerst vorbereitungsintensiv, aber eben auch besonders individualisierend.

Sollen alle Schüler die gleiche Aufgabe absolvieren, kann diese im Schwierigkeits- und Komplexitätsgrad variieren, indem verschiedene Hilfestellungen zu den Lösungen gegeben werden – oder eben keine.

Beispiel 1: Die Aufgabe besteht in der kurzen eigenen Vorstellung auf Englisch mit geübten, zu reproduzierenden Satzmustern. Schwächeren Schülern wird dazu der Beginn eines Satzes souffliert (*My name`s ..., I`m ..., I live in ...* etc.) stärkere sprechen das Memorierte frei und ergänzen die Vorgaben nach eigenem Wunsch und Können. Der Grad der direkten oder indirekten Hilfe kann flexibel bestimmt werden.

Beispiel 2: Bei Arbeitsblättern/Lückentexten können die Lösungen/Lücken durch Anfangs- oder Einzelbuchstaben bzw. Satzanfänge/-teile vorentlastet werden. Eine dreifache Differenzierung ist in der Regel ausreichend.

Beispiel 3: Gestaffelte Verständnisfragen sind ein probates Vorgehen bei Hörverstehenstexten. Zusätzlich kann dazu der Lernweg variiert werden, indem visuelle Hilfen für schwächere Schüler angeboten werden.

c) Differenzierung nach Unterrichtsformen

Die möglichst selbstständige Wahl der Arbeitsweise, der Arbeitsgruppe, der dazu nötigen Arbeitsmittel sowie der notwendigen Arbeitszeit charakterisieren die Idealform dieser Differenzierungsmaßnahme, die in der Unterrichtsrealität jedoch abgeschwächt, d.h. in Teilen wie beispielsweise der vorgegebenen Arbeitszeit verändert und angepasst werden muss.

Dieser Typ der Individualisierung bildet einen Gegenpol zu darbietenden Unterrichtsformen wie dem Frontalunterricht. Er umfasst alle offenen Unterrichtsformen wie auch Freiarbeit und Projektarbeit, und schließt unterschiedlich formulierte Hausaufgaben mit ein.

Beispiel 1: Jede Projektarbeit stellt unterschiedlich schwierige Aufgaben. Weniger anspruchsvolle werden dabei nicht als solche angesehen, sondern sind Teil des Ganzen. Die Verantwortlichkeit der Projektgruppen differenziert möglicherweise ein weiteres Mal innerhalb des Projekts über die unterschiedlichen Aufgaben innerhalb der Gruppe. Ergebnisse werden zudem nicht allein präsentiert.
Die Umsetzung eines *storybook* (z.B. *The Gruffalo*) in eine Theateraufführung benötigt beispielsweise neben den verschieden anspruchsvollen Einzelrollen Souffleure, Requisiteure, Sänger, etc. – Aufgaben, die rezeptiv oder produktiv mit der englischen Sprache zu tun haben.
Beispiel 2: Dialoge, beispielsweise zur Einübung von Begrüßungsformeln, bieten neben unterschiedlich hohen Sprechanteilen die Möglichkeit der freien Ausgestaltung der Sprechparts für stärkere sowie unterschiedlich gestaltete Sprechhilfen für schwächere Schüler, und somit eine äußerst fein dosierbare Differenzierung.

d) Differenzierung nach Sozial- und Kooperationsformen

Grundvoraussetzung für das Differenzieren in Sozial- und Kooperationsformen ist ein gut ausgebildetes, soziales Miteinander der Klassengemeinschaft, die nicht ein eigenes Lernziel des Englischunterrichts sein kann.
Gegenseitiges Helfen und Anregen sowie gemeinsames, Lernstärken und -schwächen egalisierendes und kompensierendes Lernen kann immer dann stattfinden, wenn Schüler in Zweierteams (Partnerarbeit), Kleingruppen oder größere Gruppen aufgeteilt werden bzw. sich selbst zu solchen zusammenfinden. Die Zusammensetzung zu heterogenen bzw. homogenen Gruppen ist vor allem eine Frage der Aufgabe für die Gruppe. Durch arbeitsteilige Gruppenarbeit beispielsweise können die individuellen Aufgaben den jeweiligen Leistungsniveaus der Schüler optimal angepasst werden.
Die intensivste Kooperation ist in der heterogene Partnerarbeit gefordert, in der ein Partner als Tutor fungiert.
Noch stärker individualisierend ist hingegen die für manche Schüler bevorzugte Einzelarbeit, die aber auch stärker durch die Lehrkraft betreut werden muss.
In kooperativ gut eingestellten Grundschulklassen können leistungsstärkere Schüler bestimmte kleinere, wenig umfangreiche Aufgaben und Unterrichtsphasen als *assistant teacher* übernehmen (*peer teaching*).
Beispiel: Ein Übungszirkel enthält u.a. Stationen mit *word puzzles* zur Wortschatzwiederholung sowie Hörtexte auf CD mit zu ordnenden Bildfolgen, *true/false*-Übungen und Arbeitsblättern mit Lückentexten.. Die heterogenen

Partnerteams bearbeiten die Aufgaben gleichzeitig und individuell. Danach vergleichen sie ihre Lösungen und einigen sich auf eine Lösungsvariante.

e) Differenzierung nach Medien

Effizientes, individuell auf die unterschiedlichen Lerntypen in der Grundschulklasse ausgerichtetes Lernen darf die Differenzierung nach Medieneinsatz und Arbeitsmitteln innerhalb der Klasse und einer gewählten Unterrichtsform nicht außer Acht lassen. Je vielfältiger und zielgerichteter Medien eingesetzt werden, desto besser können die unterschiedlichen Zugangskanäle erreicht werden (vgl. Kapitel 6).
Beispiel 1: Der Einsatz eines Kassettenrekorders/CD-Players mit Kopfhörer ermöglicht auditiv veranlagten Kindern, eine englische Story individuell beliebig oft zu wiederholen und so den Prozess des eigenen Hören und Verstehens zu steuern.
Beispiel 2: Sinnvoll ausgewählte thematische Bilder (vgl. dazu die Bildfolien der Zeitschrift „Englisch"), die jedes Kind nach eigenem Sprachvermögen und Lernfortschritt unterschiedlich detailliert und differenziert beschreiben kann, schaffen offene Sprechanlässe.

7.4.3 Grenzen

Englischlehrer und -lehrerinnen an Grundschulen verfügen – trotz allen Wissens um die speziellen Voraussetzungen der Schüler ihrer Klasse – oft nicht in allen Fällen über die entsprechende englischspezifische Ausbildung und müssen sich in die komplexe Thematik der Differenzierungsmöglichkeiten in diesem Unterrichtsfach erst intensiv einarbeiten.
In zu vielen Fällen werden beispielsweise leistungsstärkeren Schülern mit höherem Arbeits- und Lerntempo einfach nur zusätzliche Aufgaben(blätter) angeboten oder gar vorzeitig Hausaufgaben erledigt. Wer für seine schnellere Arbeit immer nur mit Zusätzlichem „belohnt" wird, wird bald taktisch arbeiten, d.h. mit allen anderen genau rechtzeitig innerhalb der vorgegebenen Zeit fertig werden.

Englischmaterialien, ob authentische Kinderbücher, Materialsammlungen oder auch Englischlehrbücher, bieten binnendifferenzierende Konzepte im Grunde nicht oder nur sehr eingeschränkt an. Es bleibt eine Herausforderung der Verlage durch die Forderungen von Englischlehrern, dem wachsenden Anspruch und Bedürfnis an Individualisierung gerecht zu werden.

Binnendifferenzierung ist immer auch verbunden mit teils erheblicher Mehrarbeit im Rahmen der Planung, Vorbereitung und Nachbereitung. Die Kooperation von Englisch-Fachschaften an den Grundschulen bzw. wenigstens der Parallelklasslehrer bei der Suche und Verarbeitung bzw. Erstellung geeigneten Materialien sowie der Absprache didaktisch-methodischer und sozialer Grundlagen sichert einen Teil der notwendigen Arbeitserleichterung. Um jedoch die nötige Qualität der Binnendifferenzierung langfristig zu ermöglichen, sind Kompensationen in Form von Unterrichtsentlastungen aus Stundenpools u.ä. notwendig. Differenzierungsmaßnahmen sind erfahrungsgemäß bei Überlastung von Lehrkräften mit am ehesten durch Streichung gefährdet, da sie zwar gewünscht werden, nicht jedoch institutionalisiert sind.

Grundschulkinder wissen in der Regel genau, in welchen Bereichen sie vergleichbar schwächer oder stärker sind als ihre Mitschüler. Das bedeutet jedoch keineswegs, dass sie auch affektiv immer akzeptieren, wenn einige Schüler temporär begrenzt intensivere Zuwendung erhalten oder in anderer Form arbeiten als sie selbst.
Eine Art der Reaktion ist dann erfahrungsgemäß die der möglichen Leistungsverweigerung, wenn beispielsweise deutlich wird, dass weniger Lernleistung gleichzeitig mehr Zuwendung bedeutet.
In dieser Hinsicht sind Etikettierungen durch längerfristige Zugehörigkeit zu entsprechenden Leistungsgruppen zu vermeiden, auch wenn Schüler gerne entsprechend ihren Neigungen und Gewohnheiten die Tendenz aufweisen, sich denselben Gruppen zuzuordnen.

Ungeklärt darf keinesfalls der Maßstab der Leistungsbeurteilung bleiben. Eine Leistungsbewertung mit Notengebung ist immer dann schwierig, wenn zu benotende Arbeiten und deren Resultate schwer vergleichbar sind.
Aber nicht nur Fragen der Benotung (für den Englischunterricht an Grundschulen die Ausnahme), sondern auch die der individuellen Würdigung der teils stark divergierenden Lernfortschritte, die von den Kindern genauestens registriert wird, muss transparent sein: Ein *Well done!* als Lob für ein Kind, das im Englischunterricht eine Zusatzaufgabe übernommen und fehlerlos ausgeführt hat, kann aus seiner Sicht durchaus subjektiv weniger wert sein als z.B. ein *That`s great!* für die Bewältigung einer Pflichtaufgabe durch einen weniger leistungsstarken Mitschüler.
Notwendige, einfache Erklärungen und Absprachen der Lehrkraft können mögliches Unverständnis und unnötige Animositäten zunächst abbauen. Ist der Sinn der binnendifferenziellen Maßnahmen für die Lerngruppe deutlich geworden, unterstützen Kinder sie erfahrungsgemäß: Eigene Materialien

werden mitgebracht, Helfersysteme mit aufgebaut und unterstützt sowie organisatorische Hürden schneller überwunden.

Letztlich akzeptiert werden muss in der Binnendifferenzierung der unvermeidliche Schereneffekt. Je effizienter und professioneller differenziert wird, desto intensiver können leistungsstarke Schüler ihr eigenes Können und Wissen verbessern. Dies geschieht oft erfahrungsgemäß fast exponentiell zur Steigerung der Lernleistung vergleichbar schwächerer Schüler, die unter gleichen Bedingung gefördert wurden. So werden die Unterschiede zwischen beiden Leistungspolen immer größer, die Heterogenität im Lernverband Klasse nimmt zu.

7.5 Kognitivierende Aspekte

7.5.1 Kognition und Grundschul-Englischunterricht

Kognition bezeichnet meist alle mentalen Vorgänge, durch die Menschen ihre Eindrücke individuell verarbeiten. Diese Prozesse und Produkte sind wie z.B. Wahrnehmen, Erkennen, Denken, Schlussfolgern, Urteilen, Erinnern, Wissen, Verstehen usw.

Störungen der Kognition können somit Gedächtnisstörungen, Denkstörungen, Unfähigkeit zu Abstraktionen und auch Rigidität, das Festhalten an einer Überzeugung, beinhalten.

Kognitive Lernziele im Bereich des Englischlernens an Grundschulen beschreiben alles, was mit dem Verstand der Kinder erfasst werden kann, also sowohl Faktenwissen, als auch die kreative Anwendung von Wissen und das Lösen von Problemen.

Die Palette der unterrichtlichen Einsatzfelder kognitivierender Lehr- und Lernverfahren ist generell als breit anzusehen (vgl. Tönshoff 1992, S. 16). Das gilt mit Einschränkungen auch für den Englischunterricht an Grundschulen:

Der Spracherwerb selbst ist der in der Literatur am häufigsten und kontroversesten diskutierte bereich für mögliche kognitivierende Verfahren. Die Pole bilden dabei Verfechter des erlebnisorientierten Englischunterrichts mit Grundschülern sowie Befürworter eines ergebnisorientierten Frühbeginns.

Interkulturelles Lernen und Landeskunde können als situativer, soziokultureller Rahmen explizit kognitiv erarbeitet und erklärt werden, wenn sie nicht dem Spracherwerb selbst dienen.

Im Bereich der Unterichtsmethodik, in engem Zusammenhang mit Lern- und Arbeitstechniken, wird dann kognitiviert, wenn es z.B. um Lernabläufe in offeneren Unterrichtsformen wie Freiarbeit, Stationenlernen oder Projektlernen geht. Zusätzlich ist das Gewähren eines Einblicks in die Gründe der Methodenauswahl durch den Lehrer ein kognitiver Vorgang, der den Lernern hilft, Einsicht in den eigenen Lernprozess zu bekommen und ihn steuern zu können (Tönshoff 1990, S. 11).
Nur wenige Berührungspunkte für kognitive Ansätze im Grundschul-Englischunterricht bietet die Literatur. Der Einsatz von authentischen *storybook* lässt höchstens Erklärungen über die Entstehung sowie die eigentliche Zielgruppe (muttersprachliche Kinder) zu, nicht aber zu Textsorten oder gar textanalytischen Kategorien.

7.5.2 Prozessorientierte Englischdidaktik – das Lernen lernen

„Die Tatsache, dass die kognitive Lernpsychologie Lernen im Gegensatz zu den Behavioristen nicht als das von außen gesteuerte passive Aufnehmen von Stimuli versteht, sondern als die aktive kognitive Auseinandersetzung mit den eingehenden Reizen unter Einbeziehung der bereits vorhandenen Wissensstrukturen, rückt den Lernenden in den Mittelpunkt des Lernprozesses." (Wolff 1992, S. 87)

Die Psycholinguistik betrachtet sich heute als Teildisziplin der kognitiven Lernpsychologie, die sich mit der Verarbeitung von Wissen durch den Menschen beschäftigt, im Hinblick auf den Fremdsprachenunterricht zusammen mit der prozessorientierten Englischdidaktik mit den mentalen Prozessen der Sprachverarbeitung.
Wenn Kinder sprechen und schreiben, hören und lesen und sie verstehen, verarbeiten sie die Sprache scheinbar regelhaft. Zwei Arten von Verarbeitungsprozessen beim Verstehen können dazu unterschieden werden:
Sogenannte *bottom-up*-Prozesse (z.B. visuelle Analyse, Worterkennung, Erfassen der Wortbedeutung, Satzanalyse, semantischen Analyse) ermöglichen es dem Lerner, sich von den kleinsten Einheiten der eingehenden Daten, d.h. von den Lauten, über Wörter und Sätze zur Gesamtbedeutung des Textes vorzudringen.
Top-down-Prozesse (z.B. Vertrautheit mit Thema und Wortschatz, Erfahrung, Weltwissen, Interesse und Zielsetzungen) (vgl. Nuttall 1996, S. 17) beziehen sich auf die Wissensstrukturen des Lerners, die er mit den eingehenden Daten (*input*), genauer den Sätzen gehörter (und gelesener) Texte abgleichen und dann interpretieren kann. Beide Verarbeitungsprozesse von Sprache wechseln sich scheinbar gegenseitig permanent ab.

Der vornehmlich imitativ-reaktive sowie reproduktive Beginn des Englischlernens mit Grundschulkindern birgt aber immer die Gefahr der unverstandenen Rezeption von englischsprachigen Inhalten und dem papageienhaften Wiedergeben des Gelernten. Der anfangs so notwendigen Form des Nachahmens und Imitierens als hauptsächliche produktive Form des Englischsprechens muss zügig eine begleitende, demokratische Form des Lernens bzw. der Sprachverarbeitung zur Seite stehen. Kinder haben ein Recht darauf zu wissen, was sie sagen, singen und hören, und wie sie lernen. Sie sind durchaus in der Lage, sich auf einfacher metakommunikativer Basis über ihr Sprachhandeln zu verständigen (vgl. Bartnitzky 2000), bewusstmachende Hilfen werden von ihnen gewünscht (vgl. Sarter 1997).

Der Fachdidaktik kommt dabei die Aufgabe zu, die Vorstufen bewussten Regelerkennens bei Grundschülern zu nützen und durch teilbewusstmachende Hilfen im Englischunterricht zur generellen Bewusstmachung hinzuführen. Dies bedeutet auf den Unterricht bezogen, dass der Lehrer seine didaktisch-methodischen Entscheidungen den Grundschülern zunächst vereinfacht und adressatengerecht transparent macht, um so ihre Einsicht in den Lernprozess anzubahnen und zu fördern. Sie werden damit von abhängigen, gegängelten, „*spoonfed learners*" schrittweise und ganz vorsichtig zu autonomen Lernern. Zusätzlich ist damit auch eine stärkere Eigenverantwortlichkeit und Selbststeuerung im Rahmen des Grundschul-Englischunterrichts gemeint.

Das Ziel: „Das Lernen lernen" möchte man durch ein Bewusstmachen von Lernstilen und Lernstrategien erreichen. Lernstile sieht man dabei als Tendenzen, in vielen verschiedenen Situationen ähnliche Strategien zu verwenden. Man vermutet, dass der Gebrauch von Strategien von der erworbenen Sprachkompetenz, dem Alter und dem Geschlecht der Lernenden (Sozialisation von Frauen fördert soziales Lernen), der Lernaufgabe, dem Lernkontext und kulturellen Einflüssen abhängt: Die Notwendigkeit des lebenslangen Lernens in unserer Zeit macht „Lernen lernen" zu einem wichtigen Ziel und damit auch zu einem Unterrichtsgegenstand, der zunehmend an Bedeutung gewinnt.

Neben die sprachbezogene Kognitivierung, den bewusstmachende Vermittlungsverfahren auf dem Gebiet der Aussprache, des Vokabulars und der Grammatik (vgl. Mindt/Schlüter 2003), tritt die sprachlernbezogene Kognitivierung, das systematische Training von Lern- und Kommunikationsstrategien im Hinblick auf ein selbstständiges Weiterlernen nach Abschluss des schulischen Fremdsprachenunterrichts.

Das Ziel der sprachlernbezogene Kognitivierung im Lernkontext Grundschule ist es, bei den Lernenden die Fähigkeit herauszubilden, über das eigene

Lernen nachzudenken und das Gedachte versprachlichen zu können. Durch die sprachlernbezogene Kognitivierung werden die Schüler autonomer, es handelt sich somit um eine positive Form von Lernerautonomie.

7.5.3 Lernstrategien

Lernerautonomie im hier geschilderten, vernünftigen Sinne bedeutet also ein bewusstes Erfassen des eigenen Lernprozesses durch den Lerner und lässt sich im Rahmen des Lernkontextes Englischunterricht an Grundschulen erfahrungsgemäß durchaus verwirklichen. Wissen über Lernstrategien äußert sich in folgenden Fragen:
- Was tue ich, wenn ich etwas sage, lese, Vokabeln lerne ...?
- Was lerne ich wie am besten?
- Wie gut lerne ich?
- Um welchen Aufgabentyp handelt es sich?
- Was sollte ich zur Aufgabenlösung wissen?
- Welche Strategie ist erfolgsversprechend?
- Worauf muss ich bei der Strategieanwendung achten?

Die Lerner können die Kontrolle über ihren eigenen Lernprozess steigern, wenn ihnen Lernstrategien vorgestellt werden, wenn sie sie einsetzen und dabei feststellen, welche ihnen besonders helfen. Bestimmte Lerntypen (vgl. Kapitel 2.1.6) bevorzugen bestimmte Lernstrategien:
"There may well come a time when we can assess a student's personality or cognitive style and assign him to a suitable teacher or method on the basis of this assessment" (Littlewood 1984, S.97).
Ein solch mögliches *learner-instruction matching* (vgl. Ellis, 1994, S. 36) stellt intelligentem Wissen der Kinder die intelligente Moderation des Lerngeschehens, eine demokratische Form der Instruktion, gegenüber.

Der Lehrer hat dabei die Funktion des Lernhelfers und Lernberaters. Der Lernprozess als solcher wird immer wieder zum Unterrichtsgegenstand gemacht, mit dem Ziel, bewusste und nicht fremdbestimmte Lerner zu erziehen. Ein explizites Strategietraining findet statt, wenn der Lehrer Strategien direkt vermittelt und üben lässt. Er kann aber auch ein Angebot von bestimmten Lernstrategien zur Lösung eines Problems machen (z.B. zum Lernen von Wörtern) und die Lerner erproben lassen, welche für sie am nützlichsten sind. Lernstrategien konkretisieren sich in Mikromethoden, den Lern- und Arbeitstechniken. Im Vergleich zu Makromethoden wie der Projektarbeit, dem Stationenlernen etc. sind sie ganz konkret und präzise benannt. Sie können den

Grundschülern bewusst machen, wie sie selbst das Englischlernen lernen können. Eine für den Englischunterricht an Grundschulen realistische Auswahl von Lern- und Arbeitstechniken könnte die folgende sein:

- Umgang mit Bild-Wort-Karteien
- Umgehen mit Techniken des Anordnens, Hervorhebens, usw.
- Benutzen von Bildwörterbüchern
- Beherrschen ganz elementarer kommunikativer Regeln der Gesprächsführung (Anrede, Begrüßung, Verabschiedung, Fragetechnik, Reagieren auf Fragen, usw.)
- Zunehmend selbstständiges Anfertigen von einfachen Arbeitsmitteln
- Sinnvolles Benutzen und effektives Beschaffen von Arbeitsmitteln
- Erschließen von Wortbedeutungen aus dem Hörkontext bzw. mit Hilfe bereits bekannter englischer oder deutscher Wörter
- Vokabeln üben und wiederholen; Strukturen erwerben und anwenden
- Fundamentale englischspezifische Arbeitsweisen in Bezug auf das Einprägen
- Auswendiglernen geeigneter Texte (Dialoge, Gedichte, Lieder)
- Erfassen, Gliedern und Weitergeben von Informationen (global) von einfachen gehörten Texten
- Kenntnis von allgemeinen Voraussetzungen für erfolgreiches Lernen
- Einsicht in die Bedeutung der Motivation für das Lernen
- (Weiter-)Entwickeln von Techniken des Nachschlagens
- Erlernen von Techniken der Informationsbeschaffung
- Zunehmend selbstständiges Herstellen von Arbeitsmitteln (Lernposter etc.)
- Umgehen mit notwendigen Organisationsformen für das häusliche Lernen und Arbeiten (Zeitpunkt und Ort des Lernens, verteiltes Lernen, usw.)
- Über einfache Mittel der Informationsbeschaffung verfügen
- Arbeiten in angemessenen und unterschiedlichen Sozialformen (Kooperationstechniken)
- Verfolgen und Mitgestalten von Lern- und Unterrichtsvorgängen
- Fixieren von Wissen mit Hilfe von fachbezogenen Arbeitsmitteln wie Zeichnung, Notizzettel, usw.
- Erwerb von Strategien für den Umgang mit auditiven und visuellen Materialien
- Einsetzen von einfachen Visualisierungs- und Strukturierungstechniken

Unterschieden werden neben kognitiven und metakognitiven auch affektive und soziale Lernstrategien.

a) Kognitive Lernstrategien

Zu den für Englisch lernende Grundschulkinder realistischen kognitiven Lernstrategien gehören u.a.:
- Erschließungsstrategien (*inferencing, transfer*): z.b. unbekannte Wörter aus dem Zusammenhang oder aus der Muttersprache erschließen
- Nutzung englischsprachiger Referenzmaterialien (*resourcing*): z.B. Wörter im Bildwörterbuch nachschlagen; einfache Lautschriftzeichen als Aussprachehilfe nützen
- Memorierungs-/Wiederholungsstrategien (*repetition*): z.B. Imitation eine Sprachmodells; Wiederholen von Vokabular
- Klassifizierungsstrategien (*structuring*): z.b. einfache Visualisierung durch Hervorheben; Wortschatzorganisation (*word web* usw.)
- Elaborationsstrategien (*elaboration*): z.B. Eselsbrücken; bildhafte, akustische oder kinästhetische Vorstellungen; Verbinden neuer Infos mit persönlichen Erfahrungen

b) Metakognitive Lernstrategien

Metakognitive Strategien gehen davon aus, dass der Lerner die Fähigkeit besitzt, seinen eigenen Leseprozess bewusst zu kontrollieren. Dabei plant und überwacht er seinen Lernprozess, steuert, reflektiert und bewertet ihn (vgl. Bausch 1989, S. 291). Metakognition kann schon im Englischunterricht der Grundschule auf einem kindgerechtem Niveau angebahnt werden, ist förderbar und erleichtert das Lernen des Englischlernens.
Zu den metakognitiven Strategien gehören
- das Planen (*planning*): z.B. Mitgestaltung einer günstigen Lernumgebung; gezieltes Suchen nach Informationsquellen; multisensorische Aufnahmemöglichkeit; grobe Zeiteinteilung; einfache Zielsetzung und erste Selbstmotivation
- das Überwachen und Steuern (*monitoring*): z.B. erste Eigenkontrolle der Aufmerksamkeit; erste eigene Verständniskontrolle während der Aufnahme des Lernstoffes (z.B. Verstehe ich, was ich höre? Sollte ich nachfragen? ...)
- das Bewerten (*evaluating*): z.B. Erfahrungsaustausch mit anderen Lernern; Lerntagebuch führen

c) Affektive und soziale Lernstrategien

Affektive Lernstrategien umfassen das bewusste Umgehen mit negativen und positiven Gefühlen beim Englischlernen (z.B. Angst, Stress Freude, Interesse) und geeignete Reaktionen darauf – sich selbst Mut machen, darüber reden, ganz einfache Meditations- und Atemtechniken einsetzen, sich selbst belohnen, Musik und Lachen einsetzen (vgl. Oxford 1990).
Soziale Lernstrategien fokussieren das Lernen kooperativer Lerntechniken wie das bewusste und gezielte Nachfragen bei Unverständnis, Korrekturwunsch oder auch Interesse, die effiziente und harmonische Zusammenarbeit mit anderen Lernern sowie die Entwicklung von Fremdverstehen und das Einfühlen in die Gedankengänge anderer.

8. Lernstandsüberprüfung und Leistungsevaluation

Die Überprüfung und Feststellung des Lernstands in der Grundschule Englisch lernender Kinder ist an mehreren neuralgischen zeitlichen Punkten von Bedeutung.
Nach insgesamt zwei Lernjahren ist das Wissen über das Erreichte nicht nur ein Gradmesser für die Effizienz und den Unterrichtserfolg für Lehrkraft und Schüler, sondern auch eine wichtige Information für die aufnehmenden Lehrer der Sekundarstufe I.
Während der Grundschulzeit sind die individuell unterschiedlichen Ergebnisse einer permanenten Lernstandsüberprüfung Bedingung für den Einsatz differenzierender Verfahren und Interpretationsgrundlage für die Rückschau auf den Wirkungsgrad eingesetzter didaktisch-methodischer Maßnahmen.
Im Anschluss an eine Unterrichtsstunde oder -sequenz gibt die Lernzielkontrolle Rückmeldung über das Erreichen der in der Unterrichtsplanung definierten Ziele. Die Lernstandsüberprüfung bezieht sich in der Regel auf die in diesen zeitlich eng begrenzten Bereich erlernten sprachlichen Fertigkeiten. Denkbar sind aber auch die Überprüfung eines kognitiven Lernzuwachses sowie eines landeskundlich-interkulturellen Wissens.

Ein im Lernkontext Englischunterricht aufgebauter Lernstand eines Schülers orientiert sich immer auch an geplanten Zielen und wird am Abstand zu diesen vergleichend eingeordnet. Im Folgenden wird der Vorgang seiner Überprüfung mit dem Begriff der Lernzielkontrolle einheitlich beschrieben.

8.1 Lernzielkontrollen und Ergebnissicherung

Der grundsätzliche Sinn einer Lernzielkontrolle liegt im diagnostischen Bereich und dient der Einschätzung des englischsprachigen Wissens- und Könnensstandes, bestehender Schwierigkeiten und Wissenslücken sowie fehlerhafter Regelmaßnahmen eines Schülers für ihn selbst, für die Lehrkraft und für die Erziehungsberechtigten.

Die Lehrkraft als qualifizierter und professioneller pädagogischer Fachmann steht in intensiver Interaktion mit seinen Schülern. Daraus resultiert die allgemeine Erwartungshaltung eines sicheren Urteilsvermögens bezüglich der englischsprachigen Leistungen seiner Schützlinge. Aber erst die Verbindung des subjektiven Urteils, das alleine oft genug trügt, mit standardisierten und objektivierten oder aber auch nur informellen Tests und Kontrollen als zusätzliche Informationsquellen sichert dieses genügend ab.

Die Lernzielkontrolle ist Bestandteil einer kurz-, mittel- und langfristigen Unterrichtsplanung und dient der möglichst objektiven Kontrolle des im Unterricht bzw. einer Unterrichtseinheit Erreichten. Daraus lassen sich wiederum regulative Rückschlüsse für die Lehrkraft durch die erhaltenen Werte ziehen, u.a.: Wie effizient war mein Unterricht? Welche Bereiche müssen besser ausdifferenziert werden? Wer hat bei bestimmten Teilaspekten des Gelernten noch Schwierigkeiten?

Die gewonnenen Werte bilden eine sichere Grundlage für die Planung weiterer Unterrichtsmaßnahmen zur Lernsteuerung.

Größte Vorsicht ist angebracht, wenn die Lernzielkontrollen als Testformen die Unterrichtsverfahren und Übungsauswahl bestimmen (*backwash effect* oder auch *teaching to the test*). Trotzdem generell Unterricht und Tests in enge Beziehung zueinander gebracht werden müssen, darf nicht der Effekt entstehen, dass der Unterricht Tests und ihre Aufgabentypen zu stark fokussiert. Die Lernzielkontrolle darf nicht im Sinne einer *self-fulfilling prophecy* zum eigenen Lernziel werden. Wenn aber beispielsweise eine Hörverstehensübung Teil und Lernziel des Unterrichts oder einer Unterrichtssequenz ist, sollten die Aufgaben auch ähnlich getestet werden können.

8.1.1 Formen der Lernzielkontrolle

Die Lernzielkontrolle als Diagnostikinstrument hebt sich grundsätzlich von der die Schülerleistung bewertende und benotete Leistungskontrolle ab und umfasst einen bestimmten Lernzeitraum.

Standardisierte normorientierte Lernzielkontrollen geben Aufschluss über den Standard einer Lerngruppe, der der Lerner angehört. Sollen sie aussagekräftig bezüglich des Standards mehrerer oder vieler vergleichbarer Lerngruppen sein, sind sie durch Eichung objektiviert und in allen Kriterien gebunden.

Kriteriumsorientierte Lernzielkontrollen testen, ob und inwieweit ein von außen vorgegebenes Lernziel erreicht wurde.
Lernzielkontrollen, die sich auf die vorangegangenen eines Schülers beziehen, orientieren sich an einer Individualnorm.

Die Aufgaben innerhalb einer Lernzielkontrolle können
- offen (mit freier Gestaltung, freier Deutung und freien Assoziationen),
- halboffen (mit frei zu beantwortenden, Antwortauswahl- und Zuordnungsaufgaben) oder
- geschlossen (mit Identifizierungs-, Antwortauswahl- und Zuordnungsaufgaben) sein.

verschiedene Aufgaben-typen einer LZK

Beispiele für diese Aufgabenformen sind im Folgenden in einer Tabelle zusammengefasst:

Tab. 6: Aufgabenformen von Lernzielkontrollen

Geschlossene Aufgabenformen	Halboffene Aufgabenformen	Offene Aufgabenformen
• Auswahlantworten (*multiple choice*) • Richtig-Falsch-Antworten • Lückentext • *Cloze* - Test • Reihenfolge bestimmen • *yes/no*–Fragen beantworten • Detailfragen beantworten • Synonyme, Antonyme finden	• gelenkte Äußerung (durch Stimulus) • Inhaltsangabe • Nacherzählung • Globalfragen beantworten • gelenkter Dialog • Bildgeschichte • Dolmetschen • Bilder beschreiben	• komplexe, lebenspraktische Aufgabe • einen freien, zweckgebundenen Text schreiben • Fragen stellen • kreatives Schreiben • erzählen, berichten

Die Arbeitsaufträge schriftlicher Lernzielkontrollen sind in der Regel auf Deutsch gehalten, um sicherzustellen, dass alles verstanden werden kann und nicht schon die Aufgabenstellung unerwünschte Anforderungen an das Leseverstehen stellt.

8.1.2 Kriterien zur Erstellung von Lernzielkontrolle

Prinzipiell kann nur getestet werden, was gelehrt wurde, mit Aufgabentypen, die geübt wurden. Indirekt spiegelt die Evaluation auch die methodischen

Unterrichtsverfahren wider. Evaluiert wird positiv: Es geht um das, was ein Schüler kann, nicht darum, was er nicht kann.
Bei der Planung und Erstellung von Lernzielkontrollen sind einige Parameter bzw. Gütekriterien zu beachten, die eine diagnostische Betrachtung des Ergebnisses später vereinfachen und gleichzeitig objektivieren:
1. Validität – das Gültigkeitskriterium: Misst die Lernzielkontrolle tatsächlich, was sie messen soll?
2. Reliabilität – das Zuverlässigkeitskriterium: Die Stabilität einer Lernzielkontrolle zeigt sich darin, dass sie, unabhängig von Inhalt und Ziel, wiederholbar ist und vergleichbare Ergebniswerte erbringt.
3. *Scorability* – das Kriterium der Testrohwertskala: Welchen Wert hat eine Antwort gegenüber anderen? Wie intensiv wurde welche Aufgabe geübt?
4. Transparenz – das Kriterium der Klarheit: Alle Fragen und Aufgaben müssen klar und unmissverständlich formuliert sein, um Angstwerte beim Schüler zu reduzieren.
Um eine repräsentative Leistungsevaluation zu erhalten, müssen Lernfortschritte bzw. -defizite dazu möglichst häufig mit unterschiedlichen Aufgabenstellungen gemessen werden. Nur dann wird auch ausgeschlossen, dass aus vereinzelten, oft der Tagesform unterliegenden Ergebnissen falsche Rückschlüsse gezogen werden.
5. Objektivität – das Kriterium der Unabhängigkeit und Übertragbarkeit: Sind subjektive Auffassungen der Tester und Auswerter ausgeschlossen? Absprachen über explizite Bewertungsmaßstäbe sollen zu vergleichbaren Beurteilungen ein- und derselben Leistung durch verschiedene Lehrer bzw. durch ein- und denselben Lehrer zu verschiedenen Zeitpunkten führen.

8.1.3 Beispiele grundschulrelevanter Aufgabentypen

Mögliche Aufgabentypen für die Lernzielkontrolle im Englischunterricht an Grundschulen richten sich schwerpunktmäßig nach den vier englischsprachigen Fertigkeiten, daneben kann aber kann auch (inter-)kulturelles Wissen evaluiert werden.
Den Testschwerpunkt bilden in der Grundschule hauptsächlich das Hörverstehen und das elementare Sprechen. Wo der Leistungsstand der Klasse es zulässt bzw. ab etwa dem zweiten Lernhalbjahr der vierten Klasse, können Leseverstehen und Schreiben miteinbezogen werden.
Im Folgenden sind beispielhaft einige Aufgabentypen für die kommunikativen *skills* aufgeführt. In den meisten Fällen mischen die Fertigkeiten sich dabei: Wer eine englische Frage beantworten kann, kann nicht nur sprechen,

sondern hat auch die Frage selbst gehört und verstanden. Völlig isolieren lassen sich die Überprüfungsaufgaben hinsichtlich der Einzelfertigkeiten nur selten.
Es empfiehlt sich, zusammen mit Fachkollegen eine Sammlung solcher unterschiedlicher Aufgaben anzulegen und diese permanent als Fundus zu erweitern.

a) Aufgabenauswahl zum Hören und Verstehen

1. Zum Verstehen einzelner Wörter:
- odd man out
Drei Begriffe werden genannt, die Nummer des unpassenden notiert (z.B.: *Here are three animals: an elephant – a cat – a house*).
- Körperteile zuordnen
Dem Leerbild eines *body* werden genannte Körperteile durch Nummerierung (Beschriftung) zugeordnet (z.B.: *Number one is an arm. Number two is a foot. ...*).
2. Zum Verstehen von Sätzen:
- *right/wrong*-Aufgaben
Zum gezeigten Bild und dem dazu gehörten Satz wird notiert, ob dieser richtig oder falsch war (z.B.: *Look at the picture: This is a car. It`s blue. ...*).
- Bilder ordnen
Zu den gehörten Sätzen werden passende Bilder aus einer Auswahl herausgesucht.
- sinngetreue Übersetzung der gehörten Sätze mit eigenen Worten
3. Zum Verstehen ganzer Geschichten:
- W-Fragen
Nach dem zweimaligen Hören einer kleinen *story* werden W-Fragen (auch auf Deutsch) gestellt (z.B.: *Who is in the garden? Who cooked the meal? Where is Paul? ...*)
- sinngetreues Nacherzählen des Gehörten auf Deutsch

b) Aufgabenauswahl zum Sprechen

Lernzielkontrollen im Bereich des elementaren Sprechens können im Grundschul-Englischunterricht in der Regel nur Reproduktives beinhalten.
1. Antworten auf einfache, bekannte Fragen (z.B.: *Where do you live? Do you play table-tennis? What's your favourite subject? ...*)

2. Beschreibungen (z.B.: *Please describe your room at home. – There's a bed in it. I have posters. ...*)
Kreativität des Sprechaktes ist gefordert
3. Einfache Definitionen (z.B.: *What's a flat? – You can live in a flat. A house has flats. There's a bathroom, a ... in it. ...*)
4. Antworten auf dialogische Impulse
- Frage-Antwort von Lehrer und Schüler (z.B.: *Hello, I'm Mr Smith. Nice to meet you. Who are you? – Hello, I'm Steve. I'm from Germany. ...*)
- deutsche Anweisungen ausführen: „Begrüße Sam." – *Hello, Sam.* – „Frage, wie alt er ist." - ...
- Ganzer Schüler-Dialog (ev. mit kreativen, freieren Elementen)

c) Aufgabenauswahl zum Lesen und Verstehen

1. Zum Lautlesen und Verstehen einzelner Wörter:
An die Tafel geschriebene Wörter werden einzeln abgelesen, ausgesprochen und ins Deutsche übersetzt.
2. Zum Verstehen der Bedeutung von geschriebenen Wörter:
Ein Bild wird vorgegeben, das richtige Wort aus einer Auswahl von Wörtern herausgesucht (z.B.: Bild *bread* – Auswahl *bed-bread-sad*)
Weitere Aufgabentypen können auch aus Hörverstehensübungen abgeleitet werden.

d) Aufgabenauswahl zum Schreiben
1. Zum Beherrschen der elementaren Orthografie einzelner Wörter:
Einen Lückenhörtext mit gehörten Wörtern füllen
2. Zum Schreiben ganzer Sätze:
- Abschreiben von Sätzen
- Einen Satz einprägen, dann auswendig richtig abschreiben (auch als Laufdiktat)

8.2 Die Rolle des Fehlers

„Als sprachlicher Fehler gilt eine Abweichung von geltenden Normen, ein Verstoß gegen sprachliche Richtigkeit, Regelhaftigkeit oder Angemessenheit, eine Form, die zu Missverständnissen und Kommunikationsschwierigkeiten führt oder führen kann."(Lewandowski 1990, in: Timm 1996)

Die Rolle von Fehlern im Prozess des Englischlernens hat sich grundlegend gewandelt. Wenn Fehler im Englischunterricht bis weit in die Sechziger Jahre als störend empfunden wurden und vor allem vermieden werden sollten, so ist nun die Erkenntnis gesichert, dass Fehler eines Kindes der Lehrkraft Hinweise auf den aktuellen Sprachstand geben können. Fehler stehen meist im Einklang mit der Sprachkompetenz des Lernenden. Dies gilt insbesondere für den englischen Anfangsunterricht, in dem vor allem durch günstige motivationale Lernvoraussetzungen zügige Lernfortschritte gemacht werden können.

Eine intensive sprachpraktische und fachdidaktische Ausbildung (vgl. Kapitel 1.3) bildet die Grundlage für eine sinnvolle diagnostische Analysefähigkeit, da die Lehrkraft alleiniger Sachwalter englischsprachiger Normen und Standards im Klassenzimmer ist und aufgrund ihrer Kenntnisse entscheidet, welche Fehler registriert oder bewusst übersehen werden. Dazu kommen noch Fehler, die erst gar nicht als solche erkannt werden. Die Gefahr besteht nun darin, dass diese Normen eventuell eben nicht mit dem tatsächlichen Sprachgebrauch übereinstimmen. Ebenso kontraproduktiv hinsichtlich der Fehlerdiagnose ist es, gerade im Englischunterricht mit jungen Lernern, die Feststellung von Fehlern gleichzeitig zur Leistungsbewertung und Vergabe von Zensuren heranzuziehen. Schon früh nehmen dann mögliche schlechte Noten in Verbindung mit einem fehlerorientierten Unterricht vor allem schwächeren Schülern die Lust am Englischlernen.

Gerade im Englischunterricht an Grundschulen führt ein positives Fehlererleben als sinnvoller Bestandteil des Lernens dazu, dass sich Grundschulkinder letztlich kompetenter fühlen und auf diese Weise sowohl ihr Selbstkonzept verbessern, als auch ihre Einstellung zum Englischlernen bzw. dem Fremdsprachenlernen generell nachhaltig stärken. Die Ergebnissicherung mit einer Leistungsbeurteilung direkt zu koppeln, steht im klaren Widerspruch zum grundschulgerechten Englischlernen durch Erfahren und Ausprobieren sowie der zugehörigen positiven Würdigung individueller Lernfortschritte.

Aus den verschiedenen Fehlermöglichkeiten als Markierungen von Unsicherheiten lassen sich Rückschlüsse ziehen auf den individuellen Verlauf eines dann nicht notwendigerweise falschen, sondern oft eher ganz normalen Lernprozesses und damit indirekt auch auf den Erfolg oder Misserfolg des Unterrichts. Fehler sind demnach Indikatoren des Englischlernprozesses. Wie beim Erstsprachenerwerb (vgl. Kapitel 2.2) gehören Fehler zum Erwerb der Fremd- oder Zweitsprache, egal, ob unter schulischen oder natürlichen Bedingungen. Sie lassen sich auf Strategien des Lernenden zurückführen, auf seinen Rückgriff auf bereits Gelerntes (vgl. Corder 1981, S. 88).

Der Fehler im Englischunterricht an Grundschulen besitzt für Lehrkräfte in erster Linie diagnostische Funktion und bildet eine Grundlage sowie Voraussetzung gleichermaßen für den Spracherwerbsprozess. Er erfordert eine methodisch-didaktisch kompetente und sensible Behandlung.

"We can regard the making of errors as a device the learner uses in order to learn. It is a way the learner has of testing his hypotheses about the nature of the language he is learning." (Corder 1967, in: Timm 1996)

8.3 Fehleranalyse

Fehler im Englischunterricht zu erkennen und zu bewerten, ist eine äußerst anspruchsvolle Fertigkeit, die im Rahmen der Lehrerausbildung einen besonders exponierten und fokussierten Platz einnehmen muss. Die Problematik der Aneignung einer solchen Befähigung liegt auch in der Grundlage des Englischunterrichts als künstliche Abstraktion des *Standard English* begründet. Erst bei einer eigenen englischsprachigen *near-nativeness* ist es möglich, sicher zwischen Kompetenzfehlern (*errors*), den wohl häufigsten Fehlern im Grundschul-Englischunterricht, und Performanzfehlern (*mistakes*), eher gelegentlichen Fehlern, unterscheiden zu können.

Zu unterscheiden sind zwei generelle Analyseverfahren, die berücksichtigt werden müssen: Die formbezogene sowie die strategiebezogene Fehleranalyse.

8.3.1 Formbezogene Fehleranalyse

Bei dieser sehr systematischen Suche im gesprochenen und geschriebenen Englisch wird nach Aussprachefehlern, Wortstellungsfehler, Grammatikfehler und Orthografiefehler gesucht, diese möglichst präzise gekennzeichnet und der entsprechenden Kategorie zugeordnet.

Die Problematik besteht in der genauen Fehleridentifikation, die von Lehrkräften oder Referendaren bzw. Lehramtsanwärtern anhand von mündlichen und schriftlichen Übungstexten intensiv trainiert und reflektiert werden muss. Die Gefahr besteht bei unprofessionellem Vorgehen darin, dass hauptsächlich im formalen Bereich (*errors of system*) und viel weniger im funktionalen Bereich (*errors of use*) analysiert und englisches Sprachkönnen und -wissen ausschließlich anhand dieser Kriterien scheinbar objektiv gemessen und beurteilt wird.

8.3.2 Strategiebezogene Fehleranalyse

Englischsprachliche Fehler gehen schon im Grundschulalter auf Fehlleistungen bzw. Interferenzen bestimmter mentaler Prozesse und Strategien bei der Verarbeitung neuer Kategorien und Regeln zurück. Sie sind dem Lernenden in diesem Lernalter in der Regel selbst nicht bewusst.
Grundschüler sind scheinbar bereiter (*readiness*) als in anderen Schulstufen, sprachlich kreativ und performativ zu sein. Ihre offenen, ersten Annäherungsversuche an die Zielsprache Englisch bilden beispielsweise die beste Voraussetzung, spätere Fossilisierungen (*fossilizations*) von Fehlern zu vermeiden. Ein solcher Fall entsteht z.B., wenn *but* gelernt und das neue Wort *butcher* bei selbstständiger Erschließung durch das Schriftbild analog ausgesprochen wird. Auch **childs* anstatt *children* bei Abiturienten ist ein authentisches Beispiel für diese Fehlerverhärtung, die nur durch sofortige Korrektur und Übung vermieden werden kann.

a) Die englischsprachige Approximation

Korrigierende Rückmeldungen von außen werden von Grundschulkindern in der Regel gerne angenommen, um daran die eigenen Approximationshypothesen unbewusst zu überprüfen und zu modifizieren.
Das sich durch solche Vorgänge als Interims- oder Lernersprache (auch: *interlanguage*; *transitional competence*) zwischen der Muttersprache und der englischen Sprache als Ziel neu entwickelnde Sprachsystem ist ein individuelles Durchgangsstadium (vgl. Walter 1981, S. 28), abhängig von den bislang gelernten Sprachen sowie individuellen, lernsituationsabhängigen und methodischen Variablen.
Das Zwischenstadium nähert sich im fortlaufenden Lernprozess in der Grundschulzeit den Gesetzmäßigkeiten der englischen Sprache variabel und individuell verschieden an (*approximation*). Innerhalb dieser Interimssprache stehen Fehler zumeist im Einklang mit der aktuellen Sprachkompetenz des Grundschülers.
Die aus der Annäherung entstehenden intralingualen Fehler sind oft Übergeneralisierungen bestehender Regeln wie auch *two *mouses* (falsche regelmäßige s-Pluralbildung), *What`s \*she`s name?* oder *he *goed home* (falsche regelmäßige Bildung des *simple past*) können nicht oder nur unter großen Mühen und mit viel Übung wieder verbessert werden. Hier handelt es sich um hypothesengesteuerte, produktive und intelligente Fehler. Fern von der

reinen Imitation hat in diesem Fall der Schüler seine eigene Regel gebildet und hohe Abstraktionsfähigkeit bewiesen.
Die Anwendung der Strategie durch die jungen Lerner wiederum hängt von einem „inneren" Lehrplan (*internal syllabus*) ab, wie durch die Erforschung der Lernersprache mit verschiedenen Sprechern unterschiedlicher Muttersprachen deutlich wurde: "*...there is no necessary connection between what we teach and what is learned*" (Corder 1981, S. 89). Zwischen *input*, das dem Kind angebotene Sprachmaterial, und *output*, der Sprachproduktion, steht demnach ein *intake*, dem wirklich Aufgenommenen und Gelernten. Hieraus erklärt sich, weshalb bestimmte sprachliche Phänomene trotz intensiven Übens nicht fehlerfrei beherrscht werden, und es entsteht eine gewisse Entlastung der Verantwortlichkeit der Lehrkräfte für den Englischlernerfolg insgesamt.

b) Übertragungen aus der Muttersprache

Jede Zweitsprache wird auf dem Hintergrund der Erstsprache gelernt und bewusst oder unbewusst mit ihr kontrastiert. Ein negativer, fehlerhafter Transfer aus ihr wird als interlingualer Fehler oder Interferenzfehler bezeichnet und ist ein unbewusster, psychologischer Prozess, der auch bei weitgehend einsprachigem Unterricht stattfindet. Solche Fehler sind „Warnschilder", die auf mögliche Kontraststellen hinweisen.
Mögliche Interferenzerscheinungen der Erstsprache treten bei Aussprache und Intonationsgewohnheiten, bei Wortschatz und Grammatik sowie im pragmatischen Bereich, der jeweiligen Redeabsicht (z.B. *the woman *became twins* oder: *I have my watch lost*) und dem situationsangemessenen Sprachgebrauch (z.B. **Come good home!* oder: *What means ruler?*) auf. Sogenannte *false friends* (z.B. *become*/bekommen u.a.) gehören ebenfalls in diese Kategorie.
Beim Hör- und Leseverstehen spielt das bislang erworbene sprachliche sowie kulturelle Wissen eine Rolle. Fehler bei diesen rezeptiven Fertigkeiten sind insgesamt schwer erkennbar.

c) Elementarisierung

Bei der Reduktions- bzw. Vereinfachungsstrategie durch sprachliche Elementarisierung handelt es sich um eine inhaltliche Reduktion sowie morphologische, lexikalische oder syntaktische Elementarisierung. Die mündliche oder schriftliche Äußerung wird trotz eines muttersprachlichen Sprech- oder

Schreibplans soweit vom Schüler reduziert, bis auch die Gefahr von Fehlern subjektiv geringer geworden ist. In der Grundschule betrifft das offensichtlich nur die leistungsstärkeren Kinder mit größerer englischsprachiger Handlungsfähigkeit. Schwächere wenden sie insofern an, als sie mangels sprachlichem Selbstvertrauen zur Fehlervermeidung Einwortsätze gebrauchen bzw. muttersprachliche Äußerungen vorziehen. Im denkbar schlechtesten Fall könnten sie etwas sagen oder schreiben, tun dies aber aus Angst vor Fehlern nicht.

Reduktionsstrategien sind in der Fehleranalyse nur schwer erkennbar und nachweisbar, da schwierigere Kommunikationssituationen vom Lerner vermieden werden.

d) Weitere Strategien

Foreignizing ist eine weitere Strategie zur subjektiven Vermeidung von Fehlern. Sie kommt im Englischunterricht an Grundschulen selten vor, da das Sprechen (und Schreiben) in der Regel noch zu elementar ausgeprägt sind.
Beim *foreignizing* werden Wörter, die auf Englisch nicht abgerufen werden können, durch deutsche ersetzt, die formale Aspekte der englischen Sprache aufweisen. Auch die Aussprache klingt dann vordergründig englisch: *The boy *nimms an apple. – My mother is a *housefrau.*

Beim *language switching* wird der Teil der Äußerung, der nicht oder aus Lernersicht nur fehlerhaft ausgedrückt werden kann, in der Muttersprache verbalisiert. Dies geschieht ebenfalls nur dann, wenn schon mündlich oder schriftlich Sätze reproduziert bzw. nahezu frei formuliert werden können: *Can you please for me ... *a Blatt mitbringen?*

Das Umschreiben als Fehlervermeidungsstrategie ist für den Bereich des Anfänger-Englischunterrichts noch nicht relevant und findet hier keine weitere Berücksichtigung.

8.4 Fehlerprophylaxe

Eine effiziente Fehleranalyse mit allen beschriebenen Anforderungen an die Kompetenz einer Englischlehrkraft, die Berücksichtigung aller sinnvollen Prinzipien des Englischunterrichts an Grundschulen sowie der Aufbau einer motivierten Lernhaltung in einer positiven, angenehmen Lernatmosphäre mit

englischsprachig sinnvollem *input* und anregenden Inhalten (*rich learning environment*) sind die Grundvoraussetzungen, um schon prophylaktisch ein gewisses Maß an Fehlerquellen auszuschalten.
Dazu sind die Grenzen kindlicher Informationsverarbeitung zu beachten.
Der Faktor Zeit spielt zur Verstärkung der Grundlagen ebenfalls eine wichtige Rolle. Bei der Erstdarbietung des englischen Sprachmaterials müssen bestimmte Formen und Verfahren gewählt werden, die auf der einen Seite den Lernern Hilfen zur sprachstrukturellen Hypothesenbildung geben und ihnen andererseits genügend Zeit zur mentalen Strukturierung lassen (*incubation period*). Werden dabei nicht sofort produktive Leistungen erwartet und haben die Lerner genügend Zeit zur Formulierung, entsteht nach einer stillen Phase (*silent period*) der Sprechplanung sprachliche Sicherheit und die dazugehörige englischsprachige Äußerung. (Timm 1996, S. 167ff). Für das Aufrufeverhalten im Unterricht muss diese Erkenntnisse miteinbezogen werden.
An besonders häufig auftretenden Schülerfehler permanent intensiv zu arbeiten, dazu Korrekturen, Erklärungen und wiederholende Übungen z.B. in der Freiarbeit oder beim Stationentraining zu geben, senkt ebenfalls erkennbar, aber weniger messbar prophylaktisch die Fehlerzahl. „Aus Fehlern lernst du" – dieser kognitive Ansatz wird Grundschulkindern schnell klar und erhält die positive Einstellung zur Korrektur.

8.5 Fehlertherapie

Die Fehlertherapie umfasst Aspekte des Korrekturverhaltens sowie die Diskussion um die Fehlertoleranz.
Grundsätzlich gesehen stellt sie neben der englischdidaktischen eine (grundschul-)pädagogische Herausforderung dar.
Die intensive Fehlertherapie wird von den Schülern und Eltern erwartet, besonders in benoteten Fächern. Im Lernkontext Englischunterricht ist die Rückmeldung der sprachlichen Richtigkeit oder Fehlerhaftigkeit der Lernersprache an diesen notwendig zur individuellen und lernökonomischen Weiterentwicklung: Er bekommt durch sie die Gelegenheit, seine englische Sprachproduktion zu überprüfen und zu korrigieren. Ständiges Verbessern hingegen kann demotivierend wirken.

Inhalts- und sprachbezogene Kommunikation dürfen nicht getrennt werden. Nur wer linguistische Einheiten (*chunks*, z.B. Kollokationen) weitgehend automatisiert gebrauchen kann, hat mehr Verarbeitungskapazität für inhaltliche Aspekte. Schon Anfänger müssen durch Korrektur auf sprachliche Merkmale aufmerksam gemacht werden. Dadurch wird die wichtige Fähigkeit zur Kontrolle englischsprachiger Äußerungen (vgl. *monitor hypothesis* von Krashen 1985) früh angebahnt und aufgebaut.

Die Qualität der Rückmeldung durch den Lehrer steigt mit dem Grad seiner englischsprachlichen und –didaktischen Handlungskompetenzen. Die flexible, spontane Korrekturen vor allem in mündlichen Phasen des Englischunterrichts sind dabei besonders anspruchsvoll: Die Rückmeldung soll möglichst viel Wirkung erzeugen, muss dazu aber sprachlich angemessen, interpretierbar, klar umsetzbar, explizit und auf das Wesentliche beschränkt sein. Dazu kommt das psychologisches Geschick, die Korrektur nicht als Kritik, sondern als Hilfe zu vermitteln.

Daraus entsteht eine positive Einstellung zur Korrektur nicht nur über die kognitive Einschätzung der Korrektur als Lernhilfe, sondern auch über die affektive: Zufriedenheit statt Angst, Motivation statt Frustration, steigendes Selbstwertgefühl und Vertrauen in die eigene Leistung statt Entmutigung.

8.5.1 Fehlertoleranz

Die englischdidaktische Diskussion um den Aspekt der Fehlertoleranz bewegt sich zwischen zwei Polen.

Befürworter des kommunikativen Ansatzes traten immer für eine große Fehlertoleranz ein, die besonders Schülern mit großen Lernschwierigkeiten – und deren Lehrern – entgegenkommt. Der im Hinblick auf das Grundschulenglisch häufig vertretene Standpunkt *message before accuracy* bekennt sich ebenfalls zu ihr.

Warner befürchten bei übergroßer, unreflektierter Fehlertoleranz einen antikommunikativen Englischunterricht, in dem nur noch Kauderwelsch gesprochen wird.

Besonders Anfänger sollten verbessert werden, damit sie eine ausbaufähige Grundlage ihres sprachlichen Könnens erhalten.

Fehlertoleranz walten zu lassen im Bereich der Ausspracheschulung beispielsweise führt schnell zur unerwünschten *fossilization* von Fehlern in diesem Bereich, wodurch wiederum kommunikative Verständnisschwierigkeiten entstehen können (vgl. Kapitel 7.1).

Kommunikative Fehlertypen treten vor allem bei fortgeschrittener Lerner auf und müssen ebenfalls zur Sicherung der Verständlichkeit korrigiert werden:

Who does Nils give the book? – *Who* steht hier für „Wer" oder „Wem".
*My friends *will play football.* – *will* steht hier (fehlerhaft) für „wollen".
Weitere Beispiele bilden die *false friends* (z.B. *become* statt *get* für „bekommen") und Pseudo-Anglizismen (z.B. *handy* statt *mobile phone*).
Frühzeitig zu korrigieren sind auch Äußerungen, die vom Gesprächspartner als inadäquat und besonders unhöflich empfunden werden (z.B. *A coke!* statt *Can I have a coke, please?*).
Bezogen auf Unterrichtsphasen ist die Fehlertoleranz während sprachlicher Übungsphasen (z.B. *pattern drill* etc.), in denen Korrektheit angestrebt wird, unangebracht. Fehler werden dabei explizit und ohne zeitliche Verzögerung verbessert, damit diese auch als solche vom Lerner identifiziert werden können.
In Phasen des spontanen Gebrauchs der englischen Sprache (Gesprächsübungen, Rollenspiele, Simulationen, Diskussionen, kreatives Schreiben etc.) ist ein höheres Maß an Fehlertoleranz nötig, die Korrektur richtet sich nach dem kommunikativen Erfolg. Für den Englischunterricht an Grundschulen scheint in dieser Phase nur stark vereinfachter und reproduktiver Sprachgebrauch möglich. Hier gilt es dann zu unterscheiden, ob die reine inhaltliche Mitteilung Vorrang haben muss vor den kognitiven Aspekten des Lernens. Bei ständiger Vermischung von Kommunikation und Korrektur wird die sprachliche Experimentierlust stark abgeschwächt.
Fehlertoleranz müsste - vereinfacht ausgedrückt - umgekehrt proportional zur Leistungsfähigkeit der Schüler geübt werden, fortgeschrittenen Lernern steht demnach auch eine höhere Fehlertoleranz zu.

Grundsätzlich erstrebenswert ist dennoch immer gleichzeitig *accuracy* und *fluency*, eine strikte Trennung hierin könnte schädlich sein hinsichtlich des angestrebten Sprachkönnens.

8.5.2 Fehlerverbesserung

a) Fehlerverbesserung bei mündlichen Leistungen

Voraussetzung für eine sinnvolle, akzeptierte Korrektur mündlicher Leistungen im Englischen ist eine positive Verbindung zwischen Lerner und Lehrer. Diese entsteht auch dadurch, dass zur Sprachproduktion genügend Zeit zum Formulieren sowie eventuell zur Selbstkontrolle gegeben wurde.

Die Art der Verbesserung bei mündlichen Leistungen muss generell neutral, freundlich und möglichst humorvoll sein. Unterstützend wirken nonverbale Elemente wie Gestik und Mimik.
Nach der mündlichen Äußerung muss rasch entschieden werden, ob ein Verstoß gegen die Norm vorliegt und ob bzw. wie darauf reagiert werden soll. Ein Leitfaden zur Orientierung bilden die Abfolge der W-Fragen:
Was - bei wem - wie - wann soll korrigiert werden?

Relevante Verbesserungsmöglichkeiten mündlicher Äußerungen im Englischunterricht an Grundschulen bieten folgende Vorgehensweisen:
1. Umformulierung durch die Lehrkraft, die angelsächsische, nicht nur für Kinder verträglichste Form der Korrektur:
*I *sleeped. - Oh, I see, you slept.*
Das falsche Wort/der falsche Satzteil wird durch die zustimmende Lehreräußerung richtig wiederholt. Die Korrektur ist als solche nicht sofort spürbar.
2. Explizite Zurückweisung, ungünstig bei unsicheren Schülern mit wenig (englischsprachigem) Selbstvertrauen:
No, that's not correct. - That was almost right.
Effizienterweise wird die Zurückweisung gleich mit einer neuen Chance verbunden:
3. Aufforderung zur Selbstkorrektur, vor allem bei leistungsstärkeren Schülern:
Sorry, what was that? - What did you say? Say that again, please. I didn't quite get it.
Hier wird eine Art Reparaturangebot gemacht und zur Überprüfung des Gesagten und zur Selbstkorrektur aufgefordert.
Dieses Angebot kann u.U. anschließend auch kommunikativ erweitert werden:
*I *play football yesterday. - Sorry, what did you say you played yesterday? - I played football. - And did you win?*
Formen der Selbstkorrektur sprachlicher Leistungen sind wichtige Aspekte der Schülerorientierung und Lernerautonomie, die schon früh neben die Fremdverbesserung treten sollen. Der mögliche Grad hängt von der kognitiven Entwicklung, dem Stand der Fähigkeit zur Selbstbeobachtung sowie von den Persönlichkeitsfaktoren ab (vgl. Kapitel 2.1).
4. Nachfragen bei unverständlichen Äußerungen
5. Einbeziehen der Mitschüler, die im Frontalunterricht zumindest als Zuhörer fungieren

Jede Korrektur ist realistischerweise zunächst nur kurzfristig – möglicherweise bei der nächsten Lerneräußerung – wirksam. Verinnerlicht und gefestigt wird das Korrigierte nur durch weitergehende Übungs- und Anwendungsphasen, beispielsweise auch in offenen Unterrichtsformen wie Freiarbeit und Stationenlernen.

b) Fehlerverbesserung bei schriftlichen Leistungen

Schriftliche Fehler sind nicht flüchtiger Natur wie mündliche; sie prägen sich stärker ein, wenn sie nicht intensiv korrigiert werden.
Im Englischunterricht an Grundschulen ist die Korrektur schriftlicher Leistungen schon deshalb nachgeordnet, da das Schriftbild selbst in der Regel eine dienende Funktion übernimmt.
Schriftlich Imitiertes oder Reproduziertes muss akribisch korrigiert werden.
Die Verbesserung wird nachvollziehbar, wenn sie transparent ist: Korrekturzeichen und Kürzel müssen demnach bekannt und besprochen worden sein.
Formen der Selbstkorrektur schriftlicher Sprachproduktionen sind im Englischunterricht an Grundschulen normalerweise auf den Umgang mit Bild- oder wenig umfangreichen Wörterbüchern beschränkt.
Die Partnerkorrektur (*peer correction*) ist eine weitere Möglichkeit, die aber abschließend nochmals zumindest besprochen und so indirekt überprüft werden muss.
Freiere Texte, beispielsweise bei E-mail-Kontakten oder ersten kreativen Schreibformen, unterliegen der Fehlertoleranz nach dem Prinzip des *message before accuracy*.

8.6 Portfolio

Die Förderung zunehmender Eigenverantwortlichkeit der Grundschüler und ihr Einbezug in die Überprüfung ihres eigenen Lernstandes und Lernerfolgs beim Erlernen der englischen Sprache bahnt schon früh eine mögliche Befähigung zum selbstständigen Weiterlernen nach der Schulzeit an.
Eine Möglichkeit, neben Tests und begleitender Evaluation sprachliche Leistungen auch die Selbstbewertung zu fördern, ist das Anlegen eines Portfolio.
Der englische Begriff *portfolio* wird europaweit für eine neue Form des schulischen Leistungsnachweises verwendet, wie es die Europäische Kommission vorgeschlagen hatte (vgl. *European Framework of Reference*).

Die Grundidee besteht darin, dass der Schüler selbstständig dokumentiert, was er geleistet hat. Anstatt eine wenig aussagekräftige Note vorgelegt zu bekommen, können die künftige weiterführende Schule bzw. die aufnehmende Einrichtung und später der künftige Arbeitgeber sich selbst ein Bild vom Portfolio-Träger machen und seine Fähigkeiten und Begabungen einschätzen.

"A language portfolio is a document, or an organized collection of documents, in which individual learners can assemble over a period of time, and display in a systematic way, a record of their qualifications, achievement and experiences in language learning, together with samples of work they have produced themselves." (Piepho 1999, S. 81)

Diese von den Lernern angelegte Portfolio-Form (eine Sammlung oder Sammelmappe individueller Arbeiten z.B. Bilder, Collagen, Zeichnungen, Texte, Arbeitsblätter, Geschichten, Spiele, CDs mit Liedern, Sprach- und Bildaufzeichnung, Berichte über Projekte, Kopien verschiedener schriftlicher Lernzielkontrolle sowie spezielle Entdeckungen und Beobachtungen) ermöglicht eine Selbst- und Fremdevaluation der englischsprachigen Leistungen gleichermaßen. In ihm finden sich beispielsweise auch Aussagen des Lerners darüber,
- welche Wörter welcher Themenbereiche schon bekannt sind (z.B. *word webs*),
- welche Aussagen er oder sie über sich machen können (*introducing myself*),
- welche Storybooks schon gehört oder gelesen wurden,
- wie Englisch gelernt wurde und
- was er oder sie noch gerne lernen würde.
Auch Dokumente außerschulischen Englischlernens (z.B. Erfahrungen auf Urlaubsreisen in England, Briefe, Zertifikate etc.) werden ins Portfolio integriert.

Die strukturierte Dreiteilung des Portfolio in
1. einen sprachenbiografischen Teil (Dauer und Intensität des Kontakts zu Sprachen; Dauer und Leistungstand des Englischlernens),
2. einen leistungsbeschreibenden Teil durch Selbst- und Fremdeinschätzung, sowie
3. in das Kernstück des Portfolios, das Dossier (alle Leistungsnachweise und Materialien zur Einschätzung der Lernerperson und seiner Sprachbehrrschung)
hat sich bewährt, soll aber auf die individuellen Voraussetzungen des Englischunterrichts an Grundschulen individuell angepasst werden.

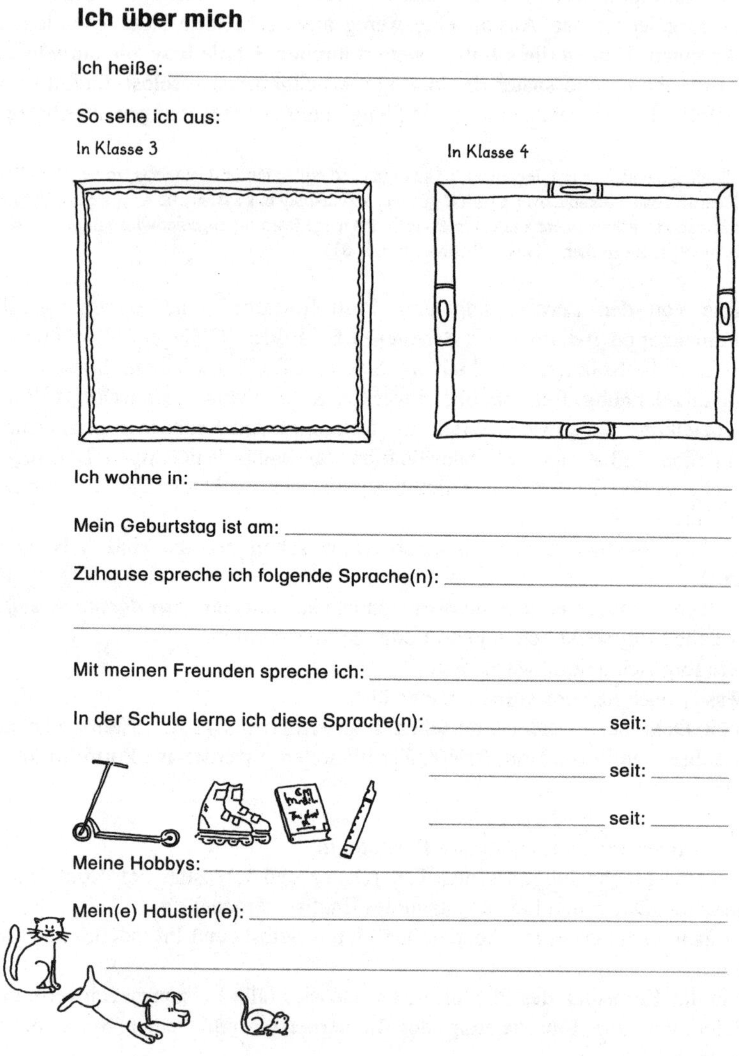

Ich über mich

Ich heiße: _____

So sehe ich aus:

In Klasse 3   In Klasse 4

Ich wohne in: _____

Mein Geburtstag ist am: _____

Zuhause spreche ich folgende Sprache(n): _____

_____

Mit meinen Freunden spreche ich: _____

In der Schule lerne ich diese Sprache(n): _____ seit: _____

_____ seit: _____

_____ seit: _____

Meine Hobbys: _____

Mein(e) Haustier(e): _____

_____

Abb. 8: Beispiel Portfolioentwurf Hessen: Auszug aus dem sprachenbiografischen Teil (2004)

Das Portfolio stellt einen Grundstock für die Entwicklung der Selbstkompetenz dar, die in weiterführenden Schulen und darüber hinaus ausgebaut werden kann. Letztendlich entsteht bei sinnvoller, langfristiger und zuverlässiger Sammlung eine Dokumentation über die Englischlernkarriere des Lerners. Sie hat weitaus größere Aussagekraft als eine Ziffernnote, wenn ihr zusätzlich noch Dokumente beigefügt werden, die von begleitenden Englischlehrkräften stammen (Bemerkungen oder auch ein Stempelabdruck zur Belohnung für gute Arbeit, Zertifikate, Beobachtungen, Bewertungen, Briefe, E-mails, u.v.m.).
Das Portfolio gibt zudem Aufschluss über die Arbeit im Englischunterricht insgesamt.
Die Rolle des Lehrers bei der Arbeit mit dem Sprachen-Portfolio ist die des Beraters, der dem Lerner den Umgang mit den verschiedenen Teilen erklärt und ihn z.B. bei seiner Auswahl für das Dossier berät.

Der Arbeit mit dem Portfolio liegen folgende grundsätzliche Überlegungen zu Grunde (vgl. Legutke 2004, S. 3f):
- Das Portfolio ist kein Zeugnis, kein Rechenschaftsbericht und auch kein Abbild des besuchten Englischunterrichts.
- Die Arbeit mit dem Portfolio bietet sich jeweils erst in der zweiten Hälfte des Schuljahres an, die Erfahrungen des ersten Halbjahres können so besser reflektiert werden. Dies geschieht nur in wenigen Stunden anleitend im Unterricht.
- Portfolios sollten weitgehend fehlerfrei sein. Um Hilfestellung geben zu können, ist also die Präsenz der Lehrkraft bei der Bearbeitung notwendig. Schwierigere Teile sollten erst von den Schülern erst entworfen, selbstkorrigiert und abschließend ohne Sinnänderung vom Lehrer fremdkorrigiert werden. Danach wird der Entwurf endgültig in das Portfolio eingetragen.
- Gemeinsame Reflektionen ermöglichen den Kindern das Nachfragen, die gegenseitige Beratung sowie Ideenfindungs- und Formulierungshilfen. Zusätzlich können sie bewusst eigene Lernprozesse beschreiben und im Plenum präsentieren.

Portfolios müssen insgesamt trotz aller Bemühung der Länder, Verlage, Didaktiker und Lehrer um eine inhaltliche und formelle Standardisierung immer auch offen und individuell für Erweiterungen, Verbesserungen und Individualisierungen bleiben.

9. Planung von Englischstunden

9.1 Classroom management

Classroom management – allgemein gesehen und für alle Unterrichtsfächer gültig – ist die Fähigkeit einer Lehrkraft, den Lernraum Klassenzimmer mit allen darin befindlichen Dingen und Menschen so zu organisieren, dass möglichst effizient in ihm gelernt werden kann. Dazu gehören u.a. die Ausstattung des Klassenzimmers, das Zeitmanagement, die Didaktik und Methodik, die Wahl der Sozialformen, das Lernklima und der soziale Umgang miteinander. Letzteres zu thematisieren ist vor allem Aufgabe der Erziehungswissenschaften, nicht der Englischdidaktik.

Ein Schwerpunkt der Unterrichtsplanung ist es, die primäre Lernumgebung effizient auch so vorzubereiten, dass Englisch gelernt werden kann: Mit Freiarbeitsmaterialien beispielsweise, mit Nachschlagemöglichkeiten, Karteien, Lernplakaten, visuellen Stützen aller Art und geeigneten Medien wie Kassettengeräten, CD-Player, TV und Computer.

Für Englischlehrer kommt dann aber noch ein ganz spezieller Faktor dazu, die Unterrichtsführung in englischer Sprache.

9.2 Classroom discourse

Der *classroom discourse*, die Sprache des Lehrens und Lernens auf Englisch, unterstützt das Prinzip einer angemessenen Einsprachigkeit (vgl. Kapitel 4.5). Die Dimensionen dieser Unterrichtssprache sind mehrschichtig: Arbeitsanweisungen, Lob, Tadel, Korrektur, Ermutigung und teils unwillkürliche echte Kommunikation. Die einzelnen Äußerungen werden als *classroom phrases* bezeichnet.

Gleichzeitig wird zusätzlich vorbildlicher sprachlicher *input* gegeben, der über die Entwicklung des Hörverstehens auch den Aufbau des Wortschatzes positiv beeinflusst. Ebenso vorbildlich wird über die englische Sprache *cultural awareness* vermittelt, wenn beispielsweise britische Höflichkeit in

Sprachwendungen mitschwingt: *Would you please listen?* – *Thank you, but I'm afraid it's not quite right.* Ermahnungen werden so in der Regel verbindlicher, Fehlerkorrekturen für die Korrigierten viel erträglicher. Zusätzliche können höfliche englische Sprachwendungen auch den deutschen Sprachgebrauch positiv beeinflussen.

Jedes Klassenzimmer ist im günstigsten Fall auch ein Rückzugsraum, in dem alle sich so restriktionsfrei wie möglich mit Respekt und Verständnis behandeln. Das bedeutet für die Lehrkraft aber nicht etwa, inflationär zu loben, sondern gezielt positiv zu verstärken und mit gemeinsamen Regeln ein Klima entstehen zu lassen, dass Störungen nicht erst aufkommen lässt bzw. weitgehend reduziert. Englische *classroom phrases* eignen sich dazu bestens: Sie sind sprachlich kurz und prägnant, ohne Redundanzen und immer höflich, besonders, wenn sie trotz ihrer Verbindlichkeit mit einem *please* verbunden werden.

Manche kurzen englischen *classroom phrases* werden mithilfe von Gesten ganz von selbst verstanden (z.B. *Stop that!*), manche lassen sich auch gestisch vormachen bzw. simulieren (z.B. *Be quiet and listen, please!*). Wo das Verständnis aber durch die Komplexität der Äußerung zunächst erschwert ist, hilft die deutsche Übersetzung.

Schon im Englischunterricht der Grundschule gilt es, ganz bedächtig ein vernünftiges, überschaubares und verständliches Repertoire an *classroom phrases* aufzubauen und weiterzuentwickeln. Als Prinzip kann gelten: Von leicht verständlichen zu komplexeren bzw. von kürzeren zu längeren Sätzen – individuell verschieden und angepasst ganz nach Leistungsniveau und Klassensituation.

Verbannt aus dem Klassenzimmers muss jede Art von Ironie und Sarkasmus bleiben, beispielsweise: *Didn't you sleep last night?* – als Reaktion der Lehrkraft auf Unkonzentriertheit und Fehler. Solche Fragen und Äußerungen können nicht verstanden bzw. beantwortet werden und unterwandern jeden Ansatz von Sprachsicherheit – nicht nur in englischsprachiger Hinsicht.

Die *classroom phrases* werden anfangs am günstigen immer wieder in gleichen oder ähnlichen Situation verwendet, dadurch wiedererkannt und gehen so in eine Art Sprachroutine über. Von hier aus werden dann auch leicht modifizierte, aber inhaltlich nahezu gleiche *phrases* besser verstanden und lösen so nicht Unverständnis, sondern die gewünschte Reaktion aus.

Mittlerweile gibt es in der Literatur eine Riesenauswahl an *phrases* zu allen Phasen des Unterrichts von der morgendlichen Begrüßung bis hin zur Verabschiedung in den Nachmittag.

Für den Englischunterricht an Grundschulen besonders wichtig sind u.a. folgende ausgewählten Aktionsbereiche:

Tab. 7: *classroom phrases*

Richtiges verstärken und loben	Unterrichtsabläufe organisieren und steuern	Fehler verbessern und weiterhelfen
That's very good.	**Sozialformen organisieren**	Not really.
Well done.	Work together with your	Unfortunately not.
Very fine.	friend.	I'm afraid that's not quite right.
That's nice.	Find a partner.	You can't say that, I'm afraid.
I like that.	Work in pairs/groups of	You can't use that word here.
Marvellous.	two/three/four.	Good try, but not quite right.
You did a great job.	Turn your desks around.	Have another try.
Magnificent.	Make a circle with your desks.	Not quite right. Try again.
Terrific.	Sit back to back.	Not exactly.
Wow!	Work by yourselves.	You were almost right.
Jolly good.	Ask your neighbour for help.	That's almost it.
Great stuff.	Stand up and find another	You're halfway there.
Fantastic.	partner.	You've almost got it.
Splendid.	**Übergänge im Englischun-**	You're on the right lines.
Right.	**terricht (transitions)**	There's no need to rush.
Yes.	Have you finished?	There's no hurry.
Fine.	Do the next activity.	We have plenty of time.
Nice.	Let's go on with ...	Go on. Have a try.
Quite right.	Look at that.	Have a go.
That's right.	Move on to the next activity.	Have a guess.
That's it.	Let's stop now.	Don't worry about your
That's correct.	Let's check the answers.	pronunciation.
That's quite right.	Come out/to the front and	Don't worry about your
Yes, you've got it.	write it on the board.	spelling.
You've got the idea.	Listen to the tape, please.	Don't worry, it'll improve.
That's much better.	Let's sing a song.	Maybe this will help you.
That's a lot better.	Repeat after me.	Do you want a clue (hint)?
You've improved a lot	Again, please.	Can anybody correct this
There's nothing wrong with	Who would like to read?	sentence?
your answer.	Could you try the next one?	Explain it in your own words.
What you said was perfectly	I would like you to write this	You still have some trouble
all right.	down.	with pronunciation.
You didn't make a single	For the last thing today, let's ...	You need more practice with
mistake.	Next one, please.	these words.
That's exactly the point.	Are you all ready?	You'll have to spend some
Your pronunciation is very	It's almost time to stop.	time practising this.
good.	Just a moment, please.	When you try this again,
You speak very fluently.	This is your homework.	please ...
You have made a lot of	Take a worksheet as you	Have a guess if you don't
progress.	leave.	know.
You're getting better at it all the time.		

Der englische *classroom discourse* ist eine der wenigen Gelegenheiten, die Fremdsprache in einer Realsituation zu gebrauchen. Auf keinen Fall sollten *classroom phrases* wörtlich aus dem Deutschen übersetzt werden. Bei Sammlungen dieser *classroom phrases* ist darauf zu achten, ob sie von Muttersprachlern verfasst wurden.

9.3 Planung einer Unterrichtseinheit

Ein Stundenentwurf ist eine umfassende Denk- und Entscheidungshilfe für die Planung und Gestaltung von Unterricht. Er besitzt folgende Funktionen:
1. Die Lehrkraft beweist, dass sie die Stunde bzw. die Unterrichtseinheit auf der Grundlage gesicherter anglistischer und englischdidaktischer Kenntnisse konzipiert und es verstanden hat, eine Brücke zwischen englischdidaktischer Theorie und Englischunterricht zu schlagen.
2. Der Stundenentwurf soll zeigen, dass die Vorbereitung für eine bestimmte Klasse unter Berücksichtigung individueller Lernprobleme der Schülerinnen und Schüler erfolgte.
3. Unvorhersehbare Situationen während der Durchführung der Stunde können zum Abweichen vom Stundenentwurf führen. Grundsätzlich erleichtert ein gut geplanter Stundenentwurf den Unterricht und bildet - hauptsächlich in der Ausbildung - bei einer Nachbesprechung den Ausgangspunkt zu kritischer Reflexion und zur Erprobung von Alternativen. Aus Stunden mit Fehlern und Pannen wird oft mehr gelernt und profitiert als aus sogenannten, teils scheinbar bewährten „Musterstunden", die der Unterrichtswirklichkeit nicht entsprechen.

Zu den Grundelementen von Entwürfen für Englischstunden gehören:
1. Die Bestimmung der Stundenziele
2. Die Schwierigkeitsanalyse des fremdsprachlichen Materials im Hinblick auf die Klasse und ihren Leistungsstand
3. Die Begründung methodischer Entscheidungen
4. Die Skizzierung des geplanten Stundenverlaufs

9.3.1 Die Bestimmung der Stundenziele

Die Ziele der Stunde bzw. der Unterrichtseinheit müssen präzise umrissen werden (vgl. Kapitel 3). Es soll ersichtlich sein, was die Grundschüler am Ende der Stunde dazugelernt bzw. durch Üben und Wiederholen gefestigt haben werden. Falls die Stunde Teil einer Unterrichtseinheit ist, wird ein

kurzer Rückblick auf die vorhergehenden und ein Ausblick auf die folgenden Stunden und deren Zielsetzung erforderlich. Oft bietet sich eine Unterscheidung zwischen Zielen im rezeptiven und produktiven Bereich der Sprachbeherrschung an, da sich Teillernziele objektiver zur Diagnostik kontrollieren lassen.
Sprachliche Ziele werden vom Lehrplan vorgegeben. Es ist zwar nützlich, über diese Ziele zu reflektieren, jedoch überflüssig, sie im Stundenentwurf zu begründen, da sie Teilaspekte des Sprachsystems sind, die gelernt werden müssen. Sie sind Bausteine für ein späteres Hauptziel des Englischunterrichts, die kontextadäquate Verwendung der englischen Sprache.
Während es wenig sinnvoll ist, z.B. das Erlernen eines bestimmten thematischen Wortschatzes zu begründen, kann es durchaus wichtig sein, spezifische Aspekte der Landeskunde im Hinblick darauf zu analysieren, was sie zum besseren Verständnis der englischsprachigen Welt leisten können. Diese Besonderheit wird dann als Lernziel formuliert (z.B. „Landestypischen Grußformen begegnen und diese situationsgerecht anwenden") und begründet.

9.3.2 Die Schwierigkeitsanalyse des englischsprachlichen Materials im Hinblick auf die Klasse und ihren Leistungsstand

Dieser Teil der Unterrichtsvorbereitung erfordert Erfahrung und genaue Kenntnis über den englischsprachigen Leistungsstand der Lerngruppe. Sprachliche Schwierigkeiten treten in folgenden Teilbereichen auf:
1. Aussprache und Intonation (bzw. Orthografie, wenn es sich um geschriebene Texte handelt)
2. Wortschatz und Wortgebrauch (besonders Kollokationen)
3. Grammatikalische Strukturen
Alle diese Bereiche sind durch die Muttersprache, die sich wenigstens im Denken der Grundschüler nicht eliminieren lässt, stark interferenzgefährdet.
Außerdem entstehen sprachliche Schwierigkeiten bei den rezeptiven (Hörverstehen und Lesen) und produktiven (Sprechen und Schreiben) Fähigkeiten.
Im inhaltlichen Bereich kommt es zu Schwierigkeiten infolge von landeskundlichen Informationslücken; bei authentischer englischsprachiger Kinderliteratur entstehen im ungünstigsten Fall, z.B. bei unsensibler Auswahl (vgl. dazu Kapitel 6.2), Missverständnisse durch fehlendes soziokulturelles Hintergrundwissen sowie durch mangelnde Hör- und eventuelle Leseerfahrung.

Jede Grundschul-Lehrkraft muss sich mit den Schwierigkeiten, die das englischsprachliche Material bietet, zunächst selbst auseinandersetzen, um es dann kompetent vermitteln zu können. Nach einer intensiven Auseinandersetzung mit dem Stoff besteht die englischdidaktische Aufgabe der Lehrkraft darin, die Schwierigkeiten zu ermitteln, die dieser Stoff der Klasse bereiten dürfte, und daraus resultierend nach angemessenen und schülerorientierten methodischen Vermittlungsmöglichkeiten zu suchen.

9.3.3 Die Begründung methodischer Entscheidungen

Methodische Entscheidungen dienen dazu, Lernschwierigkeiten zu überwinden, den Lernprozess voranzutreiben und schließlich den Unterricht ansprechend zu gestalten. Sie dürfen nicht willkürlich getroffen werden oder gar, weil die betreuende Lehrkraft sie bevorzugt. Sie sollten vielmehr bei der Schwierigkeitsanalyse bereits mitbedacht werden und folgerichtig auf ihr aufbauen. Methodische Entscheidungen bedürfen einer Begründung im Hinblick auf den Lernstoff und die Klasse.
Zu methodischen Entscheidungen gehören z.B.:
1. die Wahl der Sozialformen
- Frontalunterricht (etwa bei der Vermittlung von Fakten, dem Anbahnen von Erkenntnissen im Hinblick auf Sprache, Literatur und Landeskunde, beim Üben von Hör- und Leseverstehen, beim Bemühen um exaktes Textverständnis, beim gelenkten Sprechen und Schreiben, bei der Semantisierung von Wörtern durch die Lehrkraft, beim Üben von Aussprache und Intonation im Chor- und Einzelsprechen)
- Gruppen- und Partnerarbeit (etwa bei Übungsphasen, bei der Beantwortung von Fragen zu Texten, beim extensiven und intensiven Lesen, bei der Erstellung von Dialogen, bei Übungen zum freien Sprechen)
- Einzelarbeit (etwa bei der Lösung von Übungsaufgaben, beim extensiven Lesen)
2. die Wahl von Arbeits- und Übungsformen (Art und Ort ihres Einsatzes)
3. der Einsatz von Medien (Art und Ort ihres Einsatzes)
4. der Einsatz von *fun elements* (spielerische, musisch-kreative Elemente)
5. die Stellung von Hausaufgaben (Art, Umfang, Ziel)
Bei allen methodischen Entscheidungen sollten Alternativen mit eingeplant werden, die, wenn nötig, während der Durchführung der Stunde zum Einsatz kommen („Puffer"). Der sorgfältig geplante Wechsel von Sozial- und Ar-

beitsformen, von Medieneinsatz und *fun elements* bewahrt den Unterrichtsverlauf vor Monotonie.

9.3.4 Die Skizzierung des geplanten Stundenverlaufs

Der Aufbau der Stunde sollte als Durchführungshilfe skizziert werden (vgl. Kapitel 10). Als Anhaltspunkt für einen möglichen Umfang dieser Skizze ist eine DIN A4-Seite zu empfehlen, die während des Unterrichts für die Lehrkraft gut sichtbar positioniert wird. Bewährt hat sich ein dreispaltiges Layout:

Zeit	*Unterrichtsverlauf*	*Medien ...*

Es empfiehlt sich, die für die einzelnen Abschnitte eingeplante Zeit in einer Zeitleiste in Echtzeit anzugeben, um sich ohne Umrechnung orientieren zu können. Minutenangaben ohne Bezug zur Echtzeit sind erfahrungsgemäß wenig hilfreich.

In einer Spalte daneben wird der Stundenverlauf in Stichpunkten bzw. ausgearbeiteten englischsprachigen Lehreräußerungen und erwarteten Schülertätigkeiten dargestellt. Eine zu pedantische Ausarbeitung des gesamten Stundenverlaufs ist problematisch, da sich Schülerantworten nicht vorhersagen lassen. Schriftlich fixiert werden sollten jedoch wichtige englischsprachige Aussagen, Fragen und Anweisungen der Lehrkraft an den Schnittstellen des Unterrichtsablaufs, z.B. beim Wechsel von einer Phase in die nächste. Dort wird der Verlauf der Stunde entscheidend bestimmt.

In einer dritten Spalte können Medien, Materialien, Sozial- und Arbeitsformen usw. in Kürzeln benannt werden.

Wichtige Stellen in der Unterrichtsskizze können farbig hervorgehoben werden.

9.4 Unterrichtsphasen

Der Unterrichtsverlauf von Englischunterricht an Grundschulen darf nicht nach starren Strukturmodellen konzipiert werden. Allzu wenig abwechslungsreich und überraschend, zu monoton und vorhersehbar wird eine solche Vorgehensweise empfunden. Unflexible Schemata können nicht für einen schülerorientierten Englischunterricht gelten.

Bewährt hat sich für alle Arten von Englischstunden eine logische Dreiteilung in
- eine Startphase (*warming-up*) mit *small talk*, Schaffung eines situativen Kontextes, Vorentlastung etc.,
- eine Hauptphase zur Erarbeitung des hauptsächlichen Zieles der Stunde, sowie
- eine Schlussphase mit Lernzielkontolle, Sicherung, etc.

Die folgenden Tabellen zeigen dazu mögliche grundschulgemäße Artikulationen des Unterrichts, die Aufgliederung des Unterrichtsverlaufs im Hinblick auf seine einzelnen methodischen Schritte:

Tab. 8: Artikulationsstufen

Startphase	
Bezeichnung	*Funktion*
Hinführung	Einstimmung auf den Englischunterricht
Anknüpfung	Aufgreifen/Weiterführung bekannter Inhalten
Einführung	Vorbereitung auf die Zielangabe
Einleitung	Hinführung und Schaffen der inneren Teilnahme
Einstimmung	Schaffung eines situativen Rahmens zur Identifikation
Anbahnung	Langsames Eingrenzen und Isolieren des Zielinhalts
Motivation	Schaffen einer positiven Einstellung zur Lernarbeit
Begegnung .	Konzentration auf den Inhalt
Vorbereitung	Herbeiführen der Aufnahmebereitschaft
Sprechsituation	Anregen zum aktiven Englischlernen
Ausgangssituation	Mobilisieren des Vorwissens
Initialphase	Hervorhebung sprachlicher/landeskundlicher Aspekte
Zielangabe	Bewusstmachen/Verdeutlichen des Lernprozesses

Hauptphase	
Erarbeitung, Erschließung	Erreichung einer Lernzielstufe:
Darbietung, Begegnung, Übung	Einblick, Überblick, Kenntnis, Vertrautheit, Fähigkeit, Fertigkeit, Bewusstsein, Verständnis, Interesse, Bereitschaft
Darstellung	Vermittlung von Wissen und Können
Informationsphase	Möglichkeit zur Gewinnung von Kenntnissen
Neuer Stoff	Bekanntmachen mit neuen Inhalten
Neudurchnahme	Entnahme von sprachlichen/landeskundlichen Informationen
Verifikation	Weckung der Fantasie
Problemlösung	Herausbilden von Begriffen oder Strukturen
Abstraktion	Übermittlung von sprachlichen/landeskundlichen Informationen
Auseinandersetzung	Gewinnung von sprachlichen/landeskundlichen Informationen
Verarbeitung	Überprüfen von Vermutungen
Ausführung	Englischsprachige Gestaltungsphase

Schlussphase	
Ausklang	Verstehen von Einzelheiten im Rahmen des Ganzen
Ausblick	Sicherung einer englischsprachigen Fähigkeit/Fertigkeit
Integration	Anbahnen einer englischsprachigen Fähigkeit/Fertigkeit
Analogiebildung	Herstellung des Lebensbezugs/Übertrag auf andere Kulturen
Ergebnissicherung	Möglichkeit der Anwendung
Gestaltung	Reproduktion der sprachlichen/landeskundlichen Informationen
Weiterführung	Reorganisation von zusammenhängenden Einzelfakten
Verarbeitung	
Ausweitung	Kontrolle des Gelernten, Anregung zur Weiterarbeit
Lernzielkontrolle	Einprägen von Informationen, Diagnose
Transfer	Übertrag des Erlernten auf andere sprachliche Situationen
Übertragung	Bewusstmachen des Lernzuwachses, Reflektion
Arbeitsrückschau	Bewusstmachen des Lernprozesses, Reflektion
Sicherung	Stabilisierung, Einbringen von Kritik

10. Praktische Beispiele

Die beiden folgenden Unterrichtsstunden entstanden jeweils in einem studienbegleitenden Englischpraktikum. Die Unterrichtsentwürfe stellen zur besseren Vergleichbarkeit beispielhaft zwei unterschiedliche Formen des *storytelling* mit Einführung neuen Wortschatzes dar.
Inhalte und Ziele dieser Unterrichtsbeispiele wurden in Absprache mit den beratenden Praktikumslehrern unter Berücksichtigung des Klassenlehrplans erarbeitet (vgl. auch Kapitel 9.3).
Die Praktikumslehrer kommentierten die fertigen Entwürfe und gaben Hinweise, ohne aber Konzeption und Anlage stark zu verändern. Mangelnde Erfahrung wird in dieser Phase erfahrungsgemäß durch großen Vorbereitungsfleiß, viel Engagement und oft großem Talent annähernd ausgeglichen.
Im dazugehörigen Begleitpraktikum wurden sie jeweils vorab in der Gesamtsequenz vorgestellt. Entstehende Fragen konnten im Entwurf mitberücksichtigt werden.
Die Englischstunde selbst wurde mit fachdidaktischer und sprachpraktischer Beobachtung durchgeführt und im Anschluss diskutiert und kommentiert. Dabei ging es nicht um eine Bewertung, sondern um eine möglichst konstruktive Beratung der angehenden Lehrer.
Die englischdidaktischen Kommentare am Ende des jeweiligen Unterrichtsbeispiels geben diese Reflexionsphase in den wichtigsten Auszügen wieder.

10.1 Unterrichtseinheit: *Rudolph, the red-nosed reindeer* – eine amerikanische Weihnachtsgeschichte (4. Klasse)

10.1.1 Bestimmung der Stundenziele

Hauptziel: Inhaltliches Verstehen der Erzählung
a) Ziele im rezeptiven Bereich:

- Hören und Verstehen der Weihnachtserzählung *Rudolph, the red-nosed reindeer* mit Hilfe von Bildern
- Verstehen von Arbeitsanweisungen

b) Ziele im produktiven Bereich:
- Imitatives Sprechen durch Wiederholung der Dialoge und Rollenspiele (wobei insbesondere auf das Sprechen von ganzen Sätzen geachtet werden soll)

c) Ziele im Wortschatzbereich:
- Schlüsselvokabular der Geschichte

(*reindeer, shiny nose, lamp, to laugh, to call sb. names, tomato, traffic light, tree, fog/foggy, sleigh*)

10.1.2 Schwierigkeitsanalyse des fremdsprachlichen Materials im Hinblick auf die Klasse und ihren Leistungsstand

Aufgrund der bisher geringen Beobachtungsmöglichkeiten und Unterrichtserfahrungen in dieser Klasse fällt es schwer den Leistungsstand der Klasse zu beurteilen. Die Kinder sind nach eigenen Aussagen im Allgemeinen recht gerne im Englischunterricht und die Stunden machen ihnen Spaß. Sie arbeiten recht rege und interessiert mit. Es fällt auf, dass es einigen Kindern noch recht unangenehm ist bzw. es Mühe bereitet, in ganzen Sätzen zu sprechen und sie es bevorzugen, nur einzelne Wörter oder Kollokationen zu produzieren.

Für die geplante Unterrichtsstunde benötigen die Kinder kein besonderes Vorwissen. Da in der letzten Woche mit den Kindern das Rentier behandelt wurde, sind sie mit dem Tier vertraut (es wurden Informationen zur Lebensweise des Rentiers erarbeitet und seine Körperteile durchgenommen).

Spezielle Wörter, die für das Verständnis der Geschichte wichtig sind, werden vor der Erzählung eingeführt. Andere allgemeine Wörter wie z.B. *red, nose, sad, happy, friends* u.a. sind den Kindern bereits bekannt sein. Einige Kinder kennen die Geschichte von *Rudolph* bereits, da die Figur in den letzten Jahren auch in Deutschland bekannt wurde (z.B. durch Zeichentrickfilme).

a) Aussprache und Intonation

Probleme könnte es bei der Aussprache des *th*-Lautes geben. Vor allem der Satz *Rudolph with the red nose!* könnte den Kindern Schwierigkeiten bereiten, da hier zwei *th*-Laute direkt aufeinander folgen. Es ist wichtig, besonders

bei diesem Satz sehr deutlich vorzusprechen, bei den Kindern auf die Aussprache zu achten und den Satz evtl. mehrmals intensiv zu üben.
Weitere Schwierigkeiten könnten die Wörter *to laugh* und *sleigh* bereiten, da die Aussprache sehr von der Schreibung abweicht. Auch hier muss deshalb besonders darauf geachtet werden, dass die Kinder diese Wörter richtig aussprechen können, bevor sie dem Schriftbild begegnen.

b) Wortschatz und Wortgebrauch
Im Allgemeinen dürfte es bei der Klärung der Vokabeln, die für das Verständnis der Geschichte wichtig sind, keine Schwierigkeiten geben, da es sich meist um konkrete Gegenstände (z.B. *lamp, tree, sleigh, presents* u.a.) handelt, die bildlich darstellbar sind.
Andere Begriffe wie z.B. *laugh* lassen sich leicht vormachen und sollten keine Verständnisschwierigkeiten bereiten. Einzig und allein das Wort *foggy* könnte größere Schwierigkeiten bereiten bzw. Missverständnisse aufkommen lassen, da es sich hierbei um einen abstrakten Begriff handelt, der weder bildlich noch szenisch gut darstellbar ist. Deshalb soll hier eine schnelle Klärung auf Deutsch erfolgen, da dieser Begriff für das Verständnis der Geschichte sehr wichtig ist.

c) Grammatische Strukturen
In der Erzählung kommt an einer Stelle die Verlaufsform des Präsens (*present progressive*) vor. Sie könnte Verständnisschwierigkeiten bereiten: Entweder erkennen die Schüler das Wort *laugh* in diesem Zusammenhang nicht, oder sie wundern sich über die abgewandelte Form *laughing*.

d) Inhaltlicher Bereich
Zu Schwierigkeiten könnte es kommen, wenn die Kinder nicht verstehen, dass nicht das Christkind, sondern *Santa Claus* die Geschenke bringt (er darf nicht mit dem Nikolaus verwechselt werden). Dies ist wichtig zu wissen, um zu verstehen, warum *Santa Claus* Probleme hat und *Rudolph* braucht.

10.1.3 Begründung methodischer Entscheidungen

a) Wahl der Sozialform
Da in dieser Stunde hauptsächlich erzählt wird, wird der Frontalunterricht als Sozialform gewählt. So können alle Kinder gemeinsam der Erzählung zuhören und die Bilder betrachten. Auch die Semantisierung von Wörtern geschieht vor dem Plenum, damit alle Kinder gleichzeitig mit dem Wortmateri-

al, das für das Verständnis der Geschichte wichtig ist, vertraut gemacht werden. Das Üben der Aussprache der Wörter wird im Chor stattfinden.
Um die Kinder aktiv handelnd am Unterrichtsgeschehen teilhaben zu lassen, wird die Geschichte immer wieder unterbrochen: Einige Kinder stellen einzelne Stellen der Geschichte szenisch dar (Rollenspiel). Zum Abschluss der Stunde wird dann noch im Plenum das Lied zur Geschichte gehört.

b) Wahl der Arbeits- und Übungsformen
Während der Erzählung dient das Rollenspiel als Übungsform für das imitativ-reproduktive Sprechen. Kleiner Sätze bzw. Dialoge gilt es dabei zu produzieren, das Spiel schafft dazu den situativen Kontext.
Sollte den Kindern das Rollenspiel nicht gefallen, könnten stattdessen Fragen zu den Bildern gestellt werden (z.B. *Why do the other reindeer laugh at Rudolph? Why is Rudolph sad? What do you see in this picture?*).

c) Einsatz von Medien
Eine Folie mit einer Bildergeschichte zu *Rudolph, the red-nosed reindeer* auf dem OHP dient zur Veranschaulichung.
Die (konkreten) Vokabeln werden der Klasse auf Wortkarten bildlich dargestellt. Diese werden nach Klärung an der Tafel befestigt. Alternativ werden weitere Wörter auch während der Geschichte erklärt (z.B. mit Tafelzeichnung) bzw. vorgemacht.
Das abschließende Lied wird von einer CD vorgespielt.

d) Einsatz von *fun elements*
Rollenspiel und Lied sind Bestandteile der Stunde, die besonders affektiv ansprechend sind. Details wie die lustigen Requisiten ergänzen den Lernspaß.

e) Stellung von Hausaufgaben
Die Kinder der Klasse bekommen im Fach Englisch generell keine Hausaufgaben. Englisch soll ohne größeren häuslichen Arbeitsaufwand erlernt werden.

10.1.4 Skizzierung des geplanten Unterrichtsverlaufs

Benötigte Materialien:
- Rentier aus Pappkarton mit abnehmbaren Körperteilen wie *white tail, white mane, four feet with hooves, antlers*
- Wortkarten mit den Wörtern der entsprechenden Körperteile
- rote Nase für das Rentier aus Pappkarton (Tafelbild)
- Wortkarten (mit Bildern) für den Schlüsselwortschatz der Geschichte

- Folie mit Bildergeschichte zur Erzählung
- kleines Rentiergeweih aus Stoff und rote Nase für das Rollenspiel
- CD mit dem Lied *Rudolph, the red-nosed reindeer*

Zeit	UVerlauf	Medien ...
8.50	Wiederholung: L: *Look at this poor reindeer. What's missing?* S benennen fehlende Teile. S befestigen Teile. L zeigt auf Rentier-Teile, S benennen sie und fügen Wortkarten hinzu.	FrontalU Papp-Rentier (unvollständig) Wortkarten
8.55	Hinführung: L: *I'd like to tell you a special story about a special reindeer.* Befestigt rote Nase am Tafelbild. S erraten Rudolph.	Rote Pappnase
9:00	Erarbeitungen Wortschatz: L erklärt neue Wörter und spricht sie vor. S sprechen im Chor, in Gruppen und einzeln nach.	Wortkarten
9:10	Erarbeitung Geschichte: L erzählt die Geschichte. L erzählt die Geschichte ein zweites Mal. S sprechen wörtliche Reden (Dialoge) im Chor nach. L: *Who would like to be Rudolph?... the other reindeer?* L spricht Rollen nochmals einzeln vor. S stellen ausgewählte Szenen mit Requisiten dar: - *All the other reindeer and animals laugh at Rudolph and call him names.* - *Rudolph sees the reflection of his nose in the water.* - *Santa Claus needs Rudolph.* - *Rudolph is a hero.*	OHP-Folie mit Bildergeschichte Wortkarten Rollenspiel Rentiergeweih Rote Nase
9.25	Vertiefung/Sicherung: L: *Let's finally listen to Rudolph's song! Our story is in the song.* L zeigt während des Liedes nochmals auf die Folienbilder. S hören, versuchen zu verstehen und singen ev. mit.	FrontalU CD mit Song OHP-Folie mit Bildergeschichte

10.1.5 Didaktischer Kommentar

Nach der sehr gut geplanten und durchgeführten Stunde waren viele pädagogische und englischdidaktische Details positiv zu verstärken, u.a. besonders:
- Die sprachliche hervorragende Unterrichtsführung verdeutlichte den Wert einer eigenen englischsprachigen Kompetenz im Zusammenhang mit der routinierten, abwechslungsreichen und flexiblen Handhabung der *classroom phrases* (vgl. Kapitel 9.2).
- Die gelungene Technik des *storytelling* (vgl. Kapitel 5.2.3) ist ein Parameter für eine ebenso gelungene Unterrichtsstunde.
- Kleine Requisiten (z.B. die Nase/das Geweih *Rudolphs*) schaffen einen dichteren situativen Kontext für die szenische Darstellung.
- Das wiederholte Vorspielen schafft eine hohe Schüleraktivierung sowie viele gewünschte Sprechanteile.
- Beim abschließenden Lied verwendetes, aus der Stunde bekanntes Bildmaterial zeigt die effiziente Vorbereitung hinsichtlich der Erstellung von Unterrichtsmaterial.

Bezüglich der Unterrichtsplanung waren beispielsweise bestimmte didaktische Hinweise Schwerpunkte:
- zu 1c): Die Zielsetzung im Wortschatzbereich sollte nach aktivem/passivem Wortschatz unterteilt werden, da dieser bei der Vermittlung unterschiedlich behandelt wird (vgl. Kapitel 5.1).
- zu 2): Generell ist es sinnvoll, dass aus der Analyse der Schwierigkeiten konkrete methodische Maßnahmen erwachsen und schriftlich fixiert werden. Die aktuelle Lernstandsanalyse (vgl. Kapitel 8) ist Grundlage einer schülerorientierten Unterrichtsplanung. Die Informationen dazu lassen sich vielfältig erheben.
- zu 2c): Die beschriebene grammatische Struktur wird rezeptiv akzeptiert und in der Regel erkannt. Bei Nachfragen kann sie kurz auf Deutsch erklärt werden.
- zu 3b): *Why*-Fragen sind für Anfänger außerordentlich schwierig zu beantworten und nur für leistungsstarke Schüler eine Alternative bzw. Differenzierung.
- zu 3c): Bei der Präsentation des Schriftbildes ist darauf zu achten, das Lautbild der schwierigeren Wörter zunächst vorher zu sichern (vgl. Kapitel 7.1). Nur kleine Unterscheidungen in Schreibung/Lautung führen erfahrungsgemäß nicht zu Problemen bei der Aussprachesicherung.
- zu 3e): Hausaufgaben dürfen nicht dogmatisch behandelt werden. Eine vorbereitende Hausaufgabe (z.B. etwas zum Thema heraussuchen und mit-

bringen) ist ebenso sinnvoll wie die Aufgabe, den Erziehungsberechtigten zuhause die Geschichte nochmals auf deutsch zu erzählen.

- zu 4): Sinnvoll ist die Ausformulierung und didaktische Reduzierung der Arbeitsanweisungen auf Englisch an den Nahtstellen von Englischunterricht, genauer am Übergang von einer Unterrichtsphase zur nächsten. Alle Impulse ausformuliert zu haben bedeutet auch die Gefahr einzugehen, nicht mehr flexibel reagieren zu können.

10.2.6 Material (Beispiele)

Abb. 8/9: Bildergeschichte (Ausschnitte)

10.2 Unterrichtseinheit: *Barty's Ketchup Catastrophe* (3. Klasse)

10.2.1 Bestimmung der Stundenziele

Hauptziel: Inhaltliches Verstehen der Geschichte
a) Ziele im rezeptiven Bereich:
- Hören und Verstehen der Geschichte *Barty's Ketchup Catastrophe* mit Hilfe eines *big storybook*
- Verstehen von Arbeitsanweisungen

b) Ziele im produktiven Bereich:
- Imitatives Sprechen durch Wiederholung des Schlüsselvokabulars
- Produktives Sprechen beim Beantworten von Fragen, wobei insbesondere auf das Sprechen ganzer Sätze geachtet werden soll
- Kopieren des Schriftbildes von der Tafel auf das Arbeitsblatt

c) Ziele im Wortschatzbereich:
- Schlüsselvokabular der Geschichte
(*ketchup, cornflakes, toast, pizza, sandwich, crisps, cake*, des weiteren *breakfast, lunch* und *dinner*)

10.2.2 Schwierigkeitsanalyse des fremdsprachlichen Materials im Hinblick auf die Klasse und ihren Leistungsstand

Die Klasse, eine 3. Klasse einer Brennpunktschule, ist meist sehr unruhig und teils unaufmerksam. Sie besteht aus 28 Schülern, davon 17 Jungen und 11 Mädchen. Die Hälfte davon sind deutscher Staatsbürgerschaft, über 60 Prozent nicht-deutscher Muttersprache.
Viele der Kinder haben im Englischunterricht noch große Probleme mit dem Nachsprechen von ganzen Sätzen und äußern sich daher meist nur in einzelnen Worten.
Für die geplante Unterrichtsstunde benötigen die Schüler kein besonderes Vorwissen. Da in der Stunde davor bereits das Buch *Ketchup On Your Cornflakes* besprochen wurde, sollten die Phrasen *I like* und *I don't like* vertraut sein.
Die Geschichte wird das bekannte Thema „Lebensmittel" aufgreifen und vertiefen. Die Begriffe *sandwich, ketchup, cornflakes* sowie *ham, cheese,*

salad, butter, tomatoes und *strawberry jam* wurden bereits gelernt. Weitere Begriffe werden nach dem Vorlesen der Geschichte eingeführt.

a) Aussprache und Intonation
Probleme bei der Aussprache bestehen grundsätzlich nicht, da Worte wie *pizza* und *toast* auch im deutschen Sprachgebrauch bekannt sind und die englische Sprechweise sie nur wenig verändert.
Einigen Kindern fällt allerdings die Aussprache des Englischen an sich schwer, da sie beispielsweise Betonungen aus ihrer Muttersprache übernehmen. Eventuell auftretende Probleme bei der Aussprache des Wortes *crisps* (Lautverbindung *sps*), die auch für geübte Sprecher schwierig sein kann, kann durch wiederholtes Vor- und Nachsprechen behoben werden.

b) Wortschatz und Wortgebrauch
Der Wortschatz wird den Kindern wenig Schwierigkeiten bereiten, da alle neuen Wörter konkrete Gegenstände sind, die bildlich dargestellt werden können. Einige Wörter im Text werden nicht angesprochen, da die Geschichte auch ohne diese Wörter verständlich ist bzw. sie aus dem Kontext erschlossen werden können. Ebenso wird das Vokabular rund um die Uhrzeit weggelassen, da diese nur dazu dient, dass die Kinder die Begriffe *breakfast, lunch* und *dinner* richtig zuordnen können, und eigentlich eine selbstständige Unterrichtseinheit bildet. Der Begriff *sleep-over* wird auf Deutsch erklärt.

c) Grammatische Strukturen
Die Satzstrukturen sind sehr einfach gehalten und leicht verständlich. Gleiches gilt für die Arbeitsanweisungen und Impulse auf Englisch.

d) Inhaltlicher Bereich
Durch den relativ simplen und logischen Verlauf der Geschichte können die Kinder dem Inhalt leicht folgen und verstehen.

10.2.3 Begründung methodischer Entscheidungen

a) Wahl der Sozialform
Da in dieser Stunde hauptsächlich die Geschichte erzählt wird, wurde der Frontalunterricht als Sozialform gewählt - auch in Ermangelung weiterer vorher eingeschulter Sozialformen (z.B. Sitzhalbkreis).
Das Üben der Aussprache der Wörter wird in Chor-, Gruppen oder Einzelarbeit stattfinden. Die eher geringe Schüleraktivität während des Frontalunter-

richts wird durch die Arbeit einzelner Kinder an der Tafel beim Zuordnen der Wortkarten erhöht.

b) Wahl der Arbeits- und Übungsformen
Den größten Teil der Stunde wird das Erzählen der Geschichte und die Klärung der Vokabeln einnehmen, so dass am Ende nicht sehr viel Zeit für andere Arbeitsformen bleiben wird. Die Kinder bekommen zusätzlich ein Arbeitsblatt, um die neu eingeführten Wörter gleich schriftlich zu sichern. Das wird möglich, da der Schwierigkeitsgrad der Wörter nicht so anspruchsvoll und auch der Unterschied Schreibung-Lautung nicht zu groß ist.
Das Ausfüllen des Arbeitsblattes erfolgt in Einzelarbeit.

c) Einsatz von Medien
Das zentrale Medium der Unterrichtsstunde wird das Buch sein. Teile aus dem Buch wurden vergrößert und laminiert, sodass das damit erstellte Tafelbild farbenfroh und freundlich wirkt.
Die Begriffe werden mit Hilfe von Bild- und Wortkarten an der Tafel präsentiert.

d) Einsatz von *fun elements*
Zu Beginn der Stunde wird mit den Kindern der *Sandwich-Rap* zur Einstimmung wiederholt, der durch Fingerschnipsen ein wenig aufgelockert werden soll.
Während des *Rap* und auch später während der Chorarbeit werden die Kinder durch unterschiedliche Gruppeneinteilungen (z.B. Mädchen gegen Jungs, Fensterseite gegen Türseite) oder durch die Veränderung der Lautstärke animiert, aufmerksam mitzumachen.

e) Stellung von Hausaufgaben
Hausaufgaben sind in der Praktikumsklasse in Englisch nicht üblich. Sollte das Arbeitsblatt nicht fertig werden, soll es als Hausaufgabe aufgegeben werden.

10.2.4 Skizzierung des geplanten Unterrichtsverlaufs

Benötigte Materialien:
- Buch *Barty's Ketchup Catastrophe* in Großformat (*big storybook*)
- Laminierte Bildkarten für die Tafel
- Laminierte Wortkarten für den zu erarbeitenden Wortschatz
- Arbeitsblätter für die Sicherungsphase
- Tafelbild der vorangegangenen Stunde (*Sandwich Rap*)

Zeit	UVerlauf	Medien ...
10.35	Einstimmung: L: *Today I'll tell you about Barty – a sheep. Look at this picture – what can you see in it?* S erkennen und benennen Barty et.	FrontalU Tafelbild: Barty mit Sandwich Laminierte Bildkarte
10.38	Wiederholung/Überleitung: L: *Do you remember the sandwich rap we did last week? Let's do it again!* S singen und schnippen den Takt.	Tafelbild der letzten Stunde
10.45	Erarbeitung: L: *Barty loves ketchup. He is crazy about ketchup. Now I'd like to tell you the story.* L: *What's on Barty's sandwich?* S raten: *ham, cheese,* etc. L beginnt Geschichte mit Aufdecken der Ketchupflasche. S hören zu. L spricht einzelne neue Wörter vor. S sprechen nach. L, fertig mit der Geschichte: *Let's repeat the words.* L deckt Bildkarten an der Tafel auf. S intonieren die Begriffe nach Lautvorbild L. L zeigt Wortkarten. S sprechen. L: *Who would like to come to the front? Put the word card to the picture.* S ordnen Wortkarten den Bildkarten zu: 1. *breakfast, lunch, dinner* werden den Uhrzeiten zugeordnet. 2. Lebensmittel werden Mahlzeiten zugeordnet. L trägt Geschichte ein zweites Mal vor. S sprechen Wörter und Sätze mit, fügen ausgelassene Wörter (Erzähl-Stopp) ein.	Buch Tafelbild mit Bildkarten Wortkarten mit Wortbild
11.08	Sicherung: L: *Please write down all the words on the blackboard.* L teilt Arbeitsblatt aus. S ordnen die Wortbilder den Bildern durch Abschreiben zu.	Arbeitsblatt

10.2.5 Didaktischer Kommentar

Die umsichtig geplante und flexibel sowie gut durchgeführte Stunde war aus pädagogischer und englischdidaktischer Sicht beispielweise in folgenden Teilen bemerkenswert:
- Sinnvoll ist die zügige Zielangabe im ersten Teil der Stunde: Die Schüler wissen so, worum es gehen soll – das gibt inhaltliche und damit auch sprachlich erhöhte Sicherheit.
- Arbeitsaufträge (hier zum Arbeitsblatt) können auf Deutsch gegeben werden, wenn die englische Erklärung zu komplex ist. Generell soll darauf geachtet werden, dass Arbeitsblätter weitgehend selbsterklärend sind (Aufbau, Symbole etc.).
- Bild-Wort(karten)-Zuordnungen, auch in Verbindung mit der Tafelarbeit, sollten in kleine Dialoge eingebunden werden. In dieser Stunde wurde das z.B. flexibel realisiert:
S1: *Do you like cornflakes?*
S2: *Yes, I do.* (Heftet Wortkarte zum Bild und stellt als *assistant teacher* selbst eine Frage.)

Bezüglich der Unterrichtsplanung waren beispielsweise bestimmte didaktische Hinweise Schwerpunkte:
- zu 2): Das Nachsprechen ganzer Sätze (*meaningful sentences*) ist generell sinnvoll. Sprachliche Versatzstücke prägen sich so besser ein.
- zu 2a): Muttersprachliche Ausspracheinterferenzen können nur durch eine intensive Ausspracheschulung beseitigt werden.
- zu 2b): Schwierige Wörter sollten nicht sofort auf Deutsch übersetzt dargeboten werden. Der Versuch der englischen Erklärung ist eine Art Differenzierung für die leistungsstärkeren Schüler und führt oft (wie hier gesehen) zu unerwarteten Erfolgen.
- zu 3a): Die Tafelarbeit unter Einbezug der Kinder verstärkt sowohl die Schüleraktivität als auch die Identifikation mit dem Erarbeiteten.
- zu 3d): *fun elements* sind konstituierende Bestandteile des Englischunterrichts an Grundschulen. Wichtige affektive Lernziele werden so spielend erreicht.
- zu 3e): Berührungsängste mit dem Thema Hausaufgaben müssen nicht sein. Sinnvolle und bereichernde können bedenkenlos aufgegeben werden. Für das Arbeitsblatt war die Tafelanschrift jedoch Vorlage, das lässt sich zuhause nur schwerlich rekapitulieren. Ev. hilft der Hinweis, aus dem Gedächtnis, aber nur mit Bleistift einzutragen, damit am nächsten Tag berichtigt werden kann.

Stichwortverzeichnis

A
Alter 27 f.
Anwendung 13
Aus- und Fortbildung 19 f.
Aussprache 106 f.
Auswahlkriterien 85 f., 99 f., 128 f.
Authentische Materialien 70 f.
Authentizität 69 f., 100 f.

B
Begegnungen 67, 101
Betonung 106 f.
Binnendifferenzierung 136 f.

C
classroom discourse 170 f.
classroom management 170 f.
Computer 101 f.
cultural awareness 17, 72, 170
Curriculum 24

D
Darbietung 83, 91, 162, 177
Dialogisierung 92 f.
Didaktisierung 73 f.
Differenzierung 136 f.
Dolmetschen 153

E
Einführung 89, 109, 135, 177
Einsprachigkeit 79 f.
E-mail 102, 166

Englischlernen 89 f.
Englischstunden 170 f.
entdeckend 89 f.
Ergebnissicherung 151 f.
Erstsprache 35 f.
Europäischer Referenzrahmen 62 f.
Evaluation 151 f.
experimentierend 89 f.

F
fächerübergreifend 95 f.
Fehler 156 f.
Fehleranalyse 158 f.
Fehlerprophylaxe 161 f.
Fehlertherapie 162 f.
Fehlertoleranz 163 f.
Fehlerverbesserung 164 f.
Fertigkeiten 53 f.
flashcards 98
fluency 109, 119, 134
Förderkonzepte 106 f.
Freiarbeit 162, 166, 170
Fremdsprache 173
Fremdverstehen 150

G
ganzheitlich 34
Gedächtnis 28 f.
gestaltend 89 f.
Grammatik 174 f.
Gruppe 26 f.

H
handelnd 89 f.
Handlungsorientierung 101
Handpuppe 93 f.
hidden curriculum 62
Hörverstehen 120 f.
Hospitation 25

I
imitativ 58, 91, 107
Individualität 132
Innerer Lehrplan 20
Interaktive Medien 101 f.
interkulturell 59 f.
Intonation 180 f.

K
Kinderliteratur 85 f.
Kindesalter 42 f.
kindgemäß 65 f.
Kognition 144 f.
kognitiv 144 f.
Kompetenzstufen 62 f.
Kontakte 17, 31, 43, 103, 166
Konzeptionen 14 f.

L
Landeskunde 21, 79, 144, 174
language awareness 34 f.
Laute 115 f.
Lehrersprache 120, 129
Lehrmaterialien 97, 99
Lehrplan 51, 68
Leistungsevaluation 151 f.
Lernertypen 31 f.
Lerngruppe 26 f.
Lernhilfen 103, 163
Lernklima 26 f.
Lernkontext 26 f., 48 f.
Lernmittel 99 f.
Lernpsychologie 21, 145

Lernspiele 90 f.
Lernstandsüberprüfung 151 f.
Lernstrategien 147 f.
Lernzieldimensionen 61 f.
Lernziele 48 f.
Lernzielkontrolle 151 f.
Lesen 22, 57, 61, 156
Leseverstehen 57, 70
Lexik 61
Lingua franca 11, 15, 18
Literatur 21, 44, 85

M
Makromethoden 147
Medien 97 f.
Mehrsprachigkeit 35
Mentales Lexikon 80
Methodische Vielfalt 80 f.
Mikromethoden 147
Motivation 29 f.
Multisensorisches Lernen 78 f.
Musik 93 f.
Muttersprache 34 f., 54 f.

N
native speaker 27, 69, 100, 107
Natürliche Bedingungen 45

O
Offener Unterricht 98, 140, 166
Orthografie 32, 61, 156, 174

P
Partnerarbeit 102, 141, 175
Persönlichkeitsmerkmale 30 f.
plays 92 f.
poems 94 f.
portfolio 166 f.
Prinzipien 65 f.,
Projektarbeit 25, 69, 99, 140

prozessorientiert 145 f.
Prüffragen 99 f.

R
Realien 70
Reflexion 35, 54, 159, 173
rhymes 94 f.
Rollenspiel 45, 135, 180

S
Schreiben 58 f.
Schriftbild 131 f.
Schulische Bedingungen 45
Schulpädagogik 12, 21
Semi-Authentizität 73 f.
setting 137
silent period 37, 57, 93, 162
skills 22, 61, 131, 154
songs 94
Sozialformen 101, 148, 170, 187
spielerisch 89 f.
spiralcurricular 13, 23, 67
Sprachbewusstsein 34 f., 54 f.
Spracherwerb 20 f., 43 f.
Sprachlernneigung 33 f.
Sprechen 36 f., 56 f.
Stereotypen 61, 107
storybooks 56, 74, 85, 92, 133
storytelling 85
streaming 137
Strukturen 37 f.
Stundenverlauf 176 f.
Stundenziele 173, 179, 186

T
Theater 91, 128, 141
tongue twister 119, 123
Transfer 50, 83, 160, 178
Typologie 33

U
Übergang 21 f.
Übersetzen 124
Übungsformen 73, 175, 188
Unterrichtsmaterialien 70 f., 97 f.
Unterrichtsphasen 176 f.

V
Versuche 14 f.
Visualisierung 75 f.
Vorurteile 61 f.

W
Waldorfschulen 14
Weiterführende Schulen 131, 167
Wörterbücher 83, 98, 148, 166
Wortschatz 80 f.

Z
Zweitsprache 41 f.

Literatur

Aitchison, J.: *Words in the Mind: An introduction to the mental lexicon.* Oxford 1994.
Amor, S.: *Authenticity and Authentication in Language Learning.* Frankfurt 2002.
Bartnitzky, H.: *Sprachunterricht heute.* Berlin 2000.
Bausch, K.-R. et al. (Hrsg.): *Handbuch Fremdsprachenunterricht.* Tübingen 1995.
BayStMUK (Bayerisches Staatsministerium für Unterricht und Kultus): Konkretisierung des Lehrplans Fremdsprachen in der Grundschule - Englisch. München 2004.
Behler, G. (1999): Rede aus Anlass der Eröffnung der Fachtagung "Sprachenlernen für Europa: Qualitätsentwicklung und Qualitätssicherung im Bereich fremdsprachlichen Lernens" in Bonn am 18.2.1999. In: LSW (Hrsg.): Wege zur Mehrsprachigkeit. Informationen zu Projekten des sprachlichen und interkulturellen Lernens 5 (1999).
Bleyhl, W.: Fremdsprachen an Grundschulen. Eine Herausforderung für uns alle. In: *Bildung und Wissenschaft* 53 (1999), S. 14-17.
Bleyhl, W. (Hrsg.): *Fremdsprachen in der Grundschule.* Grundlagen und Praxisbeispiele. Hannover 2000.
Bleyhl, W.: Empfehlungen zur Verwendung des Schriftlichen im Fremdsprachenerwerb in der Grundschule. In: Bleyhl, W. (Hrsg.): *Fremdsprachen in der Grundschule.* Hannover 2002, S. 84-91.
Bliesener, U./ Edelenbos, P.: *Früher Fremdsprachenunterricht. Begründungen und Praxis.* Leipzig 1998, S. 55.
Bloom, J./Blaich, E./Löffler, R: *Spielen und Lernen im Englischunterricht.* Berlin 1994.
Bludau, M.: Authentizität – eine fachdidaktische Fata Morgana? In: *Zielsprache Englisch* 2 (1996), S. 11-13.

Bönsch, M.: *Differenzierung in Schule und Unterricht: Ansprüche, Formen, Strategien.* München 1995.
Bönsch, M.: Innere Differenzierung. In: *Wirtschaft und Erziehung* 7-8 (1997), S. 233-238.
Börner, O.: Zur Akzeptanz von Englisch in der Grundschule. In: *Englisch* 3 (1997), S. 81-83.
Börner, O./Brusch, W.: *Crossing the bridge.* Düsseldorf 1999.
Börner, O.: Grundsätze des frühen Fremdsprachenunterrichts. In: Bleyhl, W. (Hrsg.): *Fremdsprachen in der Grundschule. Grundlagen und Praxisbeispiele.* Hannover 2000.
Börner, O.: Brücken statt Brüche. Für Kontinuität des Fremdsprachenunterrichts von der Primarstufe in die Sekundarstufe. In: *Praxis des neusprachlichen Unterrichts* 48 (2001), S. 420-424.
Börner, O.: Frühes Fremdsprachenlernen: Übergang in die Klasse 5. In: Gompf, G.: *Jahrbuch 2002: Fremdsprachenunterricht beginnt in der Grundschule.* Stuttgart 2002, S. 112-121.
Breitung, H./Kirsch, D. (Hrsg.): *Nürnberger Empfehlungen zum frühen Fremdsprachenlernen.* München 1997.
Brewster, J. u. a.: *The Primary English Teacher's Guide.* Frankreich 1991.
Brown, A. (Hrsg.): *Approaches to Pronunciation Teaching.* London 1992.
Brown, H.D.: *Teaching by Principles.* Englewood Cliffs 1994.
Boving, C. (Hrsg.): *Kinder unterwegs zur Sprache.* Düsseldorf 1985.
Byrne, D.: *English Teaching Perspectives.* London 1980.

Carroll, B.J.: *Make your own language tests.* Oxford 1985.
Carroll, B.J.: *Testing Communicative Performance: an interim study.* Oxford 1982.
Christoph, E.(Hrsg.): *Perspektivenheft 1.* Hannover 2001.
Corder, S.P.: *Error Analysis and Interlanguage.* Oxford 1981.

Deutscher Bildungsrat: *Empfehlungen der Bildungskommission: Strukturplan für das Bildungswesen.* Stuttgart 1970, S. 78 ff.
Donmall, G.: *Language Awareness.* London 1985. In: Schmid-Schönbein, G.: *Didaktik: Grundschulenglisch.* Berlin 2001, S. 56.
Doyé, P.: *The Intercultural Dimension. Foreign Language Education in the Primary School.* Berlin 2000.

Edelhoff, C. (Hrsg.): *Authentische Texte im Deutschunterricht.* München 1985.

Edelmann, W.: *Lernpsychologie.* Weinheim 2000.
Eichner, G.: Authentische Materialien im Fremdsprachenunterricht der Grundschule. In: *Fremdsprachen Frühbeginn* 2 (1999), S. 24–27.
Ellis, R.: *The Study of Second Language Acquisition.* Oxford 1994.
Erdmenger, M.: *Medien im Fremdsprachenunterricht.* Braunschweig 1997.

Finkenstaedt, T./Schröder, K.: *Sprachen im Europa von morgen.* Berlin u. a. 1992.

Gagné, R.M: *Die Bedingungen des menschlichen Lernens.* Hannover u. a. 1980.
Gipper, H. (Hrsg.)/Boving, C.: *Kinder unterwegs zur Sprache.* Düsseldorf 1985.
Gnutzmann, C.: *Language Awareness* - Geschichte, Grundlagen, Anwendungen. In: *Praxis* 3/97 (1997), S.27-237.
Goethe-Institut Inter Nationes/Trim, J.L.M. (Hrsg.) et al.: *Gemeinsamer europäischer Referenzrahmen für Sprachen: lernen, lehren, beurteilen.* München 2001.
Golas, H.G.: *Berufs- und Arbeitspädagogik für Ausbilder, Bd. 1.* Essen 1984, S. 164-177.
Gompf, G.: Erwerb von Fremdsprachen im Vorschul- und Primarschulalter. In: Bausch, K.-R. et al. (Hrsg.): *Handbuch Fremdsprachenunterricht.* Tübingen 1989, S. 364-368.
Gompf, G.: *Here we go. Handbuch für den Unterricht, Teil 1.* Leipzig 1998, S. 25.
Gower, R. et al.: *Teaching Practice Handbook.* Oxford, 1983.
Grimm, L.: Ausspracheschulung im Fremdsprachenunterricht der Grundschule? In: *Neusprachliche Mitteilungen* 56/2 (2003), S. 97-102.
Gutschow, H.: *Englisch an der Tafel.* Berlin 1980.

Haßheider, R./Scheffler, H.: Handpuppen beim Fremdsprachenlernen in der Grundschule. In: *Englisch* 2 (1995), S. 59-62.
Haycraft, B.: *The Teaching of Pronunciation: A Classroom guide.* London 1971.
Hellwig, K.-H.: *Fremdsprachen an Grundschulen als Spielen und Lernen.* Ismaning 1995.
Herbig, M: *Praxis lernzielorientierter Tests.* Düsseldorf 1976.
Herbst, T./ Stoll, R./ Westermayr R.: *Terminologie der Sprachbeschreibung.* Ismaning 1991.

Heuer, H./Klippel, F.: *Englischmethodik.* Berlin 1993, S. 118.
Hollingsworth, K./ Park, L.: *The Englang Pronunciation Course for Learners of English.* Southhampton 2000.

ISB München (Hrsg.): *Lehrplan für die Grundschule in Bayern. Jahrgangsstufen 1 bis 4 - Textausgabe.* München 2001, S. 181.

Jaffke, C./ Maier, M: *Fremdsprachen für alle Kinder. Erfahrungen der Waldorfschulen mit dem Frühbeginn.* Leipzig 1997.

Kelly, G.: *How to teach pronunciation.* London 2000.
Kenworthy, J.: *Teaching English Pronunciation.* New York 1990.
Kiersch, J.: *Fremdsprachen in der Waldorfschule: Rudolf Steiners Konzept eines ganzheitlichen Fremdsprachen-Unterrichts.* Stuttgart 1992.
Kieweg, W.: Die Verwendung authentischer Materialien. In: *Der fremdsprachliche Unterricht Englisch* 41 (1999), S. 20-27.
Kieweg, W. (2002): Die lexikalische Kompetenz zwischen Wunschdenken und Realität. In: *Der fremdsprachliche Unterricht Englisch* 36/55 (2002), S. 4-10.
Klippel, F.: Spielen im Englischunterricht. In: *Der fremdsprachliche Unterricht Englisch* 5 (1998), S. 4-13.
Klippel, F.: *Englisch in der Grundschule – Handbuch für einen kindgemäßen Fremdsprachenunterricht.* Berlin 2000.
Klippel, F.: Grundschul-Englischunterricht: Begründung, Aufgaben, Umsetzung. In: *SchulVerwaltung BY* Nr.7/8 (2003), S. 244.
Kultusministerkonferenz KMK: *Empfehlungen zur Arbeit in der Grundschule.* Bonn 1994.
Kultusministerkonferenz KMK: *Jahresbericht 2002.* Bonn 2002.
Krashen, S. D.: *The Input Hypothesis. Issues and Applications.* New York 1985.
Krashen, S. D.: *Not pedagogic or authentic, but interesting and comprehensible.* In: *Zielsprache Englisch* 2 (1996), S. 22-25.
Kurtz, J.: *Improvisierendes Sprechen im Fremdsprachenunterricht. Eine Untersuchung zur Entwicklung spontansprachlicher Handlungskompetenz in der Zielsprache.* Tübingen 2001.

Legutke, M.K.: *Mein Sprachenportfolio. Handreichungen für Lehrerinnen und Lehrer.* Gießen 2004

Leifholz, M.: Neue Medien im Englischunterricht der Grundschule. In: *Medienbrief* 2 (2003), S. 16/17.

Lenneberg, E. H.: *Biological foundations of language.* New York 1967.

Lenneberg, E. H.: *Biologische Grundlagen der Sprache.* Frankfurt a.M. 1986.

Littlewood, W.: *Foreign and Second Language Learning.* Cambridge 1984.

Luchtenberg, Sigrid: Zur Bedeutung von *Language Awareness*-Konzeptionen für die Didaktik des Deutschen als Fremd- und als Zweitsprache. In: *Zeitschrift für Fremdsprachenforschung* 1/94 (1994), S. 1-25.

Mager, R.F.: *Lernziele und Programmierter Unterricht.* Weinheim/ Berlin/Basel 1971.

Mager, R.F.: *Zielanalyse.* Weinheim/Basel 1973.

Mertens, J.: Die Schrift beim frühen Fremdsprachenlernen als Weg und Ziel. In: *Englisch* 4 (2002), S. 129-132.

Meyer, H.L.: *Trainingsprogramm zur Lernzielanalyse.* Frankfurt a. M. 1991.

Meyer, H.L.: *Leitfaden zur Unterrichtsvorbereitung.* Berlin 1999, S. 133-164.

Mindt, D.: *Die Hauptsünden des frühbeginnenden Englischunterrichts.* www.fu-berlin.de/engdid/primary/documents/expo.pdf. Berlin 2000.

Mindt, D./Schlüter, N.: *Englisch in den Klassen 3 und 4.* Berlin 2003.

Möller, B.: *Analytische Unterrichtsmodelle.* München 1971.

Möller, Chr.: *Technik der Lernplanung.* Weinheim/Basel 1969.

Multhaup, U./Wolff, D.: *Prozessorientierung in der Fremdsprachendidaktik.* Frankfurt 1992.

Naiman, N.: *The good language learner.* Toronto 1978.

Nuttall, C.: *Teaching Reading Skills in a Foreign Language.* Oxford 1996.

Nünning, A.: Von „Teaching Drama" zu „Teaching Plays". In: *Der fremdsprachliche Unterricht Englisch* 1 (1998), S. 4-15.

Nyikos, K.: *Comparative task difficulty in initial reading: German versus English.* In: Biglmaier, F. (Hrsg.): Hat Lesen Zukunft? Kongressbericht zum 6. Europäischen Lesekongress. Berlin 1990, S. 72-79.

O`Neill, R.: *Strangers in Venice or What is authentic English?* In: *Zielsprache Englisch* 2 (1996), S. 26-27.

Oksaar, E.: *Spracherwerb im Vorschulalter: Einführung in die Pädolinguistik.* Stuttgart 1987.

Oxford, R. L.: *Language learning Strategies. What every teacher should know.* Alabama 1990.

Penfield, W.: *Conditioning the uncommitted cortex for language learning.* In: *Brain 88* (1965), S. 787-798.

Piepho, H.-E.: Portfolio - ein Weg zu Binnendifferenzierung und individuellem Fremdsprachenwachstum. In: *Fremdsprachenunterricht* 43/52 (1999), S. 81-86.

Piepho, H.-E.: Was müssen weiterführende Schulen vom Grundschulfremdsprachenunterricht erwarten dürfen? In: *Praxis des neusprachlichen Unterrichts* 48 (2001), S. 346-354.

Pimsleur, P.: *Language Aptitude Testing.* In: Davies, A. (Hrsg.): *Language Testing Symposium.* London 1968, S. 19-35.

Plitsch, A./ Underwood, M.: *Inhalte der verschiedenen Listening-Phasen bei der Schulung des Hörverstehens.* O.O. 1991.

Quetz, J.: Der systematische Aufbau eines ‚mentalen Lexikons'. In: Timm, J.-P. (Hrsg.): *Englisch lernen und lehren.* Berlin 2002, S. 272-290.

Rampillon, U.: *Lerntechniken im Fremdsprachenunterricht.* München 1996.

Reisener, H.: Motivation und Authentizität. In: *Der fremdsprachliche Unterricht Englisch* 41 (1999), S. 11-18.

Reisener, H.: Englisch an Grundschulen: Acht Thesen zur Diskussion. In: *Neusprachliche Mitteilungen* 65/2 (2003), S. 94-96.

Risager, K.: *Cultural awareness.* In: Byram, M. (Hrsg.): *Routledge Encyclopedia of Language Teaching and Learning.* London 2000, S. 159-162.

Rohrer, J.: *Zur Rolle des Gedächtnisses beim Sprachenlernen.* Bochum 1978.

Rüschoff, B.: Authentische Materialien. In: *Medienbrief* 2 (2003), S. 5-10.

Sarter, H.: *Fremdsprachenarbeit in der Grundschule.* Darmstadt 1997.

Sauer, H.: Fremdsprachlicher Frühbeginn in der Diskussion. Skizze einer historischsystematischen Standortbestimmung. In: *Neusprachliche Mitteilungen* 46/2 (1993), S. 85-94.

Sauer, H.: *Fremdsprachenlernen in Grundschulen. Der Weg ins 21. Jahrhundert. Eine annotierte Bibliographie und das Beispiel Nordrhein-Westfalen.* Leipzig 2000[1].

Sauer, H.: Frühes Fremdsprachenlernen in Grundschulen - ein Irrweg? In: *Neusprachliche Mitteilungen* 53/1 (2000[2]), S. 2-7.

Scarcella, R./Krashen, S. (Hrsg.): *Research in Second Language Acquisition.* Rowley 1980.

Scherling, T./ Schuckall, H.-F.: *Mit Bildern lernen.* Berlin/München 2000.

Schmid-Schönbein, G.: *Didaktik: Grundschulenglisch.* Berlin 2001.

Schorch, G.: *Grundschulpädagogik – eine Einführung.* Bad Heilbrunn 1998.
Schröder, K.: *Generalverkehrsplan Fremdsprachen.* In: Die Neueren Sprachen 94/6 (1994) S. 695-696.
Schwarz, H. (Hrsg.): *English G 2000 Band A6. Handbuch für den Unterricht.* Berlin 2002.
Scott, W. A./Ytreberg, L. H.: *Teaching English to Children.* London 1990.
Slattery, M.: *Touchstone of Modern Culture?* In: Zielsprache Englisch 3 (1996), S. 24-27.
Slattery, M./ Willis, J.: *English for Primary Teachers. A handbook of activities & classroom language.* Oxford 2001.
Stary, J.: *Visualisieren.* Berlin 1997.

Tench, P.: *Pronunciation Skills. Essential Language Teaching Series.* London 1984.
Timm, J.-P.: Fehlerkorrektur zwischen Handlungsorientierung und didaktischer Steuerung. In: Bach, G./Timm, J.-P. (Hrsg.): *Englischunterricht.* Berlin 1996, S. 167-190.
Timm, J.-P. (Hrsg.): *Englisch lernen und lehren. Didaktik des Englischunterrichts.* Berlin 1999.
Tönshoff, W.: *Bewusstmachung – Zeitverschwendung oder Lernhilfe?* Bochum 1990.
Tönshoff, W.: *Kognitivierende Verfahren im Fremdsprachenunterricht.* Hamburg 1992.

Ur, P.: *Teaching Listening Comprehension.* Cambridge, 1984.

Vogel, K.: *Lernersprache. Linguistische und psycholinguistische Grundlagen ihrer Erforschung.* Tübingen 1990, S. 98 ff.
Vogel, K./Vogel, S.: *Lernpsychologie und Fremdsprachenerwerb.* Tübingen 1975.

Walter, G.: *Kompendium Didaktik Englisch.* München 1981.
Williams, E.: *Reading in the language classroom.* London 1984.
Wilkins, D.A.: *Linguistics in Language Teaching.* London 1972.
Wolff, D.: Lern- und Arbeitstechniken für den Fremdsprachenunterricht: Versuch einer theoretischen Fundierung. In: Multhaup, U./Wolff, D.: *Prozessorientierung in der Fremdsprachendidaktik.* Frankfurt 1992.
Wunsch, C.: Plädoyer für eine Übergangsdidaktik zwischen Grundschule und Sekundarstufe I. In: Englisch 4 (2002) S. 127.